女人，你該好好愛自己

透過勇敢的自我關懷，活出有力量的豐盛人生

克莉絲汀・聶夫——著　陳依萍、馬良平——譯
Kristin Neff

Fierce Self-Compassion

How Women Can Harness Kindness to Speak Up, Claim Their Power, and Thrive

獻給我鍾愛的兒子羅文，
以及世上所有的女性。

給你，給親愛的自己

曾心怡／初色心理治療所副所長

常有朋友問我，為什麼選擇女性心理作為我的臨床工作主軸？這也是我常會詢問自己的，我想知道每一次我詢問自己時，我會再聽到內心什麼樣的聲音。走在生理女性的這條路上，我們到底背負了多少我們不自覺但又成為潛在心裡的負擔？可能是性騷擾，可能是為了尋求和諧而壓抑的感受，可能是不自覺被外在期待影響而塑造出的特質。

「哎呀！不要這麼嚴肅，ㄋㄞ一下就沒事了。」「撒嬌的女人才會幸福。」「女生不要強出頭，會吃虧的。」「只是照相摟個肩，不要小題大作！」

這些話，身為女人的你是不是很熟悉？而當我們想要替這些不舒服的感受挺身而出時，並不容易，因為我們的一言一行，都可能會在性別化的期待中而有所框架。幾年前，運動品牌Nike推出一支「Dream Crazier」的影片：女性在運動場上的情緒表達，被認為是神經質、情緒化，而在女性一步步突破以男性為主權的場域，展現自我的能力與強度時，是多麼瘋狂。因此影片的最後呈現一句話：「最瘋狂的事是來自於我們開始行動了之後」（It's only crazy until you do it）。

市面上有很多書籍在告訴女人要怎麼愛自己，我們想到的愛自己往往是做自己想要做的事、擁有自己的時間，以及建立自我價值感。然而，作者把她長期對於「自我關懷」的研究放到書中，讓這本書用了一個嶄新的概念來告訴我們怎麼關愛自己。

首先我們可以問自己一個問題：「我們愛自己的方式，能否溫柔但又堅定有力量？」如果你的答案不是那麼肯定，那這本書絕對相當適合你。書的第一章就告訴了我們，自我關懷就像是太極一樣，具有陰陽兩面——溫柔與勇敢；但陰陽並非對立，而是各自包含著對方。溫柔的自我關懷就像是太極中的陰，代表著和自己的感受同在，也知道人生各種的苦並非自己獨有，我們並未和這世界上的其他人斷了連結，同時也願意仁慈地對待自己，就像我們願意用安撫包容著自己的朋友一樣。而陽，代表著勇敢的自我關懷，能起身以實際的行動來保護自己，例如設下界線、挺身而出。

這本書不斷用研究與實際的練習，讓讀者可以感受到我們可以覺知自己需要什麼樣的關懷，你可以溫柔地涵容自己的負向感受，並且透過正念與接納讓負向感受就是一種感受，而不將其等同於「我不好」。你也可以因為意識到性別歧視甚至是騷擾，為自己挺身而出，用有力量的方式自我關懷。最重要的是，你的溫柔與勇敢都是你的一部分，並且彼此輝映著。

看完這本書，並且跟著書裡的指引練習，你將會對於如何愛自己有更深刻的體現。

女性啊！對自我的關愛，請理直氣壯

蘇絢慧／璞成心遇空間心理諮商所所長

即使在二十一世紀的現在，女性的平權還是受到不少約束和剝奪，甚至憎惡及歧視女性的言論還是會在各個領域及環境中發生。但試想一下，若是這個世界、宇宙，沒有女性的存在，那麼這個世界和宇宙將會如何？你想像的情景會是什麼樣子呢？

我想，這個世界和宇宙恐怕沒有一絲溫柔和關愛能量存在，也會失去許多生命力和連結力。並非說女性一定要溫柔或充滿關愛，女性亦有剛強及具有承擔力、勇氣及韌性的面貌。然而，女性具有孕育和撫慰力的特性，還是讓人與人、人與環境的關係，增加了許多滋潤和慈心。

事實上，許多環境，包括家庭、組織，都因為有一位重要的女性在支撐、連結和承接，才有凝聚力和情感交流。往往這一位重要女性消失或離開了，這個家庭或組織也就分崩離析。就像是我們看到一些傳統的家庭，只要能把大家呼喚在一起的老媽媽離開了，一個大家庭就此散落分離，很難再有一個溫暖核心，把在外的子女呼喚回來。

女性長久以來，一直被視為「家庭照顧者」，從小開始，就要事事以家人的福祉為己任，不論是訓示或是耳濡目染，都讓女性有一種「要為別人而活」的思維嵌在靈魂裡，影響女性對自己生涯的規劃和選擇。完全沒有建立「自我」的女性，甚至抱持一種終生為別人而活的意念：「嫁雞隨雞、嫁狗隨狗」，絲毫沒有自己的生命願景和想實現的自我。

然而，背負許多家庭照顧責任的女性，在處於男性主導的社會裡，卻因為「照顧者」的身分備受歧視和冷落，即使每個生命在不同生命階段，都需要感受和連結女性所具有的關愛力量，但實際上，社會對於具有關愛力量的女性，只有貶抑、忽視和侵占。當女性被迫要犧牲和順應時，關愛的力量所剩無幾，直到賠上自己巨大的身心損傷代價，成為一個愛枯竭的生命。而女性還常陷落於自責內疚，批判自己沒能完美理想，無法善待自己。

在西方國家，對於自我關懷與健康之間關聯的研究不計其數，但在華人社會，或者台灣要推動自我關懷，卻是非常困難。這不僅和我們社會常常要求人「要努力」、「要鞠躬盡瘁」、「要做到讓別人滿意」以及「任勞任怨才不會虧欠別人的期待」等的文化思維有關，還有就是我們從小就未真正充實體認過什麼是「關愛」，也就無法接受和了解「關愛自己」是一切的基礎。

遠流出版社向來都將歐美最新觀點及未來趨勢的書籍引進台灣，此次更出版我長期重視及關切的「自我關懷」主題好書，這是無論如何我都要推薦給讀者的。

關愛，是一切能量的來源，若我們要成為有能量、有力量的女性，那麼閱讀這一本書能讓我們活得豐盛，做一個自信的女人。

目次 contents

PART 1

女性需要勇敢自我關懷的原因

PART

1

女性需要
勇敢自我關懷的原因

前言：關愛的力量

可以肯定地說，要是將仁慈結合力量，將力量結合權利，那麼愛就成為我們傳承的價值，能夠改變後代與生俱來的權利[1]。

——阿曼達．戈爾曼（Amanda Gorman），美國青年桂冠詩人

空氣中瀰漫著一種氣息，我所交談過的每名女性都感受得到。我們受夠了，內心充滿憤怒，並且預備好要改變。傳統性別角色和社會權力結構限制女性全面表達自我的能力，並使個人和政治方面都付出了慘痛代價。女性受允許能溫柔婉約、懂照顧人，但要是太過剛強（過於激憤而強悍），大家就會害怕而對我們用些難聽的稱呼（巫婆、老女人、潑婦、女魔頭，這些已經是我想到比較不冒犯人的講法了）。如果我們想好好突破男性主導情勢而在權力場上取得適當地位，我們就要重申得以剛強的資格。這樣一來，我們將能改變現今世界面臨的各項問題：長久固化的貧窮、體制上的種族歧視、搖搖欲墜的健康照護系統、氣候變遷等。本書目的就是要幫助女性做到這點。

要理解女性如何做出有效改變的一個寶貴架構就是「自我關懷」（self-compassion）。關懷是要緩解受苦——它是一種援助他人的直覺反應、主動提供關注、想要照顧遭遇困難者，而顯露出的本能[2]。雖然多數人自然而然會對他人產生關懷感，但要把這股力量向內反諸於己卻很困難。我在過去二十年來的職涯中，致力於研究自我關懷對生理健康的益處，並教導人們如何善待自己並更加支持自己。我跟要好的同事克里斯·格默博士（Dr. Chris Germer）一同開發出「正念自我關懷」（Mindful Self-Compassion, MSC）培訓計畫[3]，傳授於全球各地。不過，為了要實踐自我關懷的完整益處，我們要培養其中勇敢（fierce）和溫柔（tender）的兩方面*。

這是我近期才有的領悟。過去在帶領自我關懷工作坊時，我常會講個好笑而真實的故事，這專門用來解析正念和自我關懷如何幫助人應對像憤怒這樣的「棘手」情緒。

故事是這樣的：在兒子羅文六歲左右時，我帶他去動物園看小鳥表演。我們坐定後，有自閉症的羅文開始變得有些躁動，不是尖叫和揮舞的那種，而是大聲說話和站到椅子上。我們前排坐著一名婦人，她身旁兩個女兒都非常規矩。這婦人不斷回頭用噓聲要羅文安靜。羅文沒有乖乖聽話閉嘴。我努力要協助他安靜下來，但他太興奮而無法控制自己。大概在第三次要人安靜失敗，這婦人眼神就要抓狂，轉頭喊道：「你能不能安靜點啦？我們想要聽表演！」

羅文感到困惑。他轉向我，用怯懦的聲音問：「媽咪，那是誰呀？」

萬一有人敢對我兒子做出任何帶有威嚇的事情來，我就會變身成護子的熊媽媽。我暴怒了。我跟他說：「她是個……。」這樣說吧，我用了B開頭的某英文字，而這個字不是熊（bear），你可以自行想像我說了什麼。不久後小鳥表演落幕，該名婦人轉過頭來跟我對峙。

她說：「你竟敢那樣叫我！」

我回嘴：「你竟敢惡狠狠瞪我兒子！」接著我們就槓上了。兩名帶孩子在身邊的母親，在小鳥表演現場開始叫囂之戰。所幸，我當時做許多正念練習（嗯，我知道這很諷刺）並用相對冷靜的口吻說：「我現在很生氣。」那個婦人回應道：「那不是廢話嗎？」不過，對我來說，那是個轉捩點，因為我沒有沉浸於盛怒之中，而是能有所意識、減緩情緒，並離開現場。

這故事很適合當作教材，因為顯現了正念技巧如何在遇到事情而情緒激動到理智將近斷裂時，將自己從邊緣拉回來。但多年來，我一直沒有完全懂得所發生之事的重要性：熊媽媽本能的猛烈能量。我輕忽那因保護心而生的憤怒感，並將之視為問題，但其實那是個驚人而令人讚嘆的力量。

漫威漫畫作者傑克・科比（Jack Kirby）曾目睹一場車禍，他看見一名母親抬起三千磅重的

＊編按：本書將 self-compassion 一詞，依據作者指示譯為「自我關懷」。書中將自我關懷分為 fierce 與 tender 兩面向，前者依作者指示譯為「勇敢」，後者則譯為「溫柔」。但在行文中，為順應文意與中文習慣，fierce 與 tender 有時也分別譯為「剛強」與「柔韌」。

車救出卡在車底的嬰兒，他感到非常震撼，也得到啟發而創造出《無敵浩克》（*The Incredible Hulk*）[4]。我們本性中的這股狠勁不是個問題，而是種超能力。這應當受到慶賀，而不只是在正念覺知中要被「接受」的事情。我們不僅能用這股力量來護幼，也能用來保護自己、滿足需求、推動改變和參與正義之舉。**本書要幫助女性運用內心狂猛的戰士力量來挺身而出改變世界。**

關愛之力

女性仍然身處於男性主導的社會，我們需要一切能取得的工具來迎接勝利姿態，同時不失健康完整。我們兵器庫中最強的一大武器，就是關愛的力量（caring force）。溫柔的自我關懷加強「滋養」能量來減緩受苦，而勇敢的自我關懷加強「行動」的力量來減緩受苦。兩者完整結合時，就能顯現出關愛之力。關愛會讓力量更有效，因為結合了堅強和愛。這是多名社會變革偉大領導人傳授的訊息，包含聖雄甘地、德蕾莎修女、曼德拉總統，以及爭取女性投票權的蘇珊・安東尼（Susan B. Anthony）等人。這也是受人敬重的馬丁・路德・金恩博士在呼籲終結越戰時所說：「我說到愛，所說的不是感情用事而軟弱的回應。我說的這股力量……是至上的人生統合原則[5]。」

所幸，關愛之力能往外也能往內發展。我們能在為正義奮戰的同時，用這股力量來促進個人成長與治癒的歷程。畢竟，社會實踐是自我關懷（而不只是對他人的關懷）的行為，因為我們都互相依存，而不公義影響了所有人。

雖然我以前總是把自己的剛強當作是該去克服的性格瑕疵，但我現在了解這是讓我能成功的因素。在二〇〇三年，我發表了第一篇定義自我關懷的理論性論文[6]，並在同年創造出衡量用的自我關懷量表（Self-Compassion Scale, SCS）[7]。我的初步研究顯示在 SCS 得分較高者的安適感（well-being）程度也較高[8]。起初的前幾年，我是主要執行自我關懷研究的人，在那之後該領域突飛猛進，現在已有超過三千份期刊文章[9]，每天都有新的研究被發表。要是缺少了有時會讓我陷入麻煩的這股戰士能量（像是在看小鳥表演時在自己小孩面前出言侮辱陌生人），我恐怕沒有勇氣進到這個未經開發的領域。

形成完整的圓

開展自我關懷的剛柔兩面是我研究內容的最新發展，也是我還未深入撰寫的內容。同時，這涉及我整段職涯的各項研究主題。我的博士論文是道德發展方面的研究，由加州大學柏克萊分校的心理學者艾略特．圖列爾（Elliot Turiel）指導。他師承勞倫斯．柯爾伯格（Lawrence Kohlberg），也就是提出三大道德發展階段的知名理論家。根據柯爾伯格的模型，第一階段（童年時期）主要在於滿足個人需求，第二階段（青少年時期）主要在於關心和滿足他人需求，而最後階段（有機會在成年時期達成）在於正義以及平等考量每個人的權力與需求[10]。柯爾伯格的研究主要在一九六〇年代所做，結果發現女性通常根據關愛來進行道德決策，而男性更可能根據權力和正義來做決策。這被人解讀為女性在道德思維進展上不如男性。

許多女性主義者自然對這立場感到憤怒，並認為這有所偏頗。深具影響力的《不同的語音》（*In a Different Voice*）一書作者卡羅爾．吉利根（Carol Gilligan）提出反論，她表示關愛和正義是一個人能用來看待世界的兩種不同倫理觀點。女性認知的方式是與人連結而非自主發生，但並不劣於男性。雖然她的理論意在駁斥女性道德感弱於男性的觀點，但她的說法很諷刺地將女性描寫為較不重視正義。

我對這兩種立場都不贊同，因為兩者都有各自的性別歧視。圖列爾提出各階段的男女性會依照情境來以自主性、關愛和正義做道德決策，因而解決了這個爭論[11]。幾乎所有人，不論年齡、性別或文化，都會判斷關心和幫助他人好過於傷害他人、人應該要能夠對特定的個人議題做出自主決策，還有正義很重要。事實上，小孩子首先做出的道德判斷就是「這樣不公平！」圖列爾的研究也表示社會權力對各類推斷的表達過程帶來重要影響[12]。主導性給人較多自主的決策，而順從性要求更在乎他人。從基本上看來，掌握權力的一個核心特徵就是能夠做自己想要的事情，而順從的部分定義則涉及滿足掌權者的需求。如果要確保每個人的需求獲得公平考量，就必須要實踐平權。我花一年時間到印度寫論文，研究文化中對性別階層的深植信念如何影響婚姻衝突（細節後續再詳述）。

我回到了柏克萊寫論文後才學到自我關懷概念。我在第一本著作 *Self-Compassion*（編按：中文版書名為《寬容，讓自己更好》）論述這主題時，探索善待自己的歷程可說十分慘痛。在我出國前，我為了另個男人離開丈夫（這讓我感到驚恐且愧疚，畢竟我自認是懂得關懷人且有道德的人），而這男人預定跟我一起去印度。但是，他卻沒有為了我離開另一半，且始終沒有赴約。不僅是這樣，我回國時發現他得了腦癌，且在不久後就過世了。

我想要學習冥想來撿拾我破碎的人生。我開始和一個遵從釋一行（Thich Nhat Hanh）教義的團體修練；這名越南禪師強調對人對己都要關懷。我也讀了開創西方佛教導師的書作，如雪倫・薩爾茲堡（Sharon Salzberg）的《慈愛》（暫譯）（*Lovingkindness*），及傑克・康菲爾德

（Jack Kornfield）的《踏上心靈幽徑》（*A Path with Heart*），這也強調在關懷之圓中容下自己。

在經歷這些閱讀和進行冥想修練後，我試著對自己更溫暖且給予支持力量。與其因為自己所做之事打擊自我（這樣一來我就能以憎恨過去做壞事的自己，來說服自己是好人），我盡可能更加體諒和寬容。確實這一開始很怪。我試圖告訴自己「人都會犯錯」，另個聲音就會跑出來說：「你只是在找藉口罷了。」不過，隨著我學會了肯認自己在這個過程中所造成的傷害的痛苦，最後反對的聲音便靜了下來。我告訴自己：「我知道你有辦法的話就不會那麼做，但你當時沒有辦法。你對婚姻感到挫敗，想要尋求幸福。每個人都想要幸福。」比起執著於自己做錯事，我開始認同自己不完美的人性，還有這與更大的存有相連繫。我會把雙手放在自己心臟位置，並說：「我知道你感到受傷，但沒有關係。我接受原原本本的你，包含缺點和一切種種。」雖然痛苦，但這麼做讓我能為自己所做之事負起全責，而不在過程中撻伐自己。經過練習，我學會用愛來懷抱羞愧感，這從根本上讓我的人生往好的方向改變。

畢業之後，我跟隨丹佛大學的蘇珊．哈特（Susan Harter）教授做兩年的博士後研究。她是美國數一數二的自尊主題研究學者，自尊是近幾十年來心理學家對安適感研究的核心，可以定義為對自我價值感的正向評估。研究者開始理解到雖然正向看待自己讓人更快樂，但也會讓人落入陷阱和走入死巷，像是自戀或是不斷與他人比較。此外，自尊常常取決於受社會認可、擁有迷人外表或是取得成功而不失敗。自尊是個酒肉朋友，事情順利時它會留在身邊，偏偏在狀況變糟而最需要它時拋下你而去。自我關懷是自尊的完美替代。你不需要感覺比他人好，也不用仰賴他人喜愛你，又或是要把事情辦好才行。任何一個有缺點的普通人，都能擁有自我關懷。這能隨時提供支持和庇護。

我在德州大學奧斯汀分校擔任教職時，一開始繼續研究權力如何影響各種關係中的自主性、關愛和正義。但我也建立起自我關懷的觀念，並撰寫以它來替代自尊的論點。我很投入自我關懷研究，因此擱置其他研究，並把它當作是日後主要焦點。一直到近期，我才開始因自我關懷相關情境所需而去重溫早期研究。**當我們讓自己接觸溫柔自我關懷時，我們會照顧和滋養自我；當我們讓自己接觸勇敢自我關懷時，我們主張自主性並挺身爭取自身權益**。當勇敢和溫柔的自我關懷相互平衡時，我們就能達到公平與正義。權力和性別期待也對自我關懷的表達扮演重要角色，其中男性化主導強調剛強，女性化順從強調溫柔，而要促進性別平等的話，我們就要結合兩者。現在，我先前分歧的研究途徑歸於同路，就像是拼圖組在一塊。

這本書寫給女性及寫於此時的原因

自我關懷能對所有人發揮效用，而我在過去所寫的內容多半是性別中立。但，我相信在歷史上的此時此刻，自我關懷對女性特別有必要。女性受夠男性說教，還有被他們視為無能。現在是我們要領同等報酬的時候了，也是在企業和政府領導角色中擁有同等權力和代表權的時候了。勇敢自我關懷適當結合溫柔自我關懷後，能幫助我們爭取權利，並抵抗數世紀以來要求女性閉嘴當花瓶的既成傷害。

我會寫這本書，也因為從 #MeToo 運動得到啟發。長期以來，女性遮掩性騷擾和虐待的情事。我們害怕就算說出真相卻不被他人相信，而且讓我們蒙羞，或是只會造成二次傷害。但這一切在二〇一七年有了改變。當時，數萬名女性使用 #MeToo 標籤來說出她們受性騷擾和性侵害的經歷。突然之間，男性成為丟飯碗和名聲敗壞的那方。

如同我之後會再討論的，我的故事與全球無數名女性的故事有所共鳴。雖然我是個知名的正念及自我關懷專家，我曾被一名隱藏真面目的男性耍弄擺布。我信任且支持的這個男性，在我不知情的情況下騷擾和虐待無數女性。我的自我關懷練習讓我能應對一場又一場事實揭露帶來的恐怖感。溫柔自我關懷幫助我康復，而勇敢自我關懷促使我說出經歷並努力制止傷害持續發生下去。

女性運動讓我們能進入專業領域，但要取得成功的話我們必須要表現得像男性，壓抑在男性世界被貶低的溫柔特質。同時，過於強勢或堅決時又會遭人厭惡。這讓我們陷入虛假的選擇：成功而受指責，或是受喜愛但缺乏權力。女性在職場上要證明自我的壓力更大，卻又容易成為性騷擾的下手對象且報酬常常較低。簡單來說，現況不再是我們所能接受的。我相信建立和結合勇敢與溫柔的自我關懷能讓女性更有能力實踐真實自我，並做出身處世界所需的改變。父權仍存在，並造成嚴重傷害。我們現在面臨許多急迫議題（性騷擾、薪酬不平等、蔓延各處的歧視、健康差距、政治分化、地球環境岌岌可危），這些都號召我們要爭取權力並採取行動。

因為我是順性別（cisgender）、異性戀的白人女性，無庸置疑，我寫的內容多少會有無意識的偏見。雖然我會盡己所能來考量自我認同為女性者的多元經驗，但我難免會有不周延的地方，還請見諒。我希望這本書能提出可反映不同身分認同者經驗的大原則。每名女性都不同，所有痛苦的狀況也不同。但我相信勇敢與溫柔的自我關懷跟所有人都相關，且是對抗性別歧視、種族歧視、異性戀霸權、身心障礙歧視等不同壓迫形式的關鍵。

實踐自我關懷

自我關懷不僅僅是個好構想，而是我們可以實際做到的事。我們可以訓練自己的大腦來培養新習慣，用關懷來對待我們身心及情感的痛苦。研究顯示，我們不僅能透過學習來加強自我關懷程度，且它還能從根本上改善我們的生活[13]。本書會介紹自我關懷的概念、討論相關研究，並幫助你兼顧溫柔及勇敢自我關懷的發展。本書會教導你如何結合兩者來形成關愛之力，並用於生活中的關鍵領域，如人際關係、照顧他人和工作上。

本書中，我會提供各式工具來幫助你理解所閱讀到的內容。有時候，我會提出實證過的量表，如自我關懷、性別刻板印象或是人際關係風格，這些量表在研究中很常見，讓你能對自己做檢測。我也會附上具體的練習活動來讓你鍛鍊自我關懷（FierceSelf-Compassion.org 網站上提供許多這些練習的導引音檔）。此外，雖然會有些冥想練習，但這不是冥想指引書。我不是靈性導師，我是科學家，但自我關懷到了深處可能會像是靈性體驗。

本書涵蓋的多數練習改編自獲得實證過的「正念自我關懷」（MSC）計畫，這是我和格默一同開發的計畫。你可以到 www.CenterforMSC.org 網站修習線上 MSC 課程，或是搭配《自我疼惜的51個練習》（*The Mindful Self-Compassion Workbook*）自修該計畫。MSC 不是正式療法，但很有舒心療癒效果。MSC 所做的不是治癒過去的特定傷痛，而是幫助你加強生活中的自我關懷實踐。在調查 MSC 效力的早期研究中[14]，我們發現八週的訓練能讓人自我關懷程度提升四三％。參與者回報他們更能維持正念並關懷他人，較少經歷憂鬱、焦慮、高壓和情緒規避，並且更快樂和對生活感到滿意。最顯著的是，自我關懷資源會自此成為穩靠的好友伴。因 MSC 而提升的自我關懷和安適感獲證可持續至少一年。

人們從這項計畫獲取的益處多寡，與他們練習的多寡有關。因此，我鼓勵你每天至少好好花二十分鐘做自我關懷練習。雖然研究顯示這些自我關懷工具有效，但你要實際試試才能真正確認效果。

測試你的自我關懷程度

如果你想要判斷自己的自我關懷表現狀況，你可以填寫這份簡要版的自我關懷量表[15]，多數的自我關懷研究都是用這張表。就當作是趣味實驗，你可以現在就記錄你的分數，接著在讀完本書後再做一次，看看你的自我關懷程度有沒有改變。你會注意到此量表並沒有區別勇敢與溫柔自我關懷的差異。雖然我未來可能會重新精修量表來反映出自我關懷的這兩個面向，但目前這份量表是該特質的整體評估。

做法說明

請仔細閱讀以下描述再開始作答。請在每個項目的上面寫出你有多符合描述中的情形。要根據實際狀況來作答，而不是你認為應當要有的情況。

1.在第一組項目中，評出一分（幾乎從不）到五分（幾乎總是）。

（ ）我盡可能體諒和耐心對待我不喜歡的自身性格面向。

（ ）遇到痛苦的事情時，我盡可能用平衡的方式來看待整個情境。

（ ）我盡可能把我的失敗視為人都會有的情況。

（ ）我經歷艱難時期時，會給予自己所需的關愛和溫柔。

（ ）有事情讓我難受時，我盡可能維持情緒平衡。

（ ）我感到某方面欠缺時，我盡可能提醒自己欠缺感是多數人共有的情況。

2.在接下來幾項，評出一分（幾乎總是）到五分（幾乎從不）。請注意，評分方式與前面相反，高分表示發生頻率較低。

（　）我在對自己重要的事情上失敗時，會充滿欠缺感。

（　）我感到低落時，容易覺得多數人都比我還要快樂。

（　）我在對自己重要的事情上失敗時，容易在自己的失敗中感到孤自一人。

（　）我感到低落時，容易執著和沉浸於出錯的事項上。

（　）我對自己的缺點和欠缺處感到無法認同和充滿批判。

（　）我對不喜歡的自身性格面向難以忍受而缺乏耐心。

總分（十二項加總）：（　）。

自我關懷平均分數（總分除以十二）：（　）。

一般而言，二・七五分到三・二五分為普通、低於二・七五分為低，高於三・二五分為高。

慢慢來

當你讀這本書時，你可能會產生不適的感受，這是我們在練習自我關懷時自然會浮現的。給自己愛時，我們可能會立刻回想起過去沒得到愛的所有時刻，或是冒出自己在各方面不值得人愛的想法。舉例來說，當你要好好關愛自己而與一名對你身材做出不當評論的男性劃下界線時，你可能回想起自己在青春期因為穿著被父親羞辱。或是，你在對失敗戀情感到悲痛要安撫自己時，可能會被舊的恐懼所淹沒，認為自己不夠有趣、不夠吸引人或不夠令人興奮。這些其實是好跡象，表示**你正在敞開自己的心**。這表示過去硬吞忍下去的舊痛苦受到釋放而見到天日。痛苦得到空間並得到溫暖懷抱時，就會開始康復。

然而，這些感受有時難以承受。你要在能感到安全的情況下練習自我關懷，不然這就有失自我關懷的精神了。尤其，對於經歷過創傷的女性而言，慢慢來並用自己的步調進行很重要，在必要時抽離各項練習，等到之後再繼續，或甚至在有治療師或心理健康專業人員的引導下進行。我們承受不住情緒時無法學習新事物，所以萬一感覺某項練習活動太過艱難或是擾亂心緒時，允許自己停下來。**請務必要為自己的情緒安全負起責任，如果當下感覺不對勁就不要勉強自己。**

本書要幫助你解放自我關懷勇敢和溫柔兩面向的潛能。這兩者常常會失衡，學會如何結合兩者很重要。自我關懷讓你能觸及自己的內在力量，因此能過得好並感到快樂。這能幫助你更真實且內心豐足，所以你可以成為社會進步的有效推動者。世界正在快速變化，女性可以挺身而出讓情勢變得更好。一旦有了關愛之力，一切都有可能。

第一章：自我關懷的基礎

我們需要夠強大而能貫徹溫柔的女性、夠剛強而能展現關懷的女性[1]。

——卡維塔．朗姆達斯（Kavita Ramdas），全球婦女基金會（Global Fund for Women）前會長

自我關懷不是深奧的高科技，也不是經過多年冥想練習才能達成的高境界。從最基本的層面來看，自我關懷只須成為自己的好友。這很振奮人心，因為我們多數人都已經知道要怎麼當他人的好友。萬一我們身邊親近的人感到欠缺或是面臨艱困的人生挑戰，我們以多年的經驗知道這時要說：「真是遺憾。你現在需要什麼？我能做什麼來幫忙嗎？記住，有我在。」我們懂得要怎麼把聲音放得輕柔，用溫暖的語調，並放鬆身體。我們能善用觸摸來傳達關心，例如給人一個擁抱或是握住對方的手。我們也熟悉要在必要時刻為所愛的人採取強力行動。當我們在乎的對象受到威脅而需要保護，或是需要被推一把來應對挑戰，我們會感受到身體內的熊媽媽力量湧現。我們已有足夠的智慧來了解當下需要採用哪些做法。

然而，令人難過的是，我們在自己遭遇困難時，給自己的待遇等級可差多了。比起停下來問問當下需要用什麼來安慰和支持自己，我們更可能會提出批判、一頭栽入解決問題，或是完全慌掉。假設，你因為翻倒咖啡而閃神，導致上班途中出車禍。這時常常會出現的內在對話可能是：「你這個大蠢蛋。看看你幹了什麼好事。你最好趕緊打電話給保險公司，還有跟老闆說你沒辦法去開會。我看你八成會被開除。」你會用這種方式對你在乎的人說話嗎？大概不會吧。但是，我們常常用這種方式對待自己，還認為這樣很好。我們可能對自己非常刻薄，甚至比對待我們厭惡的人還要嚴厲。有個金律是這樣說的：「希望自己受到什麼對待，就用同樣方式待人。」後面應該要再補上一句：「千萬不要用對待自己的方式來待人，不然你會沒朋友。」

加強自我關懷時，**重要的第一步是檢視我們在遭遇困難時如何對待自己，並與我們如何對待自己在乎的對象相比較**。最適合拿來檢視的情境是要好的友誼——坦白說，我們有時對待自己的孩子、伴侶或是家人，並沒有如自己所希望地展現關懷，因為關係太親了。我們對朋友的反應保留比較多空間，也比較不會輕忽他們，因為這些關係是要主動去維繫的。也就是說，我們會在親近好友前拿出最棒的自己。

我如何對待面對煎熬的朋友和自己？

對比你對朋友和對自己展現的自我關懷，結果可能令人吃驚。我們在MSC計畫中，一開始會檢視這點來為自我關懷的學習做預備。這是個書寫練習，所以請拿出紙和筆。

做法說明

想想看你好友遇事而受苦的各個時刻，包含不同情境：例如她因自己犯的錯誤而出現負面情緒、在職場上受霸凌、因為照顧小孩而心力交瘁，或是對一個很有挑戰性的任務感到害怕。現在，寫下以下題目的答案：

- 你在這類情況中，通常會怎麼回應你的朋友？你會說什麼？用什麼語調？用哪種身體姿態？用哪些非語言手勢示意？
- 在類似情況中，你會怎麼回應你自己？你會說什麼？用什麼語調？用哪種身體姿態？用哪些非語言手勢示意？
- 比較你回應朋友和回應自己的狀況，有沒有注意到哪些差異？（例如你對自己會把事情災難化，但對朋友時會有更多精闢見解。）

- 如果你開始用如同對待朋友的方式對待自己，你認為狀況會是怎樣？這對你的生活會帶來什麼影響？

做這項練習時，許多人會因他們對待朋友還有對待自己的差異情形感到震驚。察覺自己虧待自己的程度，可能使人感到不安。所幸，我們可以把對他人展現的關懷拿來當作是與自己相處的參考原則。這是可用來加以發展的基礎範本。只不過，用對待朋友的方式來對待自己，一開始會感覺有點難適應，這是因為我們習慣把自己當敵人看。久而久之，就會習慣成自然。我們需要允許自己把這些精熟的關懷技巧往內用在自己身上。

當然，過程中會遇到一些絆腳石。自我批判的習慣以及欠缺價值的感受容易揮之不去。另外也會恐懼自我關懷對自己不是好事，會把人變成怠惰、自私、自我放縱的廢柴。我會在後續的章節討論這些障礙，當然你也可以讀讀《寬容，讓自己更好》或是《自我疼惜的51個練習》，來更深入了解如何克服障礙。

還有，練習臻至完美。或是，在我們自我關懷的世界中要說的是，練習達成不完美。我們能好好磨練技巧來接受自己的凡人限制，並同時學習如何採取行動來讓狀況變好。如同康菲爾德說的：「靈性修練的重點不在於把自己變完美，而在於讓自己的愛變完善[2]。」愛是剛柔兩面自我關懷的推動力。

自我關懷的三大要素

雖然自我關懷牽涉到要用我們自然而然會給予好友的仁慈來對待自己，但不能只有仁慈而已。如果只需要對自己好，我們就很可能會變得自負或是自戀。光有仁慈還不夠，我們也要能看見自己的缺點、承認自己的失敗，並運用經驗來獲取見解。我們要把自身的掙扎連結到他人的掙扎，超越微小的自我，並在更寬廣的萬物秩序中實踐自己所屬的角色。

根據我建立的模型，自我關懷有三大組成要素：正念、普遍人性和仁慈[3]。這些要素各自不同但以整體系統的模式彼此互動，自我關懷的心態要涵蓋三者才能健康穩定。

正念（mindfulness）：自我關懷的基礎是能夠用正念面對自己的不適感受並加以肯認。不去壓抑痛苦和假裝它不存在，也不對其有戲劇性反應而逃離它。正念讓我們能清楚看見自己犯錯或是失敗。接著，面對而不逃離伴隨麻煩之事而來的棘手情緒：哀慟、恐懼、悲傷、憤怒、不確定感、懊悔。我們關注當下那刻的體驗、覺察自己不斷變換的思緒、情緒和感官知覺漸漸浮現。正念對自我關懷很重要，讓我們知道自己在受苦，並用仁慈來回應。如果我們忽視痛苦或是完全沉溺其中，就沒辦法退一步用旁觀的方式說：「哇，這給人壓力真大。我需要點支持力量。」

雖然正念本身很簡單，但因為違反了我們的自然傾向而具有挑戰性。神經學家辨識出一組相互連結的腦部區域，稱為預設模式網路（default mode network）[4]，位於大腦的中線區，由前方繞到後方。之所以叫做預設模式是因為這是我們在沒有主動專注和參與任務時的平常腦部活化狀態。預設模式執行三個基本功能：創造自我感、將自我投射到過去或未來，以及掃描問題。因此，我們沒有把心神放在當下，而是沉溺於擔憂和懊悔，從演化角度來看這是有益處的，因為能從過去的困境學習、預期外來脅迫到生存之事，並想像要用什麼不同方式應對。然而，這會讓我們在當下受苦時沒有意識到自己正在痛苦掙扎；相反地，我們在嘗試解決問題時，會迷失於過去往事或未來事件中。正念的有意聚焦能關閉預設模式[5]，也就是說，我們能在感受到自己的痛苦時在當下陪伴它。

正念就像是澄澈而沒有漣漪的靜止池塘，映照出當下發生的事情而不去扭曲，讓我們能對自身和自己的生活產生見解，因此能明智判斷出最佳的行動來幫助自己。正視痛苦和加以肯認需要勇氣，但如果要在面對苦難時敞開心扉，就必須要採取這勇敢之舉。感受不到的事情便沒有辦法治癒。因此，正念是自我關懷所仰賴的支柱。

普遍人性（common humanity）：自我關懷另一個核心是體認到我們自己的人性。事實上，這讓自我關懷不同於自我憐憫。關懷（compassion），在拉丁文的字義是與「受苦」（passion）「同在」（com）。連結感是關懷本身具有的性質。將關懷朝向自身，就表示我們肯認所有人類都不完美、過著不完美的生活。雖然這聽起來理所當然，但我們常落入陷阱而認定事情一定要順利發展，不然就是出了差錯。我們不理性地覺得其他人都好好的，只有自己會滑倒、打破玻璃、劃破大拇指，所以要在手上包蹦帶而變得像米龜三個月（是真的喔）。在受傷之餘還會有侮辱感，因為我們不僅感到痛苦，也感受到孤立隔絕。這種缺乏連結感很嚇人，因為如同演化生物學所說，孤身的猴子註定會死翹翹。

當我們記起痛苦是人類共有的經驗，我們就能脫離自我憐憫的兔子洞。比起哭喊道：「人家好慘啊」，我們認可受苦的共同天性。當然，每個人苦難的境遇和程度不盡相同。受到體制不正義或是根深蒂固的貧窮壓迫的人，會比擁有優勢的人更辛苦。不過，沒有任何人可以完全躲離身心或情緒上的艱困。

關懷的基礎是所有有意識的人本質上都應受到人道對待。當我們拒絕給自己關懷卻關懷他人，或是重視某族群多於另個族群，那麼我們便損及了眾人都是更高層次互依整體之一部分的基本事實：你的行動影響著我的行動，而我的行動也影響著你的行動。俗話說：「別在吃東西的地方拉X。」這句話有些粗俗，卻充分傳達了這個概念。我對待自己的方式會影響我接觸的人與我的互動情形，而我對待他人的方式也同樣影響我的所有互動情形。無法理解相互依存性的後果隨處可見：種族、宗教和政治緊張情勢衍生出暴力；美國政治導致某些國家經濟陷入危機，而這些國家的移民者逃至美國；地球暖化迅速，很快就會無法居住。洞見普遍人性的智慧讓我們能夠看見全局，知道大家存亡與共。

仁慈（kindness）：自我關懷的核心推動力是仁慈，也就是想要減緩苦難的欲望。這種關愛的意念是深切的援助本能。這是當我們在走過人生泥濘地時，給予自己溫暖、友善和支持的態度。往往，我們遭遇困難時，我們更可能自我打擊而不是用支持的方式拍拍自己肩膀。甚至有人對他人一貫慈善，對待自己卻是糟糕透頂。自我仁慈的做法反轉這種傾向，讓我們真正善待自己。

我們承認自己犯錯時，自我仁慈表示體諒和接納，並鼓勵自己下次改善。在聽聞壞消息或是正面遭遇人生中的問題時，我們主動敞開自己的心，讓自己能在情緒層面對自己的痛苦有所感懷。我們停下來說：「這真的很不容易。我在這時候要怎麼照顧自己？」

我們不可能完美。我們的生活勢必會有些掙扎拉扯。但是，當我們用善念和好意來回應痛苦時，就能產生愛和關心的感受，因此帶來正面的改變。自我仁慈給予我們應對艱難的資源，並讓人更承受得起。這是種充實豐足的情緒，也是緩解人生之苦的甘甜。

自我關懷的益處

上千份研究檢視了自我關懷與安適感的關連。執行自我關懷研究的方法通常有三種。最常見的方法是用自我關懷量表，並判斷分數高是否與快樂等正面結果以及憂鬱等負面結果相關。第二種研究自我關懷的方式是以實驗方式建立自我關懷的心態框架，這常常是請人對自己寫下一件人生逆境，並同時喚出正念、普遍人性和仁慈。研究對象被隨機指派到自我關懷的小組或是控制組。後者中，參與者寫出中性事物，像是自己的嗜好。接著，比較兩組別面對考試的動力等行為差異。第三種越來越常用的方法是透過 MSC 等計畫培訓自我關懷，看看完成培訓後的人是否提升了安適感。這三種研究方法都產出了同樣的發現結果[6]。

本書會陸續討論自我關懷益處的研究文獻[7]，這裡來做個簡短總結。自我關懷程度高的人通常較為快樂、抱持希望和樂觀[8]。他們對生活較為滿意，且對自己所擁有的事物抱持感激。他們比較不焦慮、憂鬱、壓力大或心懷恐懼[9]。他們比較不會有自殺念頭[10]、濫用藥物或酗酒[11]。他們較明智且高情商，可以用較有效的方式來調節自己的負面情緒[12]。他們有較正面的身體意象，且比較不會飲食失調[13]。他們比較會參與有益行為，如運動、適當飲食和定期看診[14]。他們身體較健康，睡眠品質較好、比較不容易感冒，且免疫系統較佳[15]。他們更有動力、幹勁[16]，並對自己負責任[17]。他們面對人生挑戰時較堅韌，也對目標有更多毅力和決心[18]。他們跟親友及另一半的關係較良好順利[19]，且對性生活較滿意[20]。他們比較寬容、有同理心和願意接受他人觀點[21]。他們對他人較關懷，但也能在照顧人的同時不至於累垮自己[22]。這樣看來，把自己當作好友來對待還真是有不少好處。

懂自我關懷的人也有較高的自尊，但不落入追求高自我尊榮的陷阱[23]。自我關懷不像高自尊那樣與自戀相關連；它不會導致人時常進行社會比較或是過度維護自我意識。從自我關懷所得到的自我價值感不仰賴要有特定的外觀、取得成功或是得到他人的認同。這是無條件的，也就是說，由自我關懷而來的自我價值感能長久穩定。

自我關懷有很大的益處，而且可以透過學習而得，因此讓眾多學者開始研究這種心態。我的好友兼研究同事肖娜．夏皮洛（Shauna Shapiro），寫了一本談正念及自我關懷的好書《早安，我愛你》（暫譯）（*Good Morning, I Love You*），她喜歡把自我關懷比擬為人生的祕製醬料。它能讓一切事物變更好。

自我關懷的生理學

如同先前所說，多數人對自己的關懷程度遠不及對他人的關懷程度，尤其是在失敗或是感到有所欠缺的時刻。其原因與我們神經系統的自動反應有關。我們犯錯或是遭遇人生困難時，在直覺上感到受威脅，覺得一切都不好了。於是，我們拿出「威脅抵禦反應」[24]（也稱為爬蟲腦）來應對感受到的危機，這是面對危險時最快速和最容易觸發的反射反應。我們大腦偵測到威脅時，會啟動交感神經系統[25]。於是杏仁核開始起反應，身體釋放出皮質醇和腎上腺素，並預備要戰鬥、逃跑或是僵住不動。這系統在抵抗身體所受的威脅時很有用處，像是身旁樹木倒塌或是遇到吠叫的狗。但是，要是這威脅來自於「我很沒用」或「我穿這件裙子是不是很胖」的念頭，就會產生問題。

我們的自我概念受到威脅時，危險屬於內在的。我們同時是攻擊者與受攻擊的對象。所以說，我們會用批判來對抗自己，希望能迫使自己改變和擺脫弱點。我們在生理上會逃離他人，像是因羞愧感瑟縮，或是將自己陷於無價值感中。有時候，我們會僵住而做反芻思考（rumination），即不斷重複負面思緒，好似想個八百遍就能讓問題變不見。這種持續的反應狀態，使得我們對自己嚴厲會有害健康，像是帶來壓力、焦慮和憂慮[26]。很重要的一點是不要因為這些反應而評判自己，因為這是來自於想確保安全的善意欲望。

但是，我們可以換個方式來感到安全——運用哺乳類的照顧系統。哺乳類在演化上勝於爬蟲類的優勢是幼體出生時還很不成熟，因而有較長的發展時期來適應環境。相較於其他哺乳類，人類花最長的時間來成熟：因為有絕佳的神經可塑性，所以要二十五到三十年時間讓前額葉發展完成[27]。為了要在這段漫長的發展時期保護脆弱的幼年，於是人類演化出了「照顧與結盟」（tend-and-befriend）反應[28]，促使父母和子女維持緊密關係，並透過在社會上與人結夥取得安全。照顧系統啟動時，催產素（愛的荷爾蒙）和腦內啡（使人感受良好的天然瑪啡）就會釋出，提升安全感[29]。

雖然在照顧他人時會依直覺啟動照顧與結盟反應，但我們也可以學習把它用於自身。我們可以照顧自己並與自己結盟來提供身心安全感及安適感。進行這件事時，副交感神經就會變活躍，提升心率變異（讓人更開放和放鬆），並減緩交感神經的活躍程度（因此比較不緊繃）[30]。事實上，自我關懷的三個要素（仁慈、普遍人性和正念）都直接對抗威脅抵禦反應的自我評判、孤立和反芻思考。實際上，對於這兩個高度演化而來確保我們安全的本能行為，我們會不斷變換兩者間的平衡，增加了一項同時就減少了另一項。

因為自我關懷會在生理上起作用，肢體碰觸是能給予關懷的高效方式。我們的身體幾乎在一瞬間就會對肢體碰觸起反應，快速讓我們感到受支持[31]。碰觸連結到副交感神經系統，也就是讓我們感到冷靜和穩住重心的神經系統。人體本身有精細的設計來將碰觸解讀為關懷的信號。就像是寶寶出生的頭兩年，父母會碰觸嬰孩來傳達安全感和愛，我們也能用同樣的方式對待自己。

帶來安撫及支持的碰觸

我們在MSC計畫中教導安撫和支持的碰觸，當作自我關懷的一項基礎練習。感到難受時，有時我們會被情緒淹沒而難以用和善的方式對自己說話。在煎熬時刻，把想事情的注意力移轉到觸覺等身體感官知覺的感受，能讓人脫離腦中思緒而多關注身體，這會帶來很大的助益。

做法說明

試試不同種碰觸方式來看看自己會有什麼感覺。每一種碰觸持續約十五秒鐘，讓自己確實深入該體驗。注意看看對身體的效果。最好能夠找出一種可以感到受安撫和安慰的碰觸，還有另一種感到堅強、得到力量和支持的碰觸。每個人都不一樣，所以多實驗看看，到找出最適合自己的為止。

1.溫和的安撫選項包含：

- 單手或雙手放在心臟位置上。
- 雙手輕輕捧住臉。
- 輕柔撫觸手臂。
- 交叉雙臂，輕柔捏握。
- 擁抱自己，緩緩前後搖擺。

2.堅強的支持選項包含：

- 一手握拳放在心臟前，另一手覆蓋在上方。
- 單手或雙手擺在太陽神經叢上，也就是能量的中心（在胸腔下方、肚臍上三英寸處）。
- 一手放在心臟位置上，另一手放在太陽神經叢上。
- 捏握另隻手。
- 兩隻手臂穩穩放在腰際間。

這麼做是要找出「即時適用」的碰觸方式，讓你在壓力大或是情況艱困時可以使用。現在選擇兩項，並在身心感到不適時用看看。有時候，我們的思緒太亂而無法好好思考，不過你可以透過碰觸來把關懷傳達給身體。這樣照顧自己、支持自己，簡單又有驚人效果。

自我關懷的困難之處

有些人本身比較懂得自我關懷，有些人則否，這與我們受撫養的方式有關。如果小時候父母一貫和善對待我們並給予滋育力量，讓我們的哺乳類照顧系統有完善反應並能順暢進行，我們就較可能在長大成人時把這種支持的態度內化[32]。如果他們嚴厲批判我們，或是疏忽照顧或有虐待行為，自我關懷就變得更加困難[33]。

我們在父母面前感受到的安全程度稱為依附型態[34]。具有安全依附的人，也就是受到父母一貫溫柔關愛，且需求獲得滿足者，容易感到值得受到安慰和支持，也因此在長大成人時會對自己比較和善[35]。如果父母表現不一致，也就是有時提供情感照顧，有時沒有，或是疏於照顧，較可能使人感覺自己沒資格和不值得疼愛。這會增加自我關懷的難度。而要是父母在情緒、肢體或性方面施虐，就會讓孩子把恐懼和照顧的信號混淆在一起，因此實施自我關懷會變得駭人[36]。

我的同事格默是臨床心理師，著有見解精闢的書作《通往自我關懷的正念道路》（暫譯）（*The Mindful Path to Self-Compassion*）。他時常觀察自己父母的模式，並用「複燃」（backdraft）[37]一詞來解釋，這是個消防用語。火焰在密閉或通風不良處猛烈燃燒時，消防人員會在開門消滅火勢時特別小心。要是內部氧氣耗盡而突然將門打開，新鮮的氧氣灌入，會讓火燒得更旺。這會很危險且可能爆炸。進行自我關懷時也是同樣道理。如果我們在應對早期童年傷痛時把心門關得死死的，開始敞開心扉讓愛的「新鮮空氣」灌入時，會加強困在裡頭痛苦的意識。這有時會猛然爆發，讓人承受不住。不只是有創傷過往的人會經歷複燃而已，任何用緊掩、封閉自己之方式來應對棘手情緒的人，在開始實行自我關懷時都可能會遇到複燃的情形。這其實是個好的跡象，因為表示治癒的過程已經展開。

另個比較不這麼駭人的譬喻是剷雪時雙手冰凍麻木，走到室內取暖時，就會突然痛得要命。我們像是要暖手一樣，也想讓冰凍的心解凍。這是件好事，就算會感到疼痛。不過，不要移動得太快。消防人員之所以攜帶尖器，是要在起火建築周圍刺出洞口，讓空氣能緩慢進入。有時候我們也要用這個方式對待自己：慢慢給予關懷，才不會太過激烈。換句話說，我們要用符合自我關懷的方法來實踐自我關懷。

我們問問自己需要什麼時，有時答案會是先把焦點放在其他事物上一陣子。我們可以找另項較間接的方式來照顧自己，像是泡個澡、散散步、摸摸狗、喝杯茶。這也是種仁慈的做法。這能照顧自己、滿足需求，因此有助於建立關懷的習慣。一但我們感受到較穩定後，就能回過頭來用更直接的方式來敞開自己的心。

面對複燃時，正念非常有效果。我們把心神放在單一物體上時，有種使人安頓下來的效果[38]。這也就是為什麼有意識地呼吸能有鎮定效果，因為我們把心神放在思緒以外的事物上。另個有效的練習是去感受踩在地面上的腳底板，這能穩固我們的意識，並讓我們踏穩大地。

腳底板

研究發現，這項練習能幫助人在情緒紛亂時自我調節並找回重心[39]。這是我們在MSC中應對複燃現象的核心練習。通常是使用站姿，但也可以改為用坐姿來進行。

做法說明

- 站起來，首先注意雙腳碰觸到地板的感覺。
- 為了要加強對腳底板的感受，試著輕輕前後擺動腳丫，然後左右擺動腳丫。接著用膝蓋轉圈，感受腳底板感覺的變化。
- 感受地板對整個身體的支撐。
- 要是心神開始飄忽，就回來感受腳底板。
- 現在開始慢慢走路，注意腳底板的感受變化。注意抬起一隻腳、向前踏，並把腳踩在地上的感受。接著換另一隻腳重複上述動作。接著再反覆換腳。
- 走路的時候，留意兩隻腳小小的表面積，還有雙腳如何穩固整個身體。如果你願意的話，花點時間來感謝雙腳的辛勞，這點常常被忽略掉。
- 你可以想像地板往上抬起來支持你走每一步。
- 繼續慢慢走，感受雙腳的腳底板。
- 現在回到站立的姿勢，把意念擴展到全身，讓自己自由感受所產生的任何感覺，允許自己維持這樣的狀態。

自我關懷不是弱者的專利

文化往往會對自我關懷有個錯誤的講法，告訴我們自我關懷是一種放縱，會奪走人向前的動力，並使人軟弱。我記得我的文章首次在《紐約時報》刊登時[40]，出現許多負面讀者評論讓我很驚訝。其中一個特別讓人印象深刻：「棒極啦，正合我們所需，一個娘砲國家。」我開始注意到多數人不明白自我關懷的強勁本質。他們因為這連結到照顧和溫柔就假定它是虛弱而被動的事。但，關懷也能強勁帶力。例如第一線人員奮不顧身救援遭龍捲風襲擊的人；父母擔負多份工作讓孩子們有飯可吃；或是，領低薪的老師在內城區孜孜矻矻工作來幫助學生破除貧窮循環。這些都是關懷的了不起之舉。

佛法中，這種採取行動的強勁關懷叫作「勇敢慈悲」，也就是奮起抵抗傷害或是不義的力量。薩爾茲堡把這表示為結合仁慈、堅定、力量、平衡和行動的堅韌之愛[41]。佛教學者鮑勃．瑟曼（Bob Thurman）將其描述為「熾熱的強猛力量，能用來……培養內在力量和決心[42]。」為了要減緩我們的苦難，為了要給自己當下所需，我們要號召出可用的完整回應——包含剛柔兩股力量。我們可運用陰陽的譬喻來理解自我關懷的兩面。

自我關懷的陰陽兩面

陰陽的概念來自於古代中國哲學[43]，主張宇宙能量學中有兩股相互詰抗的面向。陰代表靜，陽代表動。陰是柔和、退讓、接納、滋養的能量，陽是堅定、強力、主控、目標導向的能量。長期以來，陰被連結到女性的陰柔，陽被連結到男性的陽剛，但這兩者都是身為人不可或缺的部分，無論性別為何。因為陰陽是表現「氣」（重要生命力場能量）的互補表示法，兩者都對健康和安適感扮演關鍵角色。事實上，從這觀點來看，生病就是因為陰陽失調。陰陽的太極圖中，可看到陰暗的部分表示陰，光亮的部分表示陽，這是正負兩極，然而兩邊又各自包含對方的元素，表示並非二元對立。陰陽的譬喻貼切地反映出自我關懷中勇敢與溫柔的核心差異。雖然一般不是用這個觀點來探討自我關懷，我也絕非中國哲理的專家，但這個架構頗有助益，我帶著敬意與謙卑來援引。

溫柔自我關懷的陰面包括用接納的方式與自己「同在」，包含要安慰自己、對自己確保自己並非孤身一人，並在痛苦時給予陪伴。這是自我關懷的治癒力量。一個好的例子就是母親懷抱並輕晃哭泣的孩子。我們感到受傷或有所欠缺時，我們會安撫自己、肯認痛苦並擁抱真實的自己。我們運用能自然而然給予自己珍視之人的關愛力量，反過頭來給予自己。用來描述溫柔自我關懷體現的感受時，一個講法是「愛與連結的存有」，這呼應了仁慈、普遍人性和正念。

當我們用仁慈來擁抱痛苦時，我們便有了「愛」的感受；當我們記起普遍人性時，我們感受到「連結」；我們用正念來應對痛苦時，我們便是當即的「存有」。有了「**愛與連結的存有**」，痛苦就變得能夠承受，並開始轉化。

勇敢自我關懷的陽面包括「在世上採取行動」來減緩痛苦。它的實際樣貌根據採取的行動而不同，但通常都有關保護、供給資源或是激勵自己。關懷的爆發能量就像是受威脅時勇猛保護幼熊的熊媽媽，或是牠要捕魚來餵小熊，又或是離開資源匱乏的地域去找更好的環境當新家。如同溫柔可以往內送，熊媽媽的剛強能量也可以朝內給予自身。我們可以起身保護自己、滋養並供給自己資源，也能激勵自己採取強健起來所需的改變。

自我關懷的典型問題是「我現在需要什麼？」更具體而言則是「**我需要什麼來緩解我的痛苦？**」這問題的答案會視情況而改變。有時候，我們所需的是接受身為人的不完美，這時候要採用的是溫柔的自我關懷。

然而，在需要保護自己不受傷害時，關懷的要素便有不同的表現型態。這時候自我仁慈要「勇敢」。我們拿出勇氣來立下界線、說不、如鋼鐵一樣堅硬；普遍人性讓我們知道我們不是孤軍奮戰，以及所有人都應該受到公義的對待。我們加入他人並挺身爭取正確的事，因而變得「有力」；正念使我們能「明辨」果斷地採取行動，也就是看見並說出真相。自我關懷用來保護自己免受傷害時，我們體現的是「**勇敢且有力的明辨**」。

自我關懷的表現型

目的	自我仁慈	普遍人性	正念
柔韌（同在）	愛	連結	關注當下／存有
剛強（保護）	勇敢	賦權／力量	明辨
剛強（供給）	豐足	平衡	真實
剛強（激勵）	鼓勵	智慧	視野／願景

當目標是供應資源給自己、給予自己快樂所需之物，型態又會再度轉變。這時候，自我仁慈是在身心靈上「豐足」自我。我們採取行動來滿足自己的需求，知道這些需求很重要；普遍人性讓我們能以「平衡」且平等的方式來滿足自己和他人。我們看重每個人的欲望，包含自己的；正念讓我們有能力維持「真實」，真正知道內心深處需要什麼，因而可以供給自己並堅守自己的價值。自我關懷用來提供資源給自己時，我們體現的是「**豐足且平衡的真實**」。

最後，當需要激勵自己達成某目標或做出某項改變時，所需的自我關懷又是另種型態。自我仁慈要的是能「鼓勵」和支持自己做出不同的事情，就像是教練激勵運動員或是父母激勵孩子，採用建設性批判和回饋來幫助我們盡全力表現；普遍人性讓我們得以從錯誤中學習。我們利用「智慧」來判斷如何做出導正的行動，理解到我們自然而然會犯錯，期望能從錯誤中成長；正念提供了「視野／願景」來知曉要完成什麼事，並曉得哪些情況對自己不適用，而要去追求更能帶給我們益處的事物。我們清楚看見我們的下一步，並專注於目標。自我關懷用來激勵自我時，我們體現的是「**鼓勵且有智慧的願景**」。

佛教中慈悲的女神觀世音菩薩（意指「傾聽世間苦嘆」）有多隻手臂，每隻手上都拿著減緩痛苦的不同法器[44]。上頁表格顯示出我們可以運用的不同型態自我關懷。接下來的各章節內會針對每種照顧自己的方式細部討論，所以不用擔心現在沒辦法一次吸收。

有些人納悶為什麼勇敢的自我關懷有三種型態，溫柔的自我關懷卻只有一種。這是因為與痛苦「同在」表示靜止，這需要用開放的心來接受事物本質，因此主要型態只有一種。雖然每個人在表現這種開放之心的方式稍有不同（肢體上的安撫、說出善意的話等），但都落於關懷的存有範疇。採取行動來減緩苦難有更多不同型態，其實可能超過三種，且實際展現的自我關懷會因個人需求而多樣呈現。不過，保護、供給和激勵的三種主要型態，掌握了以自我關懷來減緩苦難的最基本行動。

自我關懷的肢體動作

自我關懷的三個要素在滿足不同需求時會有不同的感受，我們的身體能實際感受到每一種的能量。我們在MSC計畫中教導這項練習來幫助學員實際感受到自我關懷的剛柔兩面。這項練習最好以站姿進行，但用坐姿也可以。

做法說明

你將擺出一系列的姿勢來感受自我關懷在身體上的不同表現型態。首先，要探索的是缺乏自我關懷的狀態：

- 緊握拳頭，並靠近自己的身體。觀察緊握拳頭時會出現什麼情緒。你可能會注意到感覺緊張、緋緊、有壓力或是受到限制。這是「自我批判及抗拒」的表徵，也就是與自己交戰或是抗拒痛苦、忽視需求時會產生的感受，我們時常會不自覺地這麼做。

接著，開始探索溫柔自我關懷的感受：

- 打開手心朝上。與握拳時比較，這給你什麼感受？許多人注意到他們感到較放鬆、平靜、鎮定和接納。這是溫柔自我關懷中「正念」的表徵。也就是我們以開放、寬敞的意識來接受所發生之事的感受。這讓我們能陪伴並肯認自己的痛苦。

- 現在，向外展開雙臂，這代表著伸及他人。你可以想像給朋友或所愛的人一個擁抱，這給你什麼感受？你可能會感受到連結、團聚或是擴展的感覺。這是「普遍人性」的表徵，也就是超越個別自我而容納他人。這是向自己確保自己不是孤獨一人的感受。
- 現在，把一隻手擺在另一隻手上，慢慢將兩隻手置放到胸口中央。感受雙手給心臟的溫暖和力量，輕輕呼吸。這給你什麼感受？通常大家說做這姿勢時感到安全、受安撫、溫暖和放鬆。這是溫柔自我關懷中「自我仁慈」的表徵，也就是我們給自己愛時的感受。這會有很棒的感受（除非你感受到複燃，那也沒有關係）。
- 接著，把上面幾個動作連貫起來，打開掌心、向外伸展，然後把雙手放胸口上。這是溫柔自我關懷的整體感受——「愛與連結的存有」。

勇敢的自我關懷有不同的呈現方式，依據目的而有所差別：

• 可以的話站起身來，採用武術中的「紮馬步」動作。雙腳與臀部同寬，稍微彎曲膝蓋，把骨盆向前傾（也可以坐挺）。紮馬步是個放低重心的平衡穩固姿勢。以這個姿勢，我們能採取當下所需的行動。

有時候我們要保護自己：

• 把一隻手臂穩穩往前伸，手掌豎起。清楚並大聲說「不！」重複做三次。
• 觀察這動作是否有能量在脊椎中上下移動。有什麼感覺？大家通常說感到強勁、有力、勇敢。以這個勇敢自我關懷的型態，我們體現了「勇敢且有力的明辨」。

有時候我們也要提供資源給自己，讓自己感到快樂：

• 伸出雙臂，當作是要汲取你需要的能量，並把雙手放在能量中樞太陽神經叢上。把手靠往身體時，說出「對！」重複做三次。
• 觀察這個堅定姿態是否提供身體能量。這樣做出聲明有什麼感受？感覺可能有點傻呼呼，但也可能讓人覺得舒暢。以這個勇敢自我關懷的型態，我們展現「豐足且平衡的真實」。

有時候我們要激勵自己做困難的事情、支持並幫自己打氣來做出改變：

- 抓握拳頭，做出打氣時的前後擺動，同時說出「你辦得到！」三次。
- 觀察是否感受到支持的力量往前流出。這給你什麼感覺？正面、充滿希望、獲得啟發？以這個勇敢的自我關懷型態，我們表現出的是「鼓勵且有智慧的願景」。

這些姿勢設計的主要目的不是要在平時反覆做，而是當作示範來幫助你了解和體驗自我關懷的多種型態。但如果你覺得其中哪項姿勢很有幫助，也可以用來喚出當下需要的自我關懷。

陰陽調和

為了完整運用自我關懷的力量，陰與陽要相互搭配而達成平衡狀態，否則自我關懷就可能會落入不健康的狀態。「近敵」是實用的佛學概念[45]，指的是看似接近理想狀態的心靈狀態，因此叫作「近」，但卻未實際達成，所以是個對敵。要是陰陽失衡，各型態的自我關懷都可能演變成近敵。例如有了陰的接受但沒有陽的採取行動，就可能變成被動和懈怠。西藏導師邱陽・創巴（Chögyam Trungpa）把這稱為「愚昧慈悲」。雖然愛與接納自己當下的狀態很重要，但這不表示要將當下狀態維持下去。要是一群牛奔向你，這可不是個要接受情境就好的時刻。我們做出吸菸等有害行為或是處於情緒受虐關係的糟糕情境時，不只要接納痛苦，還要採取改變的行動。

同時，當保護的力量浮現卻不具備「愛與連結的存有」之感受，就可能變成對他人的敵意和侵略性。我們可能把情境看成是彼此間的對立，即我是對的而你是錯的。關懷一定要帶有關愛。關懷可以是剛強而勇敢的，但不該有侵略性；可以富含力量，但不過於強勢。在吐露真相時能清晰表達，但不盲目自以為是。同理，意圖滿足自己的需求時，沒有足夠的陰能量可能會導致自私，或是求取改善的動力走偏而成了完美主義。

我們之後會再詳細探索這些議題，先總結來說當陰陽能平衡融通時，會更有建設性。我們革除了對自己無益的舊習，並採取行動來改善現況，這不是因為不接納當下的自己，而是因為我們在乎自己而不想要受苦。我們在這種無條件的接納中越感到安全，就有越多能量可以保護自己、滿足需求並達成目標。

一個跟我一起實踐剛柔自我關懷的好友說，自己因為這麼做而變得煥然一新。我在搬到德州後不久認識了潔絲。潔絲年紀跟我差不多，她有在練習冥想，且有個叫作比爾的兒子有嚴重的注意力不足過動症（ADHD），所以我們兩人有很多相似處。溫柔自我關懷幫助她應對兒子的病症，在比爾發作時，她能給自己所需的仁慈和支持，也較能夠接受自己在教養上犯的錯誤，向自己確保她也是凡人，已經盡全力了。然而，這還不夠幫助她應對她母親薩曼莎，因為她的作為更令人難以消受。

請別誤會我的意思。潔絲非常敬愛母親，但她卻快把潔絲搞瘋了。薩曼莎認為自己身為家中長輩，有資格指正她（已屆中年）的女兒做錯什麼事情、要怎麼改正。她不僅越界，她根本不認為有界線存在。雖然潔絲知道自己的母親真心關心她，但她常常因為強行施加的建議感到被侵犯。她會發怒道：「為什麼就不能讓我自己犯錯自己擔，而要雞婆干涉呀？」

潔絲跟母親的常見狀況是兩人維持和平好一段時間，潔絲向母親解釋自己有聽到她說的，並很感激她的關心，但想要自己做決策。她多年來的冥想訓練通常能發揮成效，但只是「通常」。問題是，她的憤恨感不斷累積，最後就會爆發開來，且常常是起因於小事情。舉例來說，某次的感恩節晚餐時間，薩曼莎影射說道潔絲不該再吃第二份餐，潔絲爆粗口說：「去你X的！」然後憤而離席。她事後因為自己這麼生氣而感到很糟糕和羞愧，況且這天明明是要感恩家人的呀！經過多年的冥想練習，卻還是會為個小事而情緒失控，她開始對此感到絕望。

我們開始談到勇敢的自我關懷時，我問她要是這憤怒感不是要管控的情緒，而是要慶賀的事情，她覺得如何？要是她珍視自己在界線遭侵犯時湧出的熊媽媽能量會如何？她說：「聽起來很可怕。我可能會真正失控，說出收不回的話。我愛我的母親，我知道她是想要幫忙。」

我說：「我在想，你之所以反應這麼激烈，是因為你批判和貶低了這個很重要的自己。要是你好好接納湧現的內在戰士力量，同時連結到仁慈關愛的那個自己如何？」潔絲決定要嘗試看看。

一開始狀況很不順。當薩曼莎試圖告訴她每週午餐時間該做什麼時，潔絲會想辦法用關愛的力量好好劃出界線來，但她還是有時候會被惹怒而破口大罵。經過一段時間後，把這兩股力量結合在一起變得較容易。有一天，她打電話來跟我說為自己應對薩曼莎再度越界時的處理方式感到自豪。「我告訴她我在比爾遇到麻煩時怎麼處理學校的事故，她就跟我說我不應該用這種方式。於是從我內心深處傳來強勁的聲音說出：『不！你不應該指正我教兒子的方式！』我們都對這聲『不』感到驚訝，但明確交代完後就到此結束對話。」午餐完大約一小時後，薩曼莎打電話向潔絲道歉：「你說得對。我沒有這樣的立場。你照顧比爾時做得很棒。我很抱歉。」潔絲能這樣拿出力量對抗母親且沒態度惡劣，讓她光彩奕奕。

我相信，在應對使我們受苦的常見失衡狀況時，實行勇敢和溫柔自我關懷能做出重大改變。所幸，自我關懷不僅是個理念，而是可實踐的做法。我們在伸張女性應有的權力時，可以試著發展和結合這兩股自我關懷的力量，來應對我們在現今世界面臨的問題。女性被社會化成要避免惹人不快，不能生氣或是拿出剛強一面。但是，我們不能再被動下去了，我們必須要去改變現狀。自我關懷是我們隨時可以喚出的超能力——就隱藏在我們後面的口袋裡。我們只要記住自己有這個超能力，然後允許自己去使用它。

第二章：自我關懷與性別的關連

為什麼大家要說「長點卵蛋」？卵蛋既脆弱又敏感。
如果想要強悍，該長的是陰道，那才承受得起衝擊[1]。

——貝蒂．懷特（Betty White），演員與喜劇藝人

女性要培養勇敢自我關懷的原因之一，是因為她們在實質權力表達上，受到性別刻板印象的限制，也就是社會上對男性和女性應有樣態的傳統觀點。多數文化中，認為女性屬於「共融型」（communal），而男性屬於「主宰型」（agentic）[2]。這樣的刻板印象正對應到陰性溫柔和陽性陽剛的特質。女性被視為細膩、溫和、合作，並關切他人福祉；而男性被視為堅強、有侵略性、目標導向、獨立。換句話說，溫柔屬於妹子，剛強屬於漢子（或可以把用字替換成娘們和爺們。）

性別刻板印象常常與個人實際的感受和行為相牴觸。有些人的共融性質高於主宰性質（陰柔），有些人則是主宰性質高於共融性質（陽剛），有些人兩者皆無（未分化），有些人兩者

皆有（中性）。這些特質與性別認同互相獨立開來，後者指的是個人認為自己的心理性別符合生理性別（順性別）、心理和生理性別相反（跨性別）、符合兩種性別（性別流動）或是都不符合（非二元）。特定性別認同的人在共融或主宰程度也都不一定。人類極其複雜多元，當社會意圖把我們塞入窄化框架時，就會出現各種問題。

文化鼓勵女性發展溫柔特質而非剛強特質；男性被教導要壓抑溫柔特質而展現剛強的一面。人要完整的話，就要陰陽相互平衡與調和，但性別角色的社會化使男性和女性只被允許成為半個人。性別角色限制陰陽發展也使男性和女性表現出的型態變得極端。陰特質成了糖與香料等美妙的一切，陽特質成了藍波和勇猛特種部隊士兵。**我們要超越這些約束，使得陰陽能流動且融合成健康又和諧的狀態，無論性別為何**。

高度性別化的行為期待，在兩個方向都充滿問題。男性遭到不健康的雄性特質文化傷害，如果表現溫柔、細膩或是脆弱就會受羞辱[3]。心理學家主張這類規範阻礙男性的情商發展，因為過度重視侵略性而犧牲掉人際連結[4]。換言之，男性發展溫柔的陰性特質能帶來莫大益處，但相對來看，女性發展剛強的陽性特質更加重要。壁壘分明的性別角色在心理方面對兩性都有害，但它卻獨厚男性，因為男性能獲得領導職位並能取得資源。首重溫柔特質而摒除剛強行動的女性角色規範，限制了女性的權力以及抵抗不公平對待的能力。

配合和照顧他人需求的陰性特質本身雖然美妙而重要，但如果沒有與自我肯定和主宰性的陽性特質相平衡，就會延續社會不平等[5]。期望著女性要「乖巧」和對他人付出，卻不為自己發聲爭取足夠權益，就會維持不良慣性，使得女性的需求受拒絕，而男性卻能得到欲求之物。女性犧牲奉獻的理想鞏固了異性戀女性要滿足男性需求的期望，包含性事、生育、家務和照顧小孩，卻鮮少考量我們在伴侶、社會還有自己各方面所應得的。

如果女性想要跟男性維持均勢，起身爭取自己欲求和需求之物的能力便不可或缺。光是女性單方面無法改變社會，還要男性也盡他們那份力才行。不過，我們可以打破限制人的刻板印象來促進社會改變。我們獲取平權的方式不是要變得有侵略性或予取予求，或展現出缺乏柔韌的剛烈。實際上，我們希望展露的力量是關愛之力，這樣才能引領世界離開白人至上主義、健康與財富極度不平等還有全球暖化問題的地獄。要達成這項任務，我們能平衡和結合剛與柔自我關懷的能力至關重要。

三隻（性別歧視的）小豬

雖然一般可能認為性別不平等源自於偏頗於男性的觀點，但實際原因更加複雜。研究顯示，性別歧視至少分三種，且三者之間相輔相成[6]。「**惡意型性別歧視**」（hostile sexism）提倡男性優於女性的信念，這與偏見和歧視息息相關[7]。具有這種世界觀的男性主動厭惡表現出非傳統性別角色的女性，像是女性主義者和女總裁。可以參考電視傳道者帕特・羅伯遜（Pat Robertson）所說的：「女性主義的謀算不在於為女性爭取平等權益，而是種社會主義的反家庭政治運動，鼓勵婦女離開丈夫、殺害小孩、實施巫術、摧毀資本主義，還有變成女同志[8]。」這些觀點存在於一六〇〇年以來的美國歷史當中，當時如果有未遵守社會規範的女性，會被當成女巫絞死[9]。這些觀點在現在部分地區的社會仍相當盛行。

一個顯著的例子是原定要在二〇二〇年十月舉辦的「讓女性再度偉大」（Make Women Great Again）會議[10]。後來爆發了新冠肺炎疫情，這場會議沒有實際舉行，不過此會議的噱頭，卻恰恰彰顯出惡意型性別歧視。這場為期三日的男性說教會議，是由男性演說者對清一色女性觀眾舉辦，在《紐約郵報》上被描述為覆在子宮上的大頂MAGA（讓美國再度偉大）帽子[11]。一群極右派講者要教導女性怎麼更像女性（即順從）、取悅丈夫，且「無數量限制地生孩子」。他們向參與者保證「再也不用屈服於有害的惡霸女性主義教條而違反你自己的古老天生女性本質，因為男性要來提供援助了。」這活動的籌辦者是「男權文化圈」（manosphere）的領導者[12]，該文化圈集結了反女性主義的部落格、網站和線上論壇，提倡厭女論調及對女性的暴力。雖然惡意型性別歧視不見得都走向極端，但較可能會支持持續合理化性侵害的強暴迷思（即

「她真不想要就會阻止事情發生」）[13]。

相對來說，「**善意型性別歧視**」（benevolent sexism）是意圖保護女性的「正面」型態偏見。這種意識型態極度推崇女性（至少推崇遵從性別刻板印象的女性），認為她們天生比男性更和善、溫柔且關愛他人。這主張也認為男性有義務要保護、珍視和供給資源給女性。善意型性別歧視堅定樹立不同場域的分工模式，認為女性最好負責私領域的家務角色，男性負責公領域的領導角色。這構想是男性和女性有區隔而平等（這種法規地位於一九五四年在種族方面遭最高法院駁回）。以這個觀點來看，男性要主導，女人要跟從；男性要取得成就，女性要提供幫助；男性負責保護，女性負責教養。將自己妻子描述為「更好的另一半」的人，可能真的欣賞她的共融型特質，但把這些特質視為不關乎自己；女性可能為自己溫柔和善的氣質感到驕傲，但自認為要仰賴男性的主宰型特質來保護自己、提供溫飽以及代表自己獲取成就。這樣的世界觀肯定陰陽兩面的重要性和互補性，但不是認為個人擁有這兩面，而是把它分別置於異性戀組合的夫婦兩人上。這種依性別分離開來的陰陽分布穩穩鞏固了父權（和異性戀霸權）[14]。

雖然較多男性強力支持惡意型性別歧視，但也有不少女性支持善意型性別歧視。最知名的一個例子是菲利斯．斯拉夫萊（Phyllis Schlafly），她成功使得《平等權利修正案》遭駁回。她認為女性主義不僅威脅到家庭結構，也剝奪傳統價值系統上由男性給予女性的保護和財務支持。當然，單向仰賴和完全平等概念不相容，因為要被照顧的代價就是無法有權力、真實性或是選擇。為了要得到男性的保護，女性不被允許主動挑戰男性的立場。她要不斷將男性推崇為主導者，才能維持自己在社會秩序中的地位。這樣的平等根本不算是平等。

第三種類型是「**現代性別歧視**」（modern sexism），也就是否認性別歧視存在[15]。這是潛伏最深的歧視型態，因為它不主張男性和女性要受到不同對待，卻認定男性和女性已經獲得同等對待。現代性別歧視承認不平等的情況存在（事實難否認），卻主張這不是因為女性在體制上面臨任何弱勢狀況。它認為成就主要取決於個人的能力和動機。男性的主宰性質讓他們認真做事並取得成就，而女性的共融性質讓她們把焦點放在養育後代和人際關係，因此影響職涯發展。

現代性別歧視認為爭取平等對待的女性主義者，是想要繞過公平原則來取得特殊待遇而操縱體制的愛抱怨人士。這證明旨在幫助女性實現兩性平等的政策，使男性成為反向歧視的受害者[16]。以這觀點來看，由於競爭規則是平等的，那麼具備強力主宰性的女性在理論上能跟男性取得同等成就。

現代性別歧視認為性別不平等並非差別待遇所致，而是男性主宰型和女性共融型的差異。這種觀點的一個好範例是多倫多大學教授及右派英雄人物喬丹．彼得森（Jordan Peterson），他認為成就上的性別差異是源自於「女性易將孩子的重要性擺在工作之前」[17]，還有「有些人認為我們文化是壓迫人的父權結構，他們只是不想承認現在的階級可能是能力造就的結果。」

這三種性別歧視的共通點，就是堅信男性屬於主宰型，而女性屬於共融型，並將現在的不平等狀況合理化。

性別歧視與生理學

具備性別歧視世界觀的人，通常會主張性別在主宰及共融性質上的差異是天生的。研究顯示生理性別在這兩種傾向有微小的差異。舉例來說，性相關的荷爾蒙差異如催產素和睪固酮，分別對女性共融和男性主宰的特質帶來影響[18]。催產素是強化照顧、親近關係和社會連繫的荷爾蒙，而睪固酮則顯現於競爭力、衝勁和侵略性的主宰型特質中。也有神經學證據表示女性大腦較擅於同理心和合作[19]，這在演化觀點來看是合理的，因為母親理解寶寶的需求對於物種生存來說很關鍵。

然而，生理學和社會影響力會不斷交互影響。例如男女兩性體驗到權力時都會提升睪固酮程度[20]。在一份研究中，研究者安排職場模擬情境，讓參與者假裝開除一名屬下，結果顯示女性的睪固酮大幅增加[21]。同樣地，照顧嬰兒的時間長短，也牽動男女兩性的催產素多寡[22]。

生理上的基因相關傾向顯現成行為時，會根據發生的環境而產生。舉例來說，生理傾向確實是有些許差異：男孩比女孩還要好動，而女孩比較能專注[23]。不過，這會受到父母的行為大幅增強，像是他們較可能與男孩進行需要肢體活動的激烈玩耍，而和女孩玩需要專注力的扮演遊戲[24]。

基本上，研究發現不同性別族群之間的個體差異，反而沒有這些族群內部的差異大；其實性別差異本身是很小的。這反駁了以生理學為性別差異主要驅力的論述[25]。即使性別刻板印象反映了些許的實際狀況，這本身也很輕微，卻是被社會因素放大[26]。因此，在討論性別對於主宰及共融型特質的差異時，要把社會化列入考量。

性別地圖

從小時候開始，大人就給女孩子粉紅色的裝扮還有讓她們玩洋娃娃，並告訴她們好女生要貼心、照顧和關愛他人；對待男孩時，則是讓他們穿藍色衣服，給他們玩車子和槍的玩具，並告訴他們好男生要堅強且主動。我們成年後的身分奠定在這些性別化的理想上，且這些理想幾乎影響了生活中的各個重要層面，型塑了我們對人己行為的解讀[27]。理解性別社會化的狀況能讓我們更曉得要怎麼從這些限制中解放。

社會針對性別給予了特定角色、特徵和活動的指引，孩童便把這些細節指引（通常未明說）內化，這些就是所謂的性別基模[28]。「基模」（schema）指的是組織化的認知結構，作用就像是內部的指引地圖，在無意識中進行，篩選著我們的心理認知來幫助我們解讀世界[29]。舉例來說，在北美地區，有人邀請自己去參加生日派對時，我們因為有個生日派對的基模所以知道預期會有什麼。我們曉得要帶禮物去參加，並期望會有蛋糕和蠟燭，而且如果是驚喜派對的話，要一直保密，等到壽星走進門的那一刻才喊出「Surprise」。簡單來說，基模幫助我們理解事物。我們用性別基模把人分類來預測行為，這幫助我們預期要如何打扮來參加派對、其他人會有什麼行為、要買什麼類型的禮物等。

如果事情不符合基模，就會讓人感到不自在，這個現象又稱為認知失調[30]。我有個同事跟我說她曾經如何利用認知失調取得良好效果。她想要給男友生日驚喜，於是安排好讓他走進門內時，看見他的朋友都一絲不掛。他們喊出「Surprise」時，他還真是驚訝極了！（但願我能在現場看到他的表情）因為我們不喜歡遇到失調情況，所以心智會盡可能讓我們感受到基模和諧的平靜狀況。可能的話，我們會扭曲資訊來符合自己的基模，所以可能會把煮東西的男孩照片記成是女孩在煮東西[31]。

忽略不符合我們預定概念的資訊會強化基模。研究顯示女學生對自己的數學能力比較沒有信心[32]，也被男學生認為較沒有科學天分[33]，就算他們的成績比男生還要好。這時成績資訊受到忽略，因為不符合男性在數理方面比女性強的基模。這不是女性智能不如男性的整體觀念所造成[34]。女孩和男孩一樣對自己的閱讀和寫作能力充滿自信，男孩也贊同這點，因為人們沒有男性更擅於文字識讀的基模。

我們的基模往往是在無意識中執行，所以我們沒有察覺到它無孔不入的影響[35]。就連認定性別平等的人也受到這層隱形的認知過濾器影響[36]。我們可能有意識地判定男女同樣有能力，但常常會仰賴男性屬於主宰型而女性屬於共融型的刻板印象來做判斷，尤其是在缺乏明確用以當作評斷基準資訊的情況。我們沒有主動去選擇這些無意識的刻板印象，它們也不是來自於我們的理性思維，而是經由一生中所接觸的書籍、電影、電視節目還有音樂所吸收來的印象，因為這些媒體把男性描述為強而具主宰性，而女性關愛和照顧人。這些偏見廣泛到難以識別出來，就像是游泳時隨時接觸到的水。

研究無意識性別偏見的典型方法，是讓不同參與者閱讀人物描述（這些人資料完全相同，唯一差別是男性和女性的名字），接著判斷這兩種名稱的人是否引發不同反應。杜克大學商學院的研究員發現，房屋設計圖的建築師名稱掛上約翰，會比掛上凱薩琳讓人覺得設計更創新[37]。紐約大學的研究員發現，負責商業策略的經理使用男性名稱時，會得到較高的原創性評比，這些經理也被視為較有資格獲得獎金、加薪或是升遷[38]。同樣地，在評估團隊協作企劃案時，團隊的成就通常較易被歸功給男性成員，除非有明確標明的資訊顯示女性成員的貢獻（無意識偏見造成的問題會在第九章有更深入的探討，到時會談勇敢自我關懷如何幫助女性應對職場不平等）。

不幸地，性別刻板印象深植我們的腦中，很難改變。雖然在過去三十年來女性在地位改變上已經有不少斬獲，現在眾人通常也比起過去更抱持平等的態度，但研究顯示，從一九八三年到二〇一四年[39]，男性屬於主宰型、女性屬於共融型的刻板印象幾乎沒有改變。這些刻板印象長時間以來都很穩固，也會隨著人年齡增加而更深化。

到了德州大學奧斯汀分校不久後，我的研究室進行了一個探討從青春期初期到成年初期期間的刻板印象發展狀況研究[40]，焦點放在有關主導的特質（有領導力、獨立）和有關順從的特質（配合、注意他人需求）之認知。結果發現，認知到的性別差異隨著年齡而變得更加極端：年輕成年人認為男性主導、女性順從的程度更甚於青春期早期的人，這可能是因為他們接觸了更多媒體和對美國文化的了解更深。我們也探討了之所以會有這些差異的背後信念，結果發現，年輕女性更可能表示這是因為女孩和男孩受到撫養的方式所致，而年輕男性則更可能表示這是基因或荷爾蒙的生理差異所致。年輕女性抱持的態度較平等，她們相信女性在企業和政府應該獲得更多機會，部分原因是她們認為性別差異是來自於女性被社會化的結果。換句話說，儘管女性對於女性順從的刻板印象有高度意識，但她們認為權力不平等實在不公平。這為我們改變壓迫性性別角色的能力帶來了希望。

我是誰？

已內化的刻板印象不易克服的原因之一，是因為這幾乎在人一出生時就開始扎根，而我們的自我感實際上是依據主宰或共融型的性別化身分而來[41]。性別是幼兒早期所學的一個分類法，讓他們在八個月到三歲之間開始用穩固的方式來分別男女[42]。男性具備主宰型特質，如強悍或勇敢，而女性具備共融型特質，如溫柔或和善，以上刻板印象在小孩四到五歲時就已深深烙入腦中[43]。

觀察社會對於未服膺自己性別角色者的反應，又使這些刻板印象受到強化。男孩展現出溫和的共融特質會被稱為娘娘腔。他們不只因為未順著規範而受嘲諷，也因為表現得像女孩被視為較軟弱無力。在童年早期，展現出主宰型特質的女孩不會受到嘲笑，而通常會被接受為有男孩子氣的女生（tomboy）。這一方面是因為她們的行為使地位上升而非下降[44]。不過，主宰型的女孩被貼上男孩子氣的標籤，凸顯了這樣的表現方式並不「正常」。到了青春期，女生承受更大壓力（尤其是異性戀女生），要符合性別刻板印象才能變得受歡迎，在交友市場更成功[45]。如果想要受人喜歡和接受，她們可能會開始用更試探性的禮貌用語、關注性吸引力，還有隱藏自己的能力[46]。

到了成年時期，無論性傾向為何，較強勢或有主導性的女性容易在社會上遇到反挫（backlash）[47]。果斷行為在男性身上完全能被接受，在女性身上則會引發反感、侮辱和不信任。如果男性認為他人想法不合用而明確堅決反對，他會被視為有決斷力且有自信；如果女性做出完全相同的事，則會被當作是蠻橫的臭婆娘。擔憂引發反挫使得眾多女性壓抑她們剛強的一面來獲得社會認同（我們會在後續更詳細談這點）。

然而，用來反映出女性心理健康的特質是主宰型而非共融型[48]。能堅定而真實表達自我的女性較快樂且對生活較滿意。面對挑戰時無法肯定自我主張的人較焦慮和憂鬱[49]。缺乏立下界線的能力、說不的能力，或是要求自己想要的事物，很可能導致女性壓力大而被擊潰。此外，共融特質明顯卻少有主宰特質的女性會有雙重的困擾：不僅因為自身困境而煩亂，還因為認同照顧者角色而也為自己珍愛的人所遇問題感到困擾[50]。

主宰及共融特質評分皆高的中性女性，通常比單項或雙項發展程度不高者有更佳的心理健康狀態[51]。研究顯示，她們較能夠應對壓力和從失敗中振作起來[52]。這是因為她們有兩種應對方法，包含在可行的情況下採取積極做法來改善狀況，還有在無法改變的時候冷靜接受[53]。她們也更可能在表達真實自我時更真誠而自在[54]。

「未分化」者指的是主宰及共融特質評分皆低，遇到的情況最嚴峻。因為在照顧和自我肯定上都有困難，導致個人及人際上的困境。再次，我們可看見發展並調和剛強和溫柔讓女性更完整且健康。

測試你的主宰型和共融型特質

以下量表改編自德州大學奧斯汀分校的珍妮特．斯賓塞（Janet Spence）和羅伯特．赫爾姆賴希（Robert Helmreich）所開發的個人特質問卷（Personal Attributes Questionnaire, PAQ）[55]，這是研究中最常用來衡量陽剛和陰柔特質的方法之一。

做法說明

針對每兩兩一對的特質，選擇出符合你情況的量表數字。如果上側特質符合你的情況就選擇1分，如果下側特質符合的話就選5分，或者是依程度選出這兩者之間的分數。舉例來說，考量你自己在「沒有藝術表現」或「很有藝術表現」間的表現，如果你認為自己沒有藝術能力就選擇1分，如果覺得自己還不錯就選4分，如果普通就選擇3分，依此類推。

1	完全不獨立	1 2 3 4 5	非常獨立
2	完全不情緒化	1 2 3 4 5	非常情緒化
3	非常被動	1 2 3 4 5	非常主動
4	完全無法奉獻心力來成就他人	1 2 3 4 5	能奉獻心力來成就他人
5	完全沒競爭心	1 2 3 4 5	非常有競爭心
6	非常粗魯	1 2 3 4 5	非常溫柔
7	決策困難	1 2 3 4 5	易下決策
8	完全幫不上他人的忙	1 2 3 4 5	很能幫上他人的忙
9	容易放棄	1 2 3 4 5	從不放棄

10	完全不仁慈	1 2 3 4 5	很仁慈
11	完全沒有自信	1 2 3 4 5	非常有自信
12	完全無法察覺他人的感受	1 2 3 4 5	很能察覺他人的感受
13	感到非常自卑	1 2 3 4 5	感到非常優越
14	完全不體諒他人	1 2 3 4 5	非常能體諒他人
15	受到壓力會崩潰	1 2 3 4 5	抗壓性很強
16	與他人的關係冷漠	1 2 3 4 5	與他人的關係熱絡

分數計算方法說明：

主宰型總分（八項奇數題分數加總）：（　　）。

主宰型平均分數（總分除以八）：（　　）。

共融型總分（八項偶數題分數加總）：（　　）。

共融型平均分數（總分除以八）：（　　）。

大略而言，主宰或共融特質平均低於三．〇分為低，高於三．〇分為高。在主宰特質得分低而共融特質得分高者為陰柔型，主宰特質得分高而共融特質得分低者為陽剛型，兩者皆低為未分化，兩者皆高為中性。

性別與自我關懷

那麼，性別與自我關懷有什麼關連呢？我對這個問題很感興趣，這也是我在研究中不斷去探討的主題。有人可能會預設女性受到社會化要發展出溫柔照顧的特質，因此自我關懷程度高於男性。但研究結果恰恰相反：女性的自我關懷程度低於男性。在七十一份研究的統合分析中發現，女性自我關懷分數始終較低，雖然差異並不算大[56]。女性之所以較缺乏自我關懷，一方面是因為女性的自我批判較嚴重[57]。如同先前所述，當威脅抵禦反應受到觸發，常常會顯露為自我評斷、孤立感和過度認同（overidentification）。居於下屬地位者會對危險更加警覺，這使得女性仰賴自我批評來得到安全感。

雖然女性的自我關懷程度不如男性，但女性對他人較關懷[58]。我們針對一千四百名成人做SCS[59]，以及用來評量對於他人痛苦抱持的仁慈、普遍人性、正念之量表[60]。發現女性在 SCS

的分數略低於男性，但在另一份量表的分數遠高於男性。雖然女性和男性一般對他人的關懷程度高於對自己的關懷程度，但這個差異在女性間特別顯著。我們發現，男性當中有六七％對他人的關懷程度遠高於對自己的關懷程度，一二％對自己的關懷程度高於對他人的關懷程度，還有二一％對自己和他人的關懷程度相同。而在女性受試者中，有八六％對他人的關懷程度遠高於對自己的關懷程度，五％對自己的關懷程度高於對他人的關懷程度，只有九％對自己和他人的關懷程度相同。

這研究反映出女性被教導要將他人的需求優先於自己的需求。權力會決定誰的需求獲得滿足。長期以來女性被要求要把自己的需求置於男性需求之後，以維持關係的和平。認為自己需求應該獲得滿足的男性，比較不會在自我關懷方面遇到困難。

然而，影響著自我關懷差異的不是生理性別，性別角色社會化才是真正的元兇。在另一份大約調查一千名成人的研究中發現，兼顧主宰和共融特質的中性女性，在自我關懷程度跟男性相同[61]。她們感到有自信和有自我價值，因此能在遭遇困境時將照顧人的精湛技巧朝內用於自身。這兩種特質皆低的女性最缺乏自我關懷，因為她們沒能運用溫暖或堅定力量來照顧自己。這些發現結果表示，身為女性的我們不需要捨棄共融特質來完全擁抱自我關懷。想要完整解放潛能，我們只需強化主宰性來加強陽能量以與陰能量相平衡。

所幸，女性被社會化要注重關懷，表示他們比男性還不畏懼自我關懷[62]，且對於學習這項技巧的心態感到更開放。雖然我們沒有實際的數據記錄，但我估計參與我們 MSC 工作坊有八五％到九〇％的人是女性。運用關懷當作是應對事物和堅韌的來源似乎較引起女性的共鳴。她們本來就擅於關懷，因為從小就被教導要照顧他人。這也表示她們更能預備好給自己關懷，因為她們已懂得要怎麼溫柔、細膩和支持。

雖然女性的共融性別角色通常是溫和的，卻在一個情境中獲允許能剛強起來。只要是為了保護小孩，我們被鼓勵表現出強力的熊媽媽形象。以主宰特質來支持共融特質，亦即用強力行動來保護小孩，不僅獲得認可，也會成為受到傳頌的事。無論有沒有子女，多數女性都能感受到內心的熊媽媽力量。重點是要有意識地大轉向，把這個關愛之力用於自身。

超越性別

我們都蒙受主宰及共融的陰陽性別化所害。當我們限制自己表達這兩種狀態的能力時，我們的發展就會變得薄弱，且這兩股能量都可能受到扭曲。細膩、接納和體諒的陰特質在與剛強陽能量分離時，可能轉化為無力和仰賴人；勇敢和行動的陽特質在與柔韌陰能量分離時，可能轉化為侵略、主導和漠視他人情緒。

如果陰陽不再連結到男女兩性會發生什麼事？要是每個人都能表達自己獨特的聲音會如何？比起看重其中一個特質大於另個特質，我們可以運用和結合兩者。當陰陽從主導和順從的態勢解放出來時，我們便能用關愛之力來轉變自己，也能運用這個力量來轉變破敗的社會體系。

過去幾年來，我深入探索了自己的陰陽兩面。雖然文化上一般會壓抑女性的剛強一面，但每個人經歷的路程都不同。對我來說，我的歷程是要重新展現並融入柔和的一面。我多數的時間都是陽性多於陰性。這是刻意選擇的結果。我很清楚記得我在十六歲時走過高中的走廊，男生開始注意到我，我感覺要拿出魅力還有受歡迎才能有自我價值感的壓力。我對自己說：「管它的！我才不要用裝扮美美的來面對這世界。我要以我的聰明才智來處世！」我了解仰賴男性支持讓人沒有力量，因為我父親在我兩歲時就拋棄了家庭。我母親原本想要當個受到好丈夫支持的家庭主婦夢未能如願，所以她找了一份祕書工作（她不喜歡這工作）來支應生活。我不想要這樣的生活。

所以，我把專注力放在學術上，我得到加州大學洛杉磯分校全額獎學金，接著在柏克萊取得博士學位，然後在丹佛大學做博士後研究，接著在德州大學奧斯汀分校取得教授職位。我基本上沒有離開過學校。智識變成我的安全感來源。我能和最優秀的人論辯，剛強對我來說是自然而然的事。雖然我在教導自我關懷還有教養兒子上也好好發展了溫柔的一面，剛柔這兩面對我來說是非常相互分離的。我多數時間都是用來做研究、寫論文、開發培訓協議、發表演說，使得我的陰陽兩面失去平衡。

自從領悟到這點後，我就有意識地把焦點放在了解自己更柔和、符合直覺的陰面，因為它時常被理智給壓蓋過去。我做了很不符合科學的事情，像是對女性祖先禱告來尋求指引。我練習放下需要知道的意念、去相信生命、學著對不確定性抱持開放態度。我體現自我的陰陽兩面，並讓它們在我體內結合互融。

我發現，刻意同時召喚勇敢與溫柔自我關懷，讓我能感到更完整和更豐足。我能以更平衡的狀態來面對世界。接著我會忘記，然後失去重心，然後在記起後再度嘗試。陰陽融合不是種線性發展，能一次就達成。這是個往覆的流程，要不斷去重新召喚。我們問問自己需要什麼時，有的時候需要較多勇敢，有時候需要較多溫柔，但我們永遠兩種都需要。

陰陽調和呼吸法

這練習用經典的呼吸冥想來配合陰陽能量，讓我們能平衡兩者。我開發這做法來融合我的陰陽兩面，現在也在工作坊裡傳授這做法。許多人表示能立刻感受到這項練習對身體的效果，讓他們感到更完整和掌握重心（FierceSelf-Compassion.org 網站上提供這項練習的導引音檔）。

做法說明

- 採用舒服的坐姿，但要確保把背部打直。把雙手放在太陽神經叢或是其他能讓你感到強壯且受支持的位置。
- 開始注意呼吸。不要去改變或是控制，維持自然呼吸就好。
- 你的心神會飄忽。這時候，不帶批判地把注意力收回來。
- 現在開始特別專注於吸氣，感受每次吸入的動作。
- 把空氣吸入的時候，想像你吸入剛強的陽能量。感受這股力量從你的脊椎底部升起。
- 想要的話，可以把剛強能量想成是亮白色的光束在體內流動。

- 進行這步驟兩分鐘，想要的話可以延長久一點。
- 深深吸口氣，憋住五秒鐘，然後吐出。
- 現在把雙手放在心臟或其他能感到安撫的位置。
- 開始把注意力放在吐氣，感受每一次吐出氣時身體放鬆。
- 吐氣時，放下並容許一切。
- 隨著每次吐出的一口氣，想像這股溫柔的陰性自我關懷能量被釋放出來——愛與連結的存有。讓它滋養你、治癒你。
- 想要的話，可以把這股柔韌能量想成是柔和的金色光束在體內流動。
- 進行這步驟兩分鐘以上。
- 再一次，深深吸口氣，憋住大約五秒鐘，然後吐氣。
- 現在把陰陽結合在一起，一手擺在心臟位置，另一手擺在太陽神經叢或其他令你感到自在的位置。
- 吸氣時，想像吸入了剛強之力；吐氣時，想像吐出柔韌之力。
- 允許這兩股能量在體內自由流動，相互調和交融。
- 讓往內和往外的能量流像是海洋波動一般，向內流入、向外流出。
- 依感覺自在的方式，把注意力多放在吸氣或是呼氣，視當下所需而定。

• 進行這步驟五分鐘，想要的話可以延長久一點。
• 當你覺得差不多時，輕輕打開雙眼。

要特別注意，這練習沒有一套標準做法。有些人喜歡在吸氣時召喚柔韌之力，並在吐氣時把剛強能量送出到世界，你也可以調換吸氣和吐氣的順序。請多方嘗試這個練習，找到最適合自己的方式。

第三章：憤怒的女性

真相能讓你自由，但在那之前會先把你惹怒[1]。

——格洛麗亞．斯泰納姆（Gloria Steinem），作家及社會運動者

在數票之差下，布雷特．卡瓦諾（Brett Kavanaugh）獲任美國最高法院大法官之職。許多社會評論家討論他在參議院司法委員聽證會上的憤怒表現所帶來的影響。克里斯汀．布萊希．福特（Christine Blasey Ford）自願到聽證會作證，她在參議院委員會面前詳述個人在青少年時期遭受卡瓦諾性侵的回憶，展現出無比勇氣。但同樣令人震驚的是她在聽證會上的神態。她在自己專門領域（創傷心理學）充滿信心，但她在其他情況說起話卻像個小女孩一樣要在意身旁有權勢的男性。這並未減弱她出面的勇氣，她確實勇氣可嘉，不過她明顯感受到要溫柔和善才能讓人好好聽她說話。

或許福特想的是對的。要是她表現出對卡瓦諾的憤怒，可能會因為違反「優良」女性的刻

板印象而受到強烈反對。她如果出現任何情緒爆發的情況，會讓她的證詞失信。她被允許展現受害的痛苦，但僅止於此。

相較之下，卡瓦諾被社會大眾及參議員讚許為合乎情理的憤怒。他憤怒的表現有助於讓他晉升最高法院。

乖女孩不生氣

憤怒是陽能量的有力表現。它拉起警報並示警危機的存在。它讓我們採取緊急行動來減低威脅。雖然男孩和女孩在發展的初期體驗到同樣程度的憤怒，但女孩的憤怒受到不同於男孩的對待[2]。幾乎在學會走路和說話時，女孩就被父母和老師鼓勵要展現出溫柔的特質，也就是要討喜、會幫忙並配合，且被要求不展現憤怒這種陽特質[3]。成人接受男孩的憤怒反應為正常，卻不接受女孩的憤怒反應[4]。小女孩被教導要「好聲好氣」說話的情況多男生三倍[5]，這正傳達了女性要負責維持和平而不能壞了事[6]。

憤怒對男孩來說妥當、對女孩來說不妥當的想法根深蒂固，使得母親通常會認為不開心的女孩感到悲傷、不開心的男孩感到憤怒[7]。不意外地，小朋友也認為男孩生氣很正常，女孩生氣不正常[8]。對女孩來說，這很令人困惑。否認情緒的效力並誤以為是別的情緒，就是壓抑我們出聲及提出自我主張的第一步。

桑德拉・湯瑪士（Sandra Thomas）和田納西大學的同事，在一九九〇年代進行了一份開創性研究檢視女性的憤怒[9]。共有五百三十五名女性參與，此研究針對她們憤怒的經驗問了開放性的問題。結果發現，許多參與者沒有好好去正視她們的憤怒，或是對憤怒感到非常不自在。有名女性說道：「我相信我受到社會化，因而不將憤怒肯認為恰當的人類情緒。因為這樣的社會化，讓我沒有每次都察覺到自己在生氣，也因此沒有幾項能用來表達怒氣的有效方式。我在生氣時常常感到無力、感到愚蠢、感到害怕。感受憤怒讓我恐懼[10]。」研究者發現，最常引發女性憤怒的是無力感、不被傾聽、不正義、他人不負責任以及自己沒能力做出想要的改變。

他們也發現當女性壓抑憤怒時，把這感受留存在體內成為一種身體的緊繃感，這會讓她們感到無力、渺小和微不足道。此外，封住憤怒常常會引發情緒爆炸，讓她們感到失控，因此更加無力。如同一名女性寫道：「我丈夫說我就像是變身博士一樣。我可能前一刻還用柔情、正常的語氣在說話，下一刻就爆炸了……。我會叫得淒厲，臉上浮現純粹的憎恨……。我對他抓狂，把茶杯往他臉上推去。他對我做的事情不可置信，我也不相信而哭了出來[11]。」很諷刺地，憤怒這種本身很有力量的情緒讓女性感到沒有力量，因為我們不被允許承認憤怒是自己本質的一部分。相反地，我們感覺被異樣的力量挾持，而會說出：「我失控了」或是「我變得不是自己」。這是因為女性被教導要拒絕憤怒感，並將之視為陌生異物。

憤怒對女性並不自然的這種信念又受到他人反應所支持。憤怒的女性被視為瘋狂、不理性和精神失常。一般人認為女性發怒或是出現「破壞性」情緒就是精神出問題、情緒不平衡、受荷爾蒙影響，說不定正值生理期。新聞評論家梅根．凱利（Megyn Kelly）在論辯中嚴厲質疑唐納．川普，川普就說出：「你可以看見她眼睛冒血，還有血也從其他地方跑出來。」女性身為共融照顧者的刻板印象很深，當她們展現其他行為時，就被解讀為偏差[12]。然而，女性可以悲傷，因為悲傷是種溫和、退讓而接受現狀的情緒。但女性就是不能生氣。另一方面，男性激憤時被視為激昂、正義凜然及有決心。他們的憤怒符合刻板印象中身為行動與改變的主體。男性生氣受到讚揚，因為這展現了陽剛魄力，女性則受到斥責，因為這讓她們顯得頤指氣使。

非裔女性與憤怒

雖然湯瑪士的女性憤怒研究主要參與者是白人，但她也對數名非裔進行深度訪談來觀察她們的經歷是否有所差異[13]。她發現，雖然非裔女性也擔心被憤怒的力量牽著走，但她們比起其他受試族群更察覺這項情緒的正面功效。因為受到性別歧視和種族歧視的雙重夾擊，她們的母親和祖母告訴她們，在不公義的世界為了保護自己和生存，有時需要憤怒的力量。不過，來自克雷頓州立大學的研究者發現，無論是當下感到的憤怒程度、本身具備的憤怒特質、口頭或肢體的憤怒表達，或是對憤怒的控制各方面，非裔女性沒有比其他女性更加憤怒[14]。事實上，非裔女性在遭受批評、不被敬重或是得到負面評價時，產生的憤怒反應較其他族群還要低。這些發現的解讀是因為她們每天都要面對種族歧視和性別歧視，於是培養出來了成熟的表現；非裔女性能體認憤怒的保護用處，但也較能夠加以調控。

不幸的是，這並未阻止社會對非裔女性施加易怒和與人敵對的刻板印象。「憤怒的非裔女性」有時也稱為薩菲爾（Sapphire）刻板印象[15]，這來自於《阿莫斯與安迪秀》（*Amos 'n' Andy*）的薩菲爾角色，她的形象是充滿敵意而不斷對丈夫叨念的女人。學者主張這種負面的刻板印象是被營造來合理化對非裔女性的惡意對待，且持續帶來有害的後果[16]。舉例來說，一份觀測將近三百名白人大學生的研究，檢視在同種族夫婦間認定女性引發家庭暴力的狀況[17]。研究發現，在閱讀一模一樣的白人或非裔家暴事件記述內容後，非裔女性被視為比白人女性更該對暴力事件負責，因為刻板印象中預設她們更易怒而更有侵略性。這項研究在對於性別抱持傳統觀點者更為顯著。這樣引人不安的研究發現結果，也呼應了警察通常在追查非裔家庭受暴者時，不如追查白人受暴者般予以重視[18]。任何打破理想化女性陰柔模範而生氣的女性都會受社會排擠，不過這樣的評判又對非裔婦女來說特別不利。

憤怒、性別與權力

壓抑女性憤怒同時助長了不平等關係的維繫。用以強化男性在他人眼裡的權力、支持男性威武和自信的同一份怒氣，卻讓女性更居不利地位。亞利桑那州立大學的一份研究檢視了這樣的偏見，研究中告知受試者在參與一場模擬謀殺案的陪審團審議[19]。這場實驗在網路上進行，規劃了四名陪審員會以書面評論同意受試者的判決，而另有一名則會表達異議或不同意。其實其他陪審員並不存在，設計上是要看受試者對於網路回饋意見的反應。持異議者使用男性名稱且表達憤怒時，受試者會對自己的觀點較沒有自信，也更可能會因為他的不同意見而受到動搖；持異議者用女性的名稱且表達憤怒時，受試者感到較有自信而比較不受到她的意見動搖，雖然她做的論述還有表達的憤怒程度與男性持異議者並無二致。

表達憤怒會為男性帶來敬重並強化能力上的認同，卻會引發對女性的斥責並減損其能力。

剝奪了這個基本情緒使得女性無法有效影響他人，也影響到其心理健康。

女性、性別與安適感

因為女性不像男性般被允許向外傳達憤怒，我們容易向內把這股力量變成自我批判。我們受到威脅卻不能以外在行動來面對危機時，戰鬥的反應就被導向針對自己。我們想要透過自我批判來重新獲取控制感，希望能迫使自己轉變因此恢復安全。我們也比男性更可能會對自己生氣產生負面的評斷，因此帶來更嚴厲的自我批判[20]。以自我批判為形式的內化憤怒，是女性自我關懷程度不如男性的主因，尤其是認同陰柔性別角色的女性[21]。

這也解釋了為什麼女性憂鬱的可能性是男性的兩倍之多[22]。我們在自我厭惡的壓力下屈身，且因為不斷自我打擊而受到震撼創傷。交感神經系統不斷活躍使得皮質醇增加並引起發炎反應，會讓我們的身心作用關閉[23]。自我批判也會讓我們得到焦慮症，像是恐慌[24]或是厭食等飲食失調[25]。

無法表達出憤怒會導致反芻式思考漩渦，這也會促成憂鬱問題[26]。記住，反芻思考代表的是面臨危險的僵住反應，就像是自我批判一般，是一種基本的安全保護行為。這深植於想要趕跑痛苦的欲望，而對發生的事物產生對抗。憤怒感並沒有在自然升起後排除，而是因為我們的抗拒（畢竟女性不該生氣）而被卡得動彈不得。這表示我們內心狀態就像是被魔鬼氈黏死死的，讓憤怒的思緒不斷重複。

維克森林大學的羅賓・西蒙（Robin Simon）和達特茅斯大學的凱瑟琳・萊弗利（Kathryn Lively）執行了一項研究，找了代表國家大型樣本的一千一百二十五名美國人，研究發現女性的憤怒更為強烈且比男性維持更久，且這是已經控制過教育程度、收入、種族等社會人口因子後的結果[27]。研究者發現，樣本中較多女性有憂鬱的情況，這部分原因是女性憤怒的強度和持續時間較高。社會否認女性自由表達合理憤怒，使人吞忍而變不健康[28]。

憤怒的恩賜

反對女性憤怒的規範不僅損害我們的心理健康，也讓我們無法利用重要而有力的資源。加州大學厄凡分校研究憤怒主題的專家雷蒙德・諾瓦科（Raymond Novaco）教授指出，憤怒至少有五種好處[29]。首先，憤怒注入活力。當我們生氣時，背會挺直並感受到能量充滿於血管中。這股能量讓我們能行動並克制惰性或是自滿感。這給我們所需的衝勁來阻止受傷或是不公義的事，無論是與當局對談、去投票或是上街頭抗議。許多人在川普當選總統或喬治・佛洛伊德因警察濫權而致死後如此採取了行動。我們需要感到憤怒來帶來改變。

第二，憤怒能集中焦點在引發傷害威脅之事上。這就像是雷射光束打在當前危險上。雖然要是演變成反芻思維會耗盡力氣，但憤怒能夠顯現出需要關注的問題，這點可說是個不應受忽視的優勢，恰恰在所需的那刻提供明確的辨識力。

第三，憤怒讓我們能捍衛和保護自己。這超越了恐懼反應，幫助我們能回擊傷害或是不公平對待我們的人。有時候我們需要生氣才有勇氣面對這些威脅或是不尊重我們的人，要是我們不生氣，就大大減少為自己挺身而出的可能性。因為憤怒給我們能量，並讓我們聚焦於當前的威脅，讓我們能採取自我保護的行動。

憤怒第四個有效的面向是有明確的溝通作用。這警示我們有事情出了錯，並同時讓對方知道我們對此感到不滿。要是同事對我們的工作表現做出隱隱約約的挖苦評論，我們卻沒有對此生氣，恐怕就不會去注意到這評論不恰當或是很傷人。尖叫或大吼會讓聽者拒聽，而無法達成有效溝通的目的，不過以堅定語氣來表達憤怒時（例如「我認為剛才那項評論沒有助益」），通常能讓聽者更注意我們，無論是在當下或是不久後的未來。

就算憤怒只是要表達出痛苦，像是撞到腳趾頭時罵髒話，也能達成重要的排解功效。事實上，一份研究發現，受試者把雙手放在酷寒的水底下，受指示罵髒話的組別會比受指示不要有反應的組別有更高的痛苦容忍度。這效果在女性中特別明顯，因為她們平常比男性較少罵髒話。由於女性較不熟悉憤怒力量的排解效果，她們更容易發現這是能緩解疼痛的特效做法[30]。

最後，憤怒給人一種自我掌控和賦權的效果。我們生氣而想要改善狀況時，便不再是無助的受害者。即使我們無法改變身處的情境，憤怒也能避免我們陷入恐懼和羞愧感中。我們展現了倖存者的精神。憤怒提醒我們，我們在要選擇怎樣的生活上，可以有強大的聲量。

建設型和破壞型憤怒

當然不是所有的憤怒都有益。事實上，研究將憤怒區分為兩種：建設型和破壞型[31]。破壞型憤怒將人拒於門外並針對個人進行怪罪：「他們全是壞蛋！」這是種惡意而帶有侵略性的能量，目標常常是要報復和破壞。破壞型憤怒自以為是，不在乎對象可能面臨的困境，認為他們遭遇任何事都活該。這也會以捍衛自尊的形式出現，用來拚命保護自我形象。這是反射型的反應而缺乏心神關注，會導致不良的決策。憤怒的白熱化使我們無法看清事物，讓人一心只想要懲戒做錯事的人。就連那個人是我們自己也一樣，我們會因為出差錯而不斷以嚴厲的批判打擊自己。這會摧毀人際關係，並導致言語和肢體攻擊的暴力行為[32]。因為這使交感神經系統活躍，也會致使高血壓[33]、免疫系統失常[34]，還有嚴重的健康問題，像是血壓增加和冠狀心臟疾病[35]。

破壞型憤怒彰顯了「憤怒蝕毀盛裝的器皿」或是「憤怒就像是拿起熱煤來扔擲一樣，會先燙傷自己」的說法。我們對自己或他人感到生氣時，就切斷了自己與人連結的關係。我們把生氣的對象變成敵人。簡單來說，我們減損了關懷。這會讓我們因為增加孤立和憎恨感而傷害自己（還有他人）。

另一方面，建設型憤怒使人為自己起身捍衛權益，而未帶著惡意或是侵略性[36]。這把焦點放在防止傷害和不公平，將憤怒導向做錯的事物上，意圖要理解致使傷害的情境，而不是攻擊做錯事的人。這考量了表達憤怒會對對方造成的影響。旨在減少痛苦的憤怒不會加劇問題，而是要解開問題。建設型憤怒為防止不公義及說不的專注行動提供力量泉源。

建設型憤怒會對我們的身心健康帶來正面效果。阿拉巴馬的研究者進行過一份大型研究，調查將近兩千名成年男女性[37]，並用錄影的訪談觀察他們表達憤怒的情形。如果受試者有以下情況，便標示為表現出建設型憤怒：堅定表達主張並直接面對感到生氣的對象；討論為什麼會感到不滿；試著去了解對方的觀點；或是與他人討論自己的憤怒來變換觀看情境的角度。研究結果顯示，展現建設型憤怒的人較不會憤世、帶侵略性、仇視他人，且較不焦慮或憂鬱。從血壓較低的這點來看，他們的身體也較健康。

意圖去體諒而非去摧毀的憤怒也可被用來有效解決衝突。憤怒的一大重要目標是要導正對於權益或是公平性的侵犯[38]。當情緒有建設性時，能促使人用平衡的方式來解決衝突[39]。舉例來說，一群研究者檢視了以色列人是否支持對於耶路撒冷情勢妥協以及接納巴勒斯坦的難民[40]。結果發現，如果憤怒伴隨著憎恨，就會減低支持妥協。然而，要是憤怒不帶有憎恨，也就是把巴勒斯坦居民視為人而不是仇敵，就會增加支持度。建設型憤怒能成為善的力量，只用以預防傷害而不針對個人。

憤怒和社會正義

憤怒明確講出事物的本質，讓我們看見自己受到歧視或是不公平的對待，因此能夠用來反擊。如果女性不生氣，就表示我們的渴望、需求和慾望不算數，這會使得我們不能有效改變情境。禁止女性生氣，並將她們的憤怒視為「不得體」和「不淑女」，是一種想壓制女性地位的社會控制。因此，願意生氣不僅是種政治行為，也是個人在伸張權益。如同《怒火造就了她》（暫譯）（*Rage Becomes Her*）作者索拉雅・希梅利（Soraya Chemaly）寫道：「事實是憤怒並未阻撓我們的道路，憤怒就是我們的道路。我們要做的就是掌控怒火[41]。」當我們想要對於自己的處境有發言權時，就會產生怒火。憤怒的剛強能量能促進行動和加強自我主張及主宰感。這讓我們能大聲而真切表述要受到平等對待，並協助我們達成需求。肆無忌憚地對他人大發雷霆無濟於事，但憤怒的能量如果得到適當利用並聚焦於造成痛苦的不公義制度上，就會非常有用。

害怕生氣的女性比較不會在面臨不義之事時出面發聲。加州大學聖塔芭芭拉分校的戴安娜・萊納德（Diana Leonard）等人進行過一份研究，檢視對女性憤怒的刻板印象如何影響對不義採取行動的意念[42]。研究者告知女大生預設的情境：「在多數學生為男性的跆拳道課程中，教練表示要加強力量訓練。接著，他把潔西卡叫過去，跟她說她應該考慮轉去有氧班。」對於女性憤怒大致抱持負面刻板印象的參與者，較不會對這個情境感到生氣。她們也比較不會把這視為歧視，也不會想與其他女性一起對抗跆拳道教練。姑息這種性別歧視表示不正義得以持續下去而不被質疑。

女性的憤怒對於對抗性別不平等很關鍵，因為這能激勵女性團結起來採取行動。集體行動的定義是群體採取各種步驟來對抗不公義和歧視[43]，包含抗議、遊行、抵制、連署請願、投票或是出聲譴責不良對待。從過去歷史來看，集體行動是女性促發社會改變的一大有效方法。想想看一九二〇年爭取參政權的抗爭活動為女性爭取到投票的權利，或是「母親反酒駕組織」（Mothers Against Drunk Driving）成功請願讓國會把最低飲酒年齡提升到二十一歲，並嚴加懲戒酒駕者，使得酒駕致死率減半。當前美國的政治樣貌也受到「發怒媽媽」（Rage Moms）[44]的憤怒所塑造，這個詞彙是由《紐約時報》記者麗莎・勒爾（Lisa Lerer）和詹妮弗・麥蒂那（Jennifer Medina）所創，用來描述由憤怒所推動的社會團體，如MomsRising[45]，這是擁有一百萬成員的政治行動團體，而Moms Demand Action[46]是倡導管制槍枝的組織。「非裔的命也是命」（Black Lives Matter）[47]則是由三名女性發起，包含艾莉西亞・加爾薩（Alicia Garza）、派翠西・庫爾洛斯（Patrisse Cullors）、奧帕爾・托梅蒂（Opal Tometi），她們因孩子、家人和社群遭受暴力憤而發起行動。憤怒是推動社會正義運動的充電電池。

自我關懷與憤怒

自我關懷與憤怒關連的研究還不多，不過少量的研究表示自我關懷可以減緩憤怒的負面效應。為此，紐澤西大學的愛雪莉·波德斯（Ashley Borders）和艾曼達·弗雷斯尼克斯（Amanda Fresnics）做了一份研究，檢視兩百名大學生自我關懷與憤怒的關連[48]。首先，她們發現自我關懷程度高的人較少憤怒，亦即感到不快或是想對人大吼，不過這差異並不大。然而，自我關懷讓人較能有效施展憤怒的力量，如同證據顯示，懂得自我關懷的人較不會陷入反芻思維或是感覺被憤怒思緒、回憶或是復仇想像所控制。因為自我關懷讓人在感到生氣時不會帶有自我批判或是壓抑情感，不會不健康地沉溺於憤怒之中。自我關懷程度較高的受試者，在過去六個月來也較少有肢體或口頭上的侵略行為，這種低侵略性是來自於較少反芻思維。通常人在勃然大怒時，最有可能去攻擊他人。此外，正念關注自己的憤怒感受，並記得這是人類生活的核心，我們就能以不造成傷害的方式堅定表達自我。

我見識過鄰居瑟莉絲特用自我關懷轉化憤怒的情況。她是將近七十歲的白人退休圖書館員，有兩名成年子女、三名孫子女，還有一隻神經質的小狗叫作圖圖。瑟莉絲特在密西根大急流城長大，她從小就被教育女生要多笑、待人和善、貼心且隨和。她丈夫法蘭克近期從汽車經銷商的管理職位退休，因此夫妻兩人有許多時間共處。法蘭克很愛碎念而使人厭煩，他常在瑟莉絲特話說到一半時打斷她，或像是對小孩子般向她解釋新聞中的政治情勢。但她什麼都沒有說，因為她不想變成愛抱怨的潑婦。隨著時間一久，她越來越不愉快。雖然退休應該要過得清閒，瑟莉絲特卻是比過去更加浮躁。她批判自己不懂得感激，且她的自我評斷使狀況變更糟糕。她的浮躁問題最後演變成焦慮，於是感到坐立難安。

瑟莉絲特知道我在研究自我關懷，我們以前聊過這個主題。她讀過我寫的一本書，於是對學習善待自己感到興趣。我感覺她能從諮商中獲益，於是我婉轉地給出建議，告訴她我有找當地一名叫作勞拉的治療師諮商，她給我很大的幫助。勞拉採用的方法叫作內部關係系統（Internal Family Systems，IFS）治療，這是由里查・史華茲（Richard Schwartz）所開發[49]。IFS幫助人接觸不同面向的自己，並都給予關懷。瑟莉絲特有想要對方的連絡電話嗎？所幸，她抱持接納的心態。

瑟莉絲特告訴勞拉她因為浮躁和焦慮的問題而尋求治療。這不僅使她不自在，也開始對婚姻產生不良影響。勞拉問到她為什麼這麼心神不寧時，瑟莉絲特說想必是荷爾蒙變化還有年紀的緣故。勞拉問她感到煩擾的部位在哪，瑟莉絲特說是在腹部。勞拉接著問了：「如果你腹部會說話，它會說什麼？」

一開始瑟莉絲特覺得勞拉有毛病。她忍住不翻白眼，想說：「我餓啦？」但她配合下去，最終說出：「我被惹毛了。」

勞拉問：「能再詳細說說這種被惹毛的感受嗎？」有沒有可能與丈夫有關呢？

瑟莉絲特回：「當然不是。」接著她感到雙頰紅燙。勞拉指出這點時，瑟莉絲特察覺到自己某部分感到憤怒，但她覺得這樣很丟臉。她從小就學到生氣是不好的事情，也清楚記得有女性長輩說她生氣起來的樣子很醜。

勞拉問：「你接受這種訊息時多大？」瑟莉絲特回想當時是七歲左右。

瑟莉絲特在勞拉的指引下，對心中那個為生氣感到羞愧的小女孩說話，告訴她：「沒關係。現在我已經是成人，可以管控憤怒。不過謝謝你努力保護我的安全。」後來，年幼的瑟莉絲特便放鬆下來。這讓她能更貼近自己憤怒的部位，也就是感覺像是肚子裡火燒般的一個結。讓這部位的自己發聲時，瑟莉絲特很訝異自己過去幾年來壓抑住這麼多怒火。她覺得被丈夫羞辱、貶低和看不起。她領悟到自己的憤怒是為了要保護自己免於受到蔑視對待，但這不斷被她心中那個害怕生氣的小女孩給阻止。勞拉幫助瑟莉絲特更了解自己的憤怒時，她覺得找回一塊遺失多年的自我碎片。

起初瑟莉絲特的憤怒帶有破壞性。就像是瓶中精靈被釋放，她在話說到一半被打斷或是言語上被輕視時，對丈夫大發雷霆。她大吼，並講出電影裡面聽到但自己以前不敢拿出來用的詞語罵他。他的回應是沉默而退卻，於是兩人的關係變得緊繃。雖然瑟莉絲特很感激能更深入接觸自己的情緒，但她還是愛法蘭克，而存在的衝突危及了婚姻。她知道他們要想辦法講和，但她不想要像過去以來那樣封鎖自己的情緒。

在接下來幾個月的治療期間，勞拉教導瑟莉絲特擁抱自己的憤怒，並把它視為朋友而非敵人。瑟莉絲特學到如何和憤怒的自己對話、傾聽它所要表達什麼，並感激它帶來的能量。她允許自己的憤怒在體內自由流動，並在感覺到自己開始抗拒或是緊繃起來抑制情緒時，能有意識地放鬆。過了一陣子，當她因為法蘭克而情緒激憤時，她不再直接對他吼，而是學會在內心感謝自己的氣憤感，接著把它導向丈夫的行為而不是法蘭克本人。她冷靜而堅定地請丈夫不要打斷她，還有不要在自己沒有想問的時候一直去解釋事情。

如果說他們的婚姻有一百八十度的轉變或是法蘭克歡欣接受她的新轉變，那就是在騙人了。他並沒有，但也不至於完全抗拒。妻子不對自己咒罵時，他較能夠應對她的憤怒，而且也比較少去打斷她說話。時間一久，他們達成休戰協議。瑟莉絲特覺得自己更真實、更有自信，能盡可能不要把主要快樂泉源都放在婚姻上，於是她的浮躁和焦慮問題都完全化解了。

理解你的憤怒

這項練習依循了IFS治療的基本原則，也就是要肯定、正視和理解憤怒等情緒，並體認到這些情緒最終是要幫助我們保持安全或是達成目標。研究顯示，這種治療方法可以減少憂鬱和自我批判[50]。我從個人經驗知道IFS實際有效，且是一個用來整合散落的自我各部分的絕佳系統。這是個書寫練習，請準備紙和筆。

做法說明

想想近期生活中所發生讓你生氣的事件（先盡量不要找有關政治或是太大範疇的世界議題，或是讓你覺得對自己生氣的事件）。如果選擇一項讓你感到非常氣憤的事情，你可能會承受不來而難以學習到這項練習，但如果事情太瑣碎也無法帶給你挑戰。請找一項適中的事件。當時的情境是什麼（例如你的伴侶對你隱瞞事情、你的女兒講起話來目無尊長，或是員工搞砸一項重要的任務等）？

- 你的憤怒感怎麼表現出來？（例如你有沒有吼叫、用冷冷的語調或是尖銳的言詞、不作聲地生悶氣？）

- 你的憤怒有什麼結果？是否發生什麼有破壞性的事？或是產出有建設性的事？
- 你在生氣完後有什麼感覺？這對你個人產生什麼效應？（例如你是否感到獲得力量、羞愧或是困惑？）
- 你能不能抱持好奇心來了解憤怒可能想要幫助你達成什麼事？是不是想要指出某個危險或是保護你，只不過從結果來看沒有益處？（例如它是否要保護你免於受傷、幫助你為真相挺身，或是立下明確的界線？）
- 試著寫下一些話來感謝憤怒努力幫助你。即使憤怒被表達出來的方式不是很理想，或是造成的後果沒幫上忙，你能否還是去肯定體內這股用來保護你的力量？（例如你可以寫下類似這樣的話：「憤怒感，謝謝你為我挺身而出，並想辦法確保真相能揭露。我肯定你這麼拚命要保護我安全……」）
- 現在已經感謝過憤怒，憤怒感是否有什麼真知灼見要提供給你？它要說什麼？
- 這項練習結束前，確認自己的狀況。如果你覺得承受不來，可以運用第47頁的「腳底板」練習來穩固自己。如果因為感到憤怒而出現了批判或羞愧感（或是你覺得要觸及憤怒感有困難），試試對自己用溫柔的自我關懷來釋出善意和接納自己。你能允許自己維持現在的情況嗎？

憤怒的關愛之力

勇敢自我關懷有時會以憤怒的面貌出現。印度女神迦梨（Kali）就是女性剛強的巧妙象徵[51]，我們可以從她身上獲得啟發。她的形象常常是藍色或黑色皮膚、露出舌頭、穿戴著一串骷髏頭做成的項鍊，踩踏著無助虛弱的男子（她的丈夫濕婆）。她裸著身，露出豐滿的胸部。她多隻手臂通常拿著一隻寶劍和一顆被砍下來的頭顱。迦梨象徵破壞，但她也是宇宙之母，也就是最初的造物者。迦梨所摧毀的是假象，尤其是分離的假象。她的強悍是愛與正義的器具，能掃除分離和壓迫的結構，營造出平等和自由的空間。

身為女性，我們能夠汲取迦梨的力量。這不是科學上的事實，而是多數女性直覺上曉得的事情。我們需要不再害怕她或他人對她的反應。相反地，我們要肯定自己內在的迦梨，而不去批判或是消除她。越是要去壓抑這股能量，這能量就越會用不良的方式爆發開來，傷害到我們自己還有他人。然而，如果被鼓勵來形成建設型而非破壞型憤怒的話，迦梨的力量就能用來做有益的事。

迦梨也很有智慧（畢竟她可是女神），她能摧毀分離假象的能力表示她充滿關懷。關懷肯認了人、原因和情勢的相互關連性。它了解我們會做出有害行為往往是出自於自己無法控制的情況：基因、家庭、歷史、社會和文化影響力。這表示我們能對做錯事情的人抱持關懷、理解他們是集體的一部分，但仍同時對他們的錯誤之舉感到憤怒。我們體認到相互關連性時，更能看清傷害一人等於傷害眾人。這也就是為什麼我們要挺身杜絕傷害，而不要去憎恨肇事者然後讓傷害結果加重。具備自我關懷的憤怒聚焦於保護，而不仇視構成威脅的人。

若要以關懷來運用憤怒力量，關鍵是要平衡陰與陽。陽的力量不受到陰的力量調和的話，就會變得嚴厲而對事反應激烈。憤怒讓我們不顧氣憤的對象而行動，因此造成摧毀行為。當我們能接納自己和其他人，並保持心胸開放，那麼憤怒就能有助於減緩受苦。詩人大衛・懷特（David Whyte）在書作《撫慰人心的 52 個關鍵詞》（*Consolations*）中寫道：「憤怒是最深層的關懷，包含對他人、對世界、對自己、對生命、對身體、對家庭、對所有理想，以及對所有脆弱而可能受到傷害的對象。除去實體的禁錮和暴力反應，憤怒就是最純粹形式的關愛，而內在旺盛的憤怒火焰總是照亮著我們所屬、我們想守護的對象，以及我們奮不顧身之事[52]。」

中文所說的「生氣」，最直接的字面義就是「產生了氣」。「氣」是中文對「能量」的表達說法，而憤怒屬於陽的氣。如同先前所述，中醫認定當陰陽之氣能夠調和，就能造就健康、安適和滿足[53]；要是陰陽失調，就會有生病、痛苦和受難。只要陽的憤怒表現與陰的關懷相互平衡，就能成為健康而有建設性的力量。只有在憤怒的剛強能量沒能與陰柔的關愛能量結合時，憤怒才會變得有害和具破壞性。我們的剛強需要關愛的力量，才能長久維持並有效。

沒有愛的憤怒是憎恨，而沒有憤怒的愛是空洞的糖衣。愛遇上不正義時，就是憤怒。如同柏尼・葛雷斯曼（Bernie Glassman）禪師所寫：「憤怒只用來利己且只關注自己時，就像是毒藥。但除去憤怒中對自己的執著，同樣的情緒就會變成毅決的剛強之力，這是很正面的力量。」[54]我們同時是溫柔的女神，也是勇猛的戰士。兩者缺一便不完整。

我的憤怒歷程

在我開始規律實行勇敢自我關懷之前，我常常在和善與生氣之間擺盪，要整合很困難。說實話，我現在還是覺得這不容易。尤其是在我的職場生活，也就是要用很多陽能量來實行的場域，我往往比較像是鬥牛犬而不是熊媽媽。這表示我的力量不總是帶著關愛。我無意冒犯或去兇其他人，但我常常直言不諱，沒考慮言詞後果。我通常講話直接，又不在乎他人喜不喜歡我，這兩者加起來很危險。有人提出不合邏輯的論述、忽略了明顯事實，或是在研究中有重大瑕疵，我就會感到很不耐。我甚至把這樣的我稱為「厭煩計量器」（irritometer）。我覺得很困擾時表示狀況不順，而我的厭煩計量器就會提供有用的資訊。但是，當鬥牛犬出場時，我會忘記要關注當下和保持關懷，於是下場就不太好。在這樣的時刻，感覺就像是我沒有時間當好人；有書要寫、有研究要執行，還有工作坊要籌辦。當然，問題是我沒有好好注意我對他們的反應造成什麼影響。

舉例來說，最近一名同事寄給我他這幾年來做的自我關懷研究。他剛寫完，想要在送交同儕審查前請我幫忙給意見。我在電子郵件上很直白地說：「你的研究方法簡直是亂七八糟」，然後指出研究中的各種問題，而沒有提到他論文中的優點。我知道要怎麼給人建設性回饋，但當我的厭煩計量器進入紅色警報，鬥牛犬就會跑出來，於是那些認知都拋向腦後。我直白起來可能很尖酸。在我意會到自己做了什麼之後，我就趕快再補寄一封郵件，建議可以怎樣改善分析，並提到研究的優點。他回信說：「噢，我明白了。原來你是想要幫助我。我必須承認看到第一封郵件時感到很震驚。」我向他道歉並請求原諒。

遇到我剛烈性子發威，跟我不是很熟的人會感到退縮，且不知道要怎麼反應才好，這一方面也是因為我通常都很溫和仁慈。還有，因為大家預期剛烈會帶來肢體和情緒的暴力，所以就算我不帶威嚇也會讓人害怕瑟縮。光是散發這樣的強烈能量就會嚇到人。過去這樣的事情發生時，我察覺自己做得太過頭會道歉，同時還感到羞愧。我對這問題煎熬了好一陣子；經過這麼多年來的自我關懷練習，我還是容易激動，這讓我很氣餒。雖然我試著接受鬥牛犬，並原諒自己的不完美，但我還是會把這視為一項弱點而非優勢。

很幸運地，在加強勇敢自我關懷練習後，狀況有了改變。我察覺到鬥牛犬其實是走偏的迦梨，祂想要破除錯覺而維持祂所見到的真相。有時讓我對人轟炸的剛強能量，其實是讓我成為優秀科學家的能量，並且讓我成功立足於學術界的戰場。舉例來說，以SCS來當自我關懷的量測方式是否充分，經歷過幾場激烈的論辯（我把這些稱為「量表之戰」）[55]，而我願意出面迎擊，所以蒐集一大堆實證的資料來驗證這個量表[56]。一名學者輕視這些資料，將之視為「科學障眼法」，還用人身攻擊來立論時[57]，我憤而在三天時間內寫出一份完整的回應，陳列出實證資料對我立場的肯定，並用（我自認為）嶄新且可信的方式反證他的論述[58]。我充滿幹勁，我的憤怒達成了建設性的效果，幫助我讓思緒變清晰並提升我對該領域的貢獻。

我領悟到我的內在戰士是我應該要慶賀的一個自我，而不是要對它評判或管控。這是強力的引擎，提供很有成效的專注力。不過，剛強要發揮效果的話必須與溫柔相調和。為了要見證我尋求的調和之旅，我買了一幀日本卷軸，上面畫著腹中孕育土地的神聖女性（Divine Feminine），並把它掛在牆上。這道牆的對面，我在冥想墊子上面掛了迦梨大展破壞神威的圖象。現在，當我憤怒時，我就會坐在迦梨底下，讓祂的憤怒能量在我體內自由流動。我感謝祂給我力量和勇氣，並請求運用祂的能量來完成世間所需之事。我也感謝母親給我柔軟的心，並請求她灌注我平靜與愛，使我所做行為不產生危害。最後，我想像這兩股能量在我身心靈交互交融，讓我維持平衡完整。

應對憤怒

想要有技巧地應對憤怒，就要能完全掌握住它。我們一定要讓剛強的能量流動，並知道這保護著我們。我們也要連通溫柔的關愛感受，包含對人和對己，這樣我們的憤怒才不會帶破壞性。最後，我們也要原諒傷害我們的人（就算那個人就是我們自己），但原諒是比較後面的階段，需要多一些時間（用來練習原諒自己或他人的活動，可參考《自我疼惜的51個練習》）。本練習的目的是要將憤怒本身的剛強能量結合到柔韌能量。

在做這個練習時，請不要選擇會讓你造成嚴重創傷或承受不起的憤怒情境，除非有受到治療師或心理健康專業人員的引導。你可以先從比較小型的事物開始，像是有認識的人對你不禮貌，或是朋友表現得不負責任，又或是銷售員詐欺人。切記，要是你覺得不安全，就要結束這項練習。可以等之後想要時，再回到這個練習。

做法說明

- 想一個讓你生氣的情境，包含過去或當前所發生的。請慎選現在練習起來安全的內容。

- 盡可能在心中詳細回顧細節。發生了什麼事？你的界線遭人侵犯？你沒得到應有的尊重或重視？發生不公義的事？
- 讓氣憤的感受湧現。
- 把雙手放在太陽神經叢或是其他具支持力量的部位，來幫助你在感受憤怒時能穩固。
- 另外也感受雙腳碰觸地板。透過腳底板讓自己穩踏在地面。
- 現在看看你是否能放下造成你憤怒的人事物，並以身體的感官知覺感受憤怒。它位在哪裡？有什麼感受？熱、冷、跳動、抽動、麻木？

掌控你的剛強

- 要知道有現在的感受是完全自然的。這是你的勇猛熊媽媽在保護你。這是一種自我關懷的型態，或許可以對自己說：「生氣沒有關係！這是用來保護自己的自然欲求。」
- 完全肯認生氣的經歷，同時不要太執著於所發生的事，把專注力放在憤怒感本身。

- 要是在任何時間點感到被憤怒牽動，就把專注力放在腳底板，直到回復專注力為止，然後以實際感官知覺感受憤怒。
- 試試能否讓剛強能量在體內自由流動。沒必要去壓抑、克制、批判它。這也是關懷之心的重要面向。
- 持續透過腳底板穩踏地面，並感覺雙手的支持力量，同時試著敞開心扉去接收憤怒（以安全範圍為限度）。或許你能感受到它在你的脊椎上下流動，給你力量和決心。或許你的憤怒想要說話、有要傳達出的訊息。以穩固而維持重心的位置來看，你的憤怒想要說什麼？
- 你能否傾聽這部分的自己，並感謝它保護你？

納入溫柔一面

- 持續讓保護用的剛強能量流動，同時透過腳底板穩踏地面。
- 如果你覺得繼續留存憤怒能有所助益，就允許自己這麼做。
- 但是，如果你也想要加入溫柔面向，就把一隻手放在太陽神經叢上，另一隻手擺在心臟或其他安撫的位置。感受兩隻手之間的空間。
- 持續連通湧現出來保護你的剛強力量和決心，並從這個充滿力量的地方轉向你的心臟。

- 體認到你的憤怒是愛的一種表達：想要確保你安全的意念。
- 試試你能否接受更多關愛和關心自己的溫柔感受，這些感受正在驅使你保護自己的意念。
- 如果隨著憤怒出現了羞愧或是批判感，你也能去溫柔懷抱嗎？
- 邀請「愛與連結的存有」跟憤怒相融並結合。
- 允許自己兼有剛強與溫柔。讓這兩股力量依當前所需做出任何消長互動。
- 試著品嘗和擁抱這種完整的感受。
- 感受自己想緩解痛苦的渴望。從這個關懷的位置出發，你是否想要採取任何行動來應對所發生的事情，就算只是決意要保護未來的自己？
- 當你覺得差不多時，放下這個練習。在當前體驗到的情境中休息，讓這一刻維持原樣，也讓自己維持現狀。

這個練習可能很強烈，所以務必要在完成後好好照顧自己，像是散散步、喝杯茶或是做其他能讓自己靜下來的事情。

經過一段時間花心思應對自己的憤怒，狀況就變得更加容易。我還是會被惹毛和感到激動，但發生強度和頻繁程度都降低了（至少降了一點點）。我下定決心來考量我的憤怒會對他人產生什麼後果，並盡可能少造成傷害。我時時刻刻都會提醒自己這樣的承諾，當我被外物牽動情緒而較難看清狀況時，就能給予我支持。雖然朝向整合的路途很長，且我步調很慢，但我堅信這是唯一的進步方法——不僅對我來說是如此，對於整體女性而言也一樣。我們正處於歷史上重要的交叉路口，在辨清和找出女性、少數種族和許多人受壓迫、剝削及虐待的情況後，我們必須要生氣。如果我們都不生氣，我們就是睡著了。但我們要怎麼處理這樣的憤怒感？痛恨握有權力的白人男性、對他們吼叫或是態度苛刻，而疏遠可能成為潛在盟友的人嗎？我們難道因為自身的共融角色被拿來壓迫自己，於是就要放棄自己久經磨練的仁慈、照顧和愛嗎？

身為女性，我們可以做得更好。我們可以感謝自己的憤怒給予自己向前的動力和決心，並學習掌握住這項本性。於是我們可以跟憤怒相處較為自在，而不會感到害怕。最重要地，我們可以把憤怒跟愛結合，因此能有效將這個關愛之力用來對抗不公義。在努力減緩苦難的過程中，勇敢的自我關懷是我們可用來幫助自己和所有人的強力資源。

第四章：#MeToo

自主性本身蘊含著力量。#MeToo 運動從多方面來說，就是自主性的展現[1]。

塔拉納．伯克——（Tarana Burke），#MeToo 運動發起人

二〇一七年十月，知名導演哈維．溫斯坦（Harvey Weinstein）被爆出性騷擾和性虐待數十名女性。對此，演員艾莉莎．米蘭諾（Alyssa Milano）在推特呼籲，曾遭受性騷擾或性侵害的女性用 #MeToo 標籤回文。不出幾日，幾乎半數的臉書使用者都有認識的朋友響應。不久之後，數百名有權有勢的男性遭曝光性騷擾或性虐待過女性，舉凡政治人物羅伊．摩爾（Roy Moore）、演員路易．C．K（Louis C.K.）、音樂家瑞安．亞當斯（Ryan Adams）、新聞主播查理．羅斯（Charlie Rose）、執行長萊斯．穆恩維斯（Les Moonves）、富豪傑弗利．愛潑斯坦（Jeffrey Epstein）以及勵志大師托尼．羅賓斯（Tony Robbins）等人。這名單每天都在增加。其中好幾個知名男性為自己的行為承擔後果，但也有許多人還沒受到制裁，其中最有名的就是川普。當

然，對女性的性欺凌（sexual mistreatment）在社會上一直很普遍。早於推特的 #MeToo 運動是在二〇〇六年由塔拉納・伯克發起，旨在抗議非裔女性遭受到廣泛的性虐待。兩波活動主要的差別在於現在我們更公開談論這件事。從多方面來看，**這運動代表著女性以勇敢自我關懷集體起義，我們說出：「夠了！」**

二〇一八年一份「#MeToo 運動背後的事實」的大型研究，試圖量化美國所發生的性騷擾和性虐待的程度，結果很令人警醒[2]。多數女性（八一%）表示經歷過公開場所或職場上的不當行為對待。女性最常遭逢的性欺凌是侮辱言詞（七七%），也有很多人遭遇令人不適的碰觸（五一%）、收到裸照等網路騷擾（四一%）、被跟蹤或惡意尾隨（三四%），又或是遇到對方暴露生殖器（三〇%）。

此外，三分之一的女性面臨職場中的騷擾問題，這不僅造成當事人壓力，也形成了惡意的環境，減損女性完成職責的能力[3]。雖然一般人會認為令人不適的行為，通常是施加於職場上位階較低的女性，但研究顯示管理階層的女性面臨更高風險。根據一份研究，置身於男性主導環境中的女性主管，有五八%表示受到騷擾[4]。很諷刺地，這些女性的權力威脅到男性的身分，因此這些缺乏安全感的男性出擊來羞辱和貶低女性。畢竟，性騷擾的核心不是性別，而是權力問題。

面對這種情境，Time's Up 等組織籌組起來幫助女性面對職場上的性欺凌。這運動由娛樂產業的藝人、製作人與高階主管開始，像是野火般延燒，很快便擴及所有產業，從農業到學術界都包含在內。此外，Time's Up 的法律辯護基金會為經歷過職場不當對待的女性提供法律協助，包含侵害、騷擾、虐待和相關的報復行為。

不過，這現象不限於職場。超過四分之一的女性表示一生中經歷過受脅迫的性接觸[5]。在邊緣化的社群，如女同志、雙性戀、貧窮女性和智能障礙女性族群中，遇過侵犯舉動的數量更高。幾乎每五名女性中就有一人一生中曾經遭受強暴（強制性交）或是性侵未遂[6]。這些人幾乎有半數是不到十七歲的兒童。每五個案例中，就有四個案例的當事人認識加害者，包含朋友、親人或是另一半。多數強暴事件沒有報警，尤其是由認識的人所為，部分原因是因為被害者感到羞愧或是恐懼。此外，在受到舉報的案例中，只有一小部分獲得判刑[7]。這就是女性面臨的真實處境。

你遭受性騷擾的個人經歷

這項練習是要幫助你辨識出性騷擾的情事。有時事件本身非常明顯，但有時則比較不易察覺。當我們去好好注意自己受到不當對待的狀況時，就能更警覺所發生的事情，並更有能力保護自己。

如果你過去在性方面受過創傷，可以跳過這項練習，或是在治療師或輔導員的引導下進行。此外，萬一你現在或近期遭逢職場性騷擾，盡快把事件記錄下來回報給主管人員，且要確保你選擇願意聽你陳述而不會報復的主管。要是他們還是沒採取行動，你可以向美國公平就業機會委員會（EEOC）求助（編按：在台灣，可以向各地方政府勞工局求助）。

以下是幾種常見的性騷擾類型（取自於 RAINN.org）：

- 性方面的口頭騷擾，包含提及性舉動或性傾向的玩笑。
- 引人不適的觸碰或肢體接觸。
- 使人不快的性挑逗。
- 在職場、校園或其他不適合的場所討論性關係、事例、幻想。

- 引人不適的性指涉照片、電子郵件或文字訊息。

做法說明

- 想想你過去在學校、家裡或工作的情景。寫下你所能記得的任何性騷擾事件。
- 寫下你在事件發生過後的感受。生氣？混亂？受冒犯？害怕？惱怒？
- 在該行為出現後，你是否有做出什麼行動？
- 這種情況常常是趁人不備時發生，讓我們不知怎麼反應。或是，有時候我們因為害怕遭報復而不敢做出想要的反應。
- 現在你已經脫離危險，寫下理想情況下你會對該事件做出的反應。

有時候女性會輕忽這類行為，把它當作是不重要的小事或爛玩笑，尤其是騷擾情事不嚴重的情況。我們務必要注意所有讓自己感到不舒服的行為，如此才能開始發聲，並讓對方知道這些舉動是不容接受的。要是你心中浮現的事件讓你感到特別困擾，可以寫一封展現關懷的信給自己，來談所發生的事情（請參考第138頁的練習）。

遺留下的傷疤

女性遭受性欺凌後會造成什麼後果？研究顯示這會導致長期壓力、焦慮、憂鬱和難信任人[8]。在職場上，可能會減低工作滿意度、減少對組織的投入、降低工作參與度，並使身心健康惡化[9]。性侵害造成的後果更加嚴重：創傷後壓力症候群（PDSD）、失眠、飲食失調、藥物使用和濫用，甚至是自殺[10]。#MeToo 運動提供女性機會來扭轉情勢，讓我們能夠開始面對真相並康復[11]。

雖然男性也可能成為性騷擾或性侵害的受害者，尤其是男同志、雙性戀或跨性別的男性。不過，多數受害對象是女性，且絕大多數加害人是男性。有些男性認為可以恣意將女性用來滿足自己的性需求，因為社會和媒體傳遞出可以這麼做的訊息。女性經常被視為性物品——派對上的性感女伴、動作片裡的魅惑勾搭對象，以及使產品更具吸引力的廣告配件[12]。我們的價值時常受到是否能滿足男性的性慾來衡量。性別社會化切斷男性照顧和關懷的陰能量，讓他們開始物化女性。超陽剛氣質（hypermasculinity），也就是稱頌侵略性而將溫柔情緒視為陰柔軟弱的大男人氣概[13]，直接助長了性騷擾和性虐待行為[14]。一份對三十九項研究的統合研究發現，超陽剛氣質是用來預測男性犯下性侵害罪行的一項指標[15]。

雖然這表明男性需要更加結合陰陽之氣，但我這裡主要的關注焦點是女性調和陰陽的效果。之所以這麼強調女性的勇敢自我關懷，是因為我相信它的關愛之力能幫助我們對抗父權遺毒。當女性能肯定、強化和接納勇敢自我關懷到自我當中時，就會賦予我們力量來抵抗性欺凌，並說出：「夠了！」

德州來的騙子

寫這本書的主要啟發，來自於我珍視的人向我透露她遭到性虐待。這件事讓我受到特別嚴重的打擊，因為加害者是我多年來所信任且支持的人。過去，我甚至會說他是要好的朋友。雖然我多年來實行了正念練習，但是只想要看見他最好一面的意念蒙蔽了我，讓我看不見可怕的真相：他是個性變態。應對這情境時，彰顯了我們多麼亟需兼用勇敢與溫柔的自我關懷來應對性虐待的恐怖之處。我們需要柔韌能量來懷抱勢必會出浮現的傷害和羞愧感，也需要剛強能量來發聲制止傷害持續。為了保護當事人，我把故事中多人的名字和相關細節替換掉。

喬治是個迷人又英俊的南方紳士，正值四十來歲，有著獨特的嗓音。他在奧斯汀近郊經營一間非營利組織，為自閉兒童及其家屬提供服務。這中心的位置距離我的住處艾爾金（Elgin）

只有三十分鐘的開車路程，所以我在羅文小時候常常帶著他去那裡。羅文對於藝術、音樂和戲劇的反應良好，這些也就是喬治用來幫助特殊生的非傳統方法。當時，我認為喬治很出色也很懂啟發人，我們之間培養出了要好的交情。我很樂於幫忙宣傳這個組織，我舉辦自我關懷活動來為該中心募集資金，並每年捐款。

喬治請來了一些志工和支薪員工，他們是樂於幫助人的青少年和年輕人，包含美國和國外人士，各個閃耀著雙眼，充滿冒險精神。他們很熱切且致力於幫助自閉兒童和家屬，想要為世界帶來改變。許多員工住在中心裡，這是個有幾棟建築的小型複合園區。大家都很崇拜喬治，他是很有領袖魅力的主導人物，既幽默聰明，又是個採用特殊方法處理自閉症的超凡人物。

不得不說，喬治有些好色。有時候他會對女性外貌做出一些不恰當的言論，且他常常說肩膀痠痛，要請人幫他揉一揉。我們會說：「喬治就是那個樣。他很風流，但他也是為小孩子付出很多的很棒的人。」喬治娶了愛爾蘭的漂亮女生艾琳，年紀比他小上快二十歲，她也一起幫忙經營中心。他們有兩個孩子，都是女生。我跟艾琳沒什麼交情，而她主要做的是經營這個非營利組織，讓它能運作下去。我懷疑喬治出軌，但我告訴自己他是否不忠與我無關。我認定一切都是職場外成年人自己合意所發生的事情。

卡西是中心裡面一名擁有閃耀雙眼的青少年女孩，也是我家舊識好友的女兒。這名好友是兼兩份工作的單親媽媽。卡西幫助我照顧羅文好幾年，我真的很喜歡她這個女孩子，很活潑、淘氣、聰明，相處起來很愉快。她對羅文非常好，且因為我自己沒有女兒，我對她感到特別喜愛。卡西發掘自己喜歡陪伴自閉兒童，並在年僅十四歲時就到喬治的中心當志工。我有時候會載她一程，也鼓勵她發展新的興趣。我是有點擔心喬治的風流性子，但氣氛很歡樂，且卡西在那過得很開心。我預設喬治會知道分寸，決不會對在他底下做事的女性出手，尤其是年輕的女生。好說歹說他自己都有女兒了。

不久後，卡西開始在週末時都來到中心，也和喬治還有其他員工變親近，她有時候也會幫忙顧喬治的小孩。就這樣過了幾年。喬治說他覺得卡西有天賦，對她十分關注。她最後獲得中心的聘用，也成為喬治的門徒，跟著他學習治療法，並期望投入自閉輔導工作的志業。有時候喬治和卡西會兩人單獨出外辦事好幾個小時。我腦中的一個小小聲音告訴我：「咦，這有一點奇怪。」但很快就冒出另一個聲音說：「肯定沒問題的。他會多關注她只是因為他人很好。她爸爸不在了，能有這樣的男性長輩在身邊，真是一件好事情。」

然而，因為我們關係親近，我常常會關心卡西來確認狀況。我問：「喬治有沒有對你做出不妥當的舉動？」她會說：「沒有，當然沒有呀！他就像是我爸爸一樣，而且年紀是我的三倍。」她回答得很快且完全否認，讓我覺得自己這樣懷疑別人實在不太好意思。經過一陣子，我察覺到卡西似乎變了樣。她開始態度退縮，但我假設那只是青春期的心情變化。

在一場慶祝喬治生日的派對上，他喝醉酒且開始跟一個年輕女性跳舞，性暗示的氣氛很明顯。這非常不妥當，原因不勝枚舉，尤其是他妻子還有兩個小女兒就坐在不遠處。艾琳背對舞池，擋住兩個小朋友的視線。我不確定她有沒有看見，她只是望向下方，關注著小孩子。我覺得很不舒服，於是便提早離場。

卡西也有參加派對，隔天我們談論了他的行為。她也認同喬治太失控了。我再次提問，且這次用更強烈的態度問喬治有沒有對她做什麼不好的事。她動搖了，然後終於說出口。她告訴我喬治在她到中心工作兩年後開始對她表達興趣。

起先，他對她談性事。她覺得不自在，但也因為能跟他談成人話題而感到受抬舉。後來，他對她暴露身體，並在她面前自慰。後來他們開始有肢體接觸。一開始是碰觸，後來越演越烈。她對兩人關係感到很困惑又矛盾，他是唯一提供她父愛的人，她不想要失去。他在她十八歲生日時奪走她的初夜。「他在那之後就沒有那麼關注我了。我想他就是想要那個而已。我原本以為他在乎我，但現在感覺不是那麼回事。我覺得自己好笨。」

她跟我講發生的事情的時候，迦梨的盛怒冒出。他這種捕獵女性般的行為讓我恨到骨子裡。我勃然大怒。但因為我很關心卡西，這樣的怒火受到強烈的溫柔關懷所緩和。我感受到想要保護她的意念，這是股明確而目標清楚的力量，誓要阻止更多傷害。

我向她保證道：「你沒什麼好覺得羞愧的。是他操控你和占你便宜。」

她不是很肯定地說：「應該吧。不管你要做什麼，拜託別跟媽說，不然她會很難過。」

我答應會讓她自己做決定，還有溫和建議她考慮告訴其他員工發生的事情，以免其他人也被下手。但她因為不想要惹麻煩而不敢行動，她不想傷害喬治的家庭或是危害中心的名聲。這對女性來說是很典型的狀況，就連這麼年輕的卡西也是，會自動優先想到不要傷害他人，就算會讓自己受傷害。然而，最讓我在意的是，她似乎沒有生氣，而異常被動。我看不到多年前遇到的那個閃耀的女孩，她眼中的光亮消失，就像是失了神一樣。

我們繼續談話，我細聽著，沒說什麼話，但給她支持和無條件的接納。她透露與喬治的事讓她產生厭惡感。她告訴我她覺得這很骯髒和被利用了，且因為這麼久以來都允許事情發生而感到罪惡。她的自我斥責讓我看得於心不忍。我努力幫她用關懷來擁抱醜惡的感受，就像是她致力於幫忙擁抱自閉孩童那樣。喬治一直以來像是她父親，當然她會想要他的愛，這是自然的人性。而她成為門徒且不想要危及自己工作和未來職涯的這一點也有所影響。這情況不是她的錯。一旦她能用「愛與連結的存有」來擁抱自己，就能覺得好一些。

我知道對於卡西（還有很多人）來說，**溫柔的自我關懷是將愛自己轉變成憤怒的必備條件**。經過一段時間，她開始領悟到自己的行為可理解，而對方做的卻是錯的。他明知道她情感脆弱，故意占她便宜，更不用說他是她的上司。雙方權力非常不平等，根本不會是一般合意行為。最後，她的剛強能量出現了。她開始承認自己遭欺負，她不該這樣受到剝削，這是不容允許的！她在掌控了憤怒感後背挺得更直。隨著陽能量流經她體內，我可以看見她的雙眼重新有了光芒。她說：「你說得沒錯。我恐怕不是唯一受害者。我肯定他也盯上了中心的其他女孩，我們要阻止他！」

我們想出個暫定的辦法。我先蒐集情報來看我們懷疑的事情是不是真的，然後再來想下一步。我打電話給前志工和前員工後，發現狀況比我擔心的還要糟糕。好幾個在喬治身旁工作過的女性都遭到性騷擾、剝削、羞辱，或是更糟糕的事情。而且不僅是年輕的女生，還有個突然離職的六十歲祕魯保母告訴我她被強制猥褻。幸好後來有機構幫她找到新工作，並且把喬治列入黑名單。

每當有人突然離開中心，喬治通常會編造故事來把自己描述為受害人。這人偷錢、那人說謊、這人無法勝任。但根據我的調查，許多人離開是為了要逃離他的魔掌。一名前員工坦承喬治對她來硬的。她說過三次不要，但他沒有停手。由於他用來脅迫她的力量是心理方面而不是身體方面，這讓她感到羞愧並對自己產生混亂和懷疑。最終她與喬治建立了雙方自願的關係，試圖讓思緒紛亂的自己感覺狀況沒問題。這個模式很常見：受到侵犯時感到很糟糕，於是在心裡做出相反解讀來讓狀況感覺可以接受。

喬治聽聞我在向大家打聽事情，於是開始告訴中心的人我瘋了、心理崩潰。他警告大家要遠離我。為他工作的多數志工和員工相信他。喬治這人很有說服力，如同德州人所說的：「比煮熟的洋蔥還要光滑」。

喬治擅於設下障眼法來掩蓋行徑。多年來他讓自己所做壞事不曝光的方式，就是去混淆受害人讓他們感到迷惑。他會操控人，讓對方感到沒安全感（他告訴一人：「大家都對你有些意見」），或是壓迫對方（他對另一人說：「你將再也無法在自閉輔導界工作」），他讓對方感覺被需要（「中心沒有你就會垮掉」）還有很特別（他對不只一人說：「只有你能懂我」）。他利用這些心理把戲來讓對方保持沉默。

到了那個時候，我才察覺喬治可能是惡性自戀狂（malignant narcissist）[16]。這和顯性自戀（grandiose narcissist）不一樣，顯性自戀狂會不斷吹噓並認為自己較優越，而惡性自戀狂會利用他人來讓自己得到好處而不感懊悔，且透過說謊和操控來得到自己想要的。他們用性來當作得到權力的手段，利用目標對象心中根深蒂固且無意識的無價值和不足感。他們像是吸血鬼般吸食他人，利用對方來填補內心空洞，並常常貶低他人或是操控他們來讓自己顯得重要，並得取控制[17]。他們也常常會挑上和善、會關愛人和信任人的對象，利用他們這些高尚的特質來占便宜。我察覺自己的好友，也是我支持多年的人，竟然是相貌比較好看的哈維．溫斯坦。我以為是綠野仙蹤的超凡人物，根本是德州來的騙子。

我很訝異自己怎麼一直沒察覺發生的事情。我怎麼會讓自己被欺瞞？我怎麼能讓卡西陷入這麼危險的情境？不僅如此，我還資助這中心，並用我在大學的關係和科學家的名聲來增加它的信譽。我竟在不知不覺中，幫助這場災難的散播！現在我也要為自己做為卡西做的事。首先，我給自己無條件的愛和支持。我試著用溫柔關愛來懷抱自己的痛苦和羞愧感，並接受我看走眼的事實。之前因為有部分的自己無法接受這恐怖的真相，於是就做出更簡單的選擇來不正視情事。這是很常見的人性。

接著我擁抱自己如同火山爆發的憤怒感。我想過要去飆罵喬治，但決定不要直接跟他對峙，因為我知道他有疾患，這樣做沒什麼用處。我也想要保護自己，不要遭遇會導致創傷的接觸。於是我另採行動。

我家有棵超大型的古老橡樹，有著聰慧奶奶神靈的庇佑。我習慣坐在枝葉底下，尋求治癒、愛和自我治療。這次坐在樹下時，我尋求完整怒火的力量。我允許憤怒的剛強能量在我體內自由流動。我下決心不會挑簡單的路走而放手不管。我要盡全力來阻止更多傷害。

卡西想要告訴喬治的妻子艾琳所發生的事情。她覺得艾琳有資格知道他到處對女性下手加害的整件事情，這樣她才能保護自己和孩子。卡西寫了一封令人痛心的信，為了傷害她而道歉，並告知她一切。她請我把信交給艾琳，我對這想法感到很不自在，尤其因為我跟艾琳一點都不熟。不過，因為艾琳是中心的共同經營者，我擔心要是有人起訴喬治時艾琳也會連帶面臨法律責任。我覺得自己有義務以女人對女人的身分告知她，讓她能依照所知資訊做出決定。我覺得最好等到喬治出城，這樣她在得知真相時能不受喬治直接影響。

除了卡西的信，我也在其他女性同意下印出她們寫的陳述來交付。因為我知道喬治可能已經說服她們我瘋了，所以我想要拿出他所做所為的證據。艾琳的反應跟我想的完全不同。她非常抗拒，沒有打開信件，而是對我發怒，甚至說我是想要恐嚇他們。我想這是她應對事情的反應，把我當作壞人總比把她的愛人當壞人容易。

卡西最終鼓起勇氣告訴母親發生了什麼事，我也收到她母親寄電子郵件找我出來喝杯茶討論情況。她的反應跟我預想的不同，我以為她會很生氣，但她並沒有，她主要是很憂心。我告訴她因為那些性舉動是在卡西十七歲以前（德州的性合意年齡）就已經開始，所以可以對他起訴。但卡西媽媽不想要提出控訴，因為她擔心女兒會被捲入公開的法庭纏鬥。她也害怕喬治會有報復行為，因為她現在覺得這人很危險。還有，因為多數加害人沒有受到判刑，這樣的恐懼也很順理成章。

其中一個聽喬治說我發狂的現職員工傳了訊息給我：「我聽說你寫了一些陳述，能讓我看看嗎？」我同意跟她見面，讓她自己讀了內容。她心生恐懼，也告訴其他住在中心的女性。她們決定在同一天離職。她們收拾個人物品，安靜地在某天黎明前離開，因此不用面對令她們感到害怕的喬治。

有幾個女孩子說要待在我身邊幾天，同時想想下一步怎麼做。我們長時間氣憤地討論事情的來龍去脈。她們每人都坦承自己跟喬治有性關係。她們發現自己以為很獨特不凡（且祕密）的關係根本一點都不獨特，因此感到難受。她們察覺喬治幾乎和所有願意的女生上床，每個人都只像是後宮中的一員。或者，更精確的說，這就像是邪教一般，有著以魅力服人而不負責任的領袖。同樣地，她們需要溫柔的自我關懷來懷抱得知真相的震驚和哀慟，以及勇敢的自我關懷來採取行動。她們警告其他需要知道狀況的人，而這個消息開始傳遍整個自閉輔導的圈子。喬治的個人魅力不再讓他能蒙混過去。他關閉了中心，舉家搬出州外。

艾琳沒有離開喬治，這可能是因為小孩年幼，也可能因為情緒上的虐待讓她心神破碎。我不是很了解她的情況所以沒辦法篤定，但這是許多被伴侶虧待而繼續待在對方身邊的情況。一直到現在，喬治還是沒有向他所傷害過的任何人道歉，他還怪罪我和卡西毀掉他的人生。

我在與受害於喬治的多名女性對談時，我們想要知道事情怎麼會延續這麼久。沒錯，因為他擺弄人的技巧所以很難看清發生的事情——這個自戀狂的謊言和對人的操縱讓其他人亂了腳步。不過，我們沒有去注意到一些明顯可見的跡象。我記得喬治在卡西生日時帶她出去吃晚餐，這讓我覺得不太自在，但我忽視自己的疑惑而預設最好的情況。我以為他不敢對如同自己女兒一般的對象下手。說實話，我沒有多想這件事情是因為這樣比較輕鬆。如果要認真看待我懷疑的事情，表示要去面對自己不願看到的事情。結果，他就是在當晚奪走她的初夜。

在中心關閉後，和我對談過的人感到很震驚，但很少人覺得意外。這個消息讓許多人多年來注意到的行為說得通，就算有些心理障礙讓我們沒辦法把事情兜在一塊看。其中一個阻礙是想要看到他人最好一面的渴望。當然，大家都知道喬治的風流性子不太妥當也有些令人反感，但他為孩子們做這麼多好事！一旦我們接收與自己認知世界的基模不相符的資訊，也就是面對認知失調時，我們會蓋過現實讓事情符合邏輯，並吻合我們想要看見的世界。於是沒有辦法相信自認為好人的對象會做出不好的事情——我們吞下自己的疑惑和困頓以不受驚擾。但身為女性的我們，不能再閃避了。我們要睜大雙眼來看清有害行為，才能保護自己和彼此。

我對談過的女性當中，居然有很多人表示與前男友、前夫、前同事或是前上司有類似狀況。最令人傻眼的是我們很少去談這件事。像我說過的，引發 #MeToo 運動的行為早有前例，不同的是我們終於開始公開談論這件事。我們需要看清自己無意間以沉默讓加害行為得以發生的情況，才能辨識出這種不當行為，以及了解是什麼阻擋我們去分享能制止該行為的訊息。雖然這種性虐待的責任當然是在加害人身上，但我們不能光是等著男性自己清醒過來停止差勁的行為。身為女性的我們現在必須要以行動來保護自己。

如何阻止加害行為

我們要如何運用勇敢的自我關懷來阻止性欺凌的發生？如果加害人是上司而讓你害怕被開

除的話，要講出來就變得困難，所以我們要促進任何地方的性騷擾及欺凌刑責法案通過。說來很難以置信，在德州等許多美國的州，對於僱員人數在十五人以下的企業，沒有任何阻絕性騷擾的法律規範[18]，這也就是為什麼即使喬治的僱員想要發起法律行動也沒辦法。這種對女性缺乏保護的情況應該受到矯正。

我們也能在欺凌情事發生時喚出迦梨能量，並堅定而明確地說：「不行！這令人無法接受！」這種剛強力量有機會阻止加害者的行動，因為他們喜歡找容易下手的對象。我發現在中心工作的一些女孩拒絕喬治的挑逗行為，他後來就沒有繼續找上她們。我不能肯定他為什麼特別去追求或是不追求某些對象，但我注意到他放棄下手的女孩擁有很多陽能量。我懷疑喬治覺得要找她們太花心力，於是就把目標轉移到其他人身上。當然，想要說「不」並不是每次都會成功，還有很多影響因素：權力、特權、財務狀況、迷昏物等。此外，阻止下手者也不是女性的責任，責任完全在於加害者的身上。不過，我們的內在剛強能量可用來保護自己，在需要時我們不要畏於加以運用。

我跟成功阻退喬治的人談論時，她們都很後悔對他的挑逗行為保持沉默。雖然她們在中心有稍稍示警其他工作人員（例如如果他在其他人不在場時要你幫忙揉肩膀，要多小心），但沒有人公開揭露喬治的事。這一方面是因為她們不曉得喬治惡行多嚴重，一方面也是因為她們只當喬治是花花公子，而沒有嚴肅看待他的行為。不幸地，我們長期來的父權結構常導致女性輕忽虐待行為。我們會說：「喬治、哈維、查里、傑佛利、唐納（自行填入名稱）就是那個性子嘛」，就好像男性都有掠奪的天性，我們除了吞忍下來也別無他法。

長期以來，女性奮力爭取性自主的自由。不過，有時候我們沒有仔細去思考權力不平等對於我們的影響，或是男性不尊重性界線的行為實際上有多嚴重。希望隨著 #MeToo 運動，事情最終開始改變，我相信女性迎來了歷史上突破的時刻。我們的沉默會使得加害行為能持續，如果要讓狀況有所轉變，就必須要正視所發生的事情，無論這讓人感到多麼不自在。女性要不要選擇公開講出經歷是個人選擇，也受到多種因素影響，像是這麼做是否安全、是否傷害大於好處，還有牽涉到的人。不過，我們至少自己內心要坦誠面對真相，才能保護自己、好好生存下來並康復。

自我關懷的作用

所幸，研究顯示自我關懷能促使人在經歷性虐待後恢復。許多針對倖存者的自我關懷研究進行方式是深度訪談，探討自我關懷如何幫助女性應對。倖存者的一項常見證詞圍繞主題是受虐讓她們感到羞愧，導致她們無法實行自我關懷。如同其中一名參與者說道：「要是沒有自我感，真的無法給自己愛和呵護。對我來說，受性虐待本身確實是很難捱，但重點是覺得自己不值得的那種深刻羞愧感。你會覺得：『想必我是個不好的人，否則對方才不會做這種事情。』」[19]這也就是為什麼受到虐待的女性能從自我關懷中大大獲益，因為這能緩解她們受損的自我感。

經過一段時間及在專業協助下，女性能夠了解到受虐不是她們的錯，並學習培養關懷來應對受創經驗。研究發現，自我關懷幫助倖存者用更有效的方式應對羞愧等棘手情緒，讓她們不至於被情緒淹沒[20]。另一份研究發現女性的自我關懷對於從受虐康復能發揮以下作用[21]：有助於肯定自我價值、接納本來的自己、消除自責感、正視痛苦情緒、花時間自我照顧、與有類似經驗的人產生情感連結、肯定自己所得到的進展，以及很重要地，伸張權力。如同一名叫作多米妮克的女性說道：「我領悟到雖然性侵事件發生了，但這並不能定義我是誰。我獲得『我要反擊』的力量。這事情不能控制我，不能控制我的人生。我能重新擁有被奪去的力量，可以把它取回來[22]。』」這些女性也有決心要起身爭取性別平等，並提倡他人的權益。

不過，受虐後在重新獲得力量前，我們要給予自己溫柔的自我關懷。第一步是以正念覺知懷抱創傷帶來的痛苦，這樣我們才能接受和肯認痛苦而不閃躲。即使會很不自在，我們也要與自己的苦難同在，就像是陪伴著哭泣的孩子而不拋下他。我聽過許多女性只想忘記受虐的經歷而盡早脫離，但**如果痛苦只是被遺忘而不是受到接納的話**，**勢必會拉長康復的過程**。看清並說出事情真相很重要，包含只是對著自己一人說出，或是告訴治療師或朋友。話雖如此，我們也務必要避免在治癒的過程中再度讓自己受創傷。如果虐待是親人或另一半所為，在敞開內心去接受發生之事的痛苦時，幾乎一定會有複燃現象。我們要用在安全範圍內的步調來進行，並盡可能尋求專業協助。我們在MSC有句話是：慢慢走，更長遠。自我關懷能給予的一項恩賜，就是在受虐後對於治癒的速度抱持耐心。

還有，最好也要對自己溫柔、體諒和無條件接納自己。如果自己感到破碎，我們能否擁抱自己的破碎？在經歷虐待後我們可能會感到很汙穢（過去會被人稱作是「被毀掉的女人」），但無論遭遇什麼事情，我們的靈魂依然純淨美麗。**當我們用「愛與連結的存有」來注入意識當中，我們的真實價值就能展露**。

最後，要記住普遍人性。至少有四分之一的女性遭遇性暴力，而大多數都被騷擾過。這並不是因為個人因素而發生，我們不需要為所發生的事情感到孤立或是羞愧。我們並不孤單，我們能與全球過去與現在跟自己有相同經歷的數百萬名女性產生連結。就算信任感曾遭粉碎，我們還是能尋求有類似經驗的女性來形成新的安全網。我們可以在這些結伴關係中找到力量，共同致力於徹底終結虐待。

書寫關懷信件

關懷信件寫作是MSC中所教導的一項練習。研究顯示，規律實行這練習能帶來很好的效果[23]。如果你曾遭遇性欺凌，你可以試著寫封關懷信件給自己，講述這段經歷。最安全的做法是考量令人不適（例如有男性對你說出猥褻的話）而不是造成創傷（像是強暴）的事件。如果你遇過性虐待或是性侵害，自己單獨做這項練習強度會太高，最好要在治療師或其他心理健康專業人員的協助下進行。此外，每個人都不一樣，有時候某些人對這項練習的反應會讓他們自己感到驚訝，所以如果你覺得無法承受，請允許自己停下來。這也是種自我關懷。

做法說明

想一想過去遭受的性騷擾或性欺凌，選擇一個適合現在應對的情境。程度要在輕微到中度。務必要是已經過去的事件，所以你現在已經安全了，而想要讓自己獲得治癒力量。如果想到這件事情還是歷歷在目，請盡可能換成創傷性比較沒這麼嚴重的情境。選出適合自己的情況。

- 第一步，寫下發生的事件，包含相關的細節。如果你開始覺得非常不適，自我關懷的做法可能是暫停一下去喝杯茶，或是感受腳底板連通地面。
- 描述完發生的事件後，寫一段話，讓正念意識到這種經歷造成的痛苦。你當時有什麼情緒？你現在有什麼感覺？你能否將這些感受描述成實體的感官知覺（喉嚨鎖緊、腹部挨刺、胸口被淘空等）？允許任何出現的情緒，維持原樣而不要去批判它，包含羞愧、厭惡、恐懼、憤怒、煩悶、悲傷、混亂、罪惡等，讓這些都在意識中浮現。注意經歷這些情緒的艱困。試著肯認自己的痛苦，有這種感覺是很自然的。
- 接著，寫一段話，喚起經歷中的普遍人性。令人難過的是，這樣的情境天天都在發生，不只是你遇到而已。你並不是孤單一人，最重要的是，這並不是你的錯。女性受到欺凌來自於數千年來的父權體制和權力不對等，但你可以和姊妹們挺身而出，並知曉我們不再接納這樣的對待。感受參與超越自己之存在的廣大力量。
- 現在，寫一段話，對自己表達深深的仁慈。寫下安慰和安撫你所經歷痛苦的話語。確保這些言詞溫柔且能支持你，就像是你會對經歷類似情境的好友所說的話。如果出現任何羞愧或是自我懷疑感，看看自己能否用「愛與連結的存有」來懷抱這些感觸。你能在自己經歷痛苦時對自己溫柔嗎？

• 接著，用一段話寫出你內在迦梨或是強悍熊媽媽蘊含的力量。讓自己的言詞堅強、大膽且勇敢，並去下決心保護自己還有姊妹們。明確正視你所遇到的不義之事。讓憤怒湧現而不要去抵抗，讓它在你體內流動，並在感覺壓力過大時用腳底板來穩踏地面。試著不要在想著加害人時過於沉溺其中。你的腦細胞已經消耗了足夠的葡萄糖去想他，他不需要你更多的關注。取而代之的是，把怒氣全部導向傷害本身。這事情根本不該發生！

• 最後，試試能否用憤怒來讓自己有力量採取行動。你能做什麼來預防這件事情再度發生在你或其他女性身上？可以的話，是否能下決心往這方面踏出一小步？

• 完成這封信時，深呼吸幾遍，然後把信放到安全的地方。感覺適合時，再拿起信來讀一讀，讓文字力量完整展現。有些人喜歡實際把信寄給自己，並在幾日從郵箱收到後閱讀。

萬一在這項練習中出現艱困的感受，請確保要照顧自己。問問自己需要什麼。擁抱、散步、與可信任的對象聊聊、獨處一段時間？試著給自己當下最能帶來幫助的事情。

採取行動

雖然自我關懷可幫助自己從性虐待中治癒，但治癒還不夠，努力避免女性在未來受害也很重要。性欺凌的主因是社會因素：體制上的不平等使得男性比女性握持更多權力。與其他女性結伴能給人勇氣去揭露施虐者，#MeToo 運動顯現有權勢的男性能被判有罪而繩之以法。如果我們團結起來，就能開始瓦解允許這些過分行為發生的體制。

但是，對於虐待情事該如何發聲才好，尤其面臨著被報復的危險？有些公司有匿名舉報加害行為的管道，但多數沒有。況且，這樣的行為經常在非職場中發生。事實上，性虐待常在家庭中發生[24]。那怎麼辦？不幸地，我對這些問題還沒有答案，有許多專家對這主題了解得比我還要多（RAINN 等組織有緊急專線能提供立即建議）。但我知道答案要受到自我關懷原則的引導，還有我們要以「勇敢且有力的明辨」來保護自己。如果我們用剛柔並濟的開放心胸一同合作，就能找出最好的前進方法。

希望有越來越多男性能加入我們的行列，並開始用勇敢的自我關懷來揭露他們所注意到其他有加害行徑的男性，但我們不能枯等他們覺醒，我們女人自己現在就要保護自己。女性意識的情勢正在改變，我們的憤怒正在燃燒，陽能量旺盛起來與陰能量相平衡。女性終於對真實自我覺醒，既能剛強又能溫柔。迦梨正在顯現威能。

PART

2

自我關懷的工具

第五章：溫柔擁抱自己

想要離開關住自己的牢籠，首先要用關愛來擁抱每一刻的經歷，並完全接納自己和自己的生活[1]。

——塔拉・布萊克（Tara Brach），作家與冥想導師

根據當下所需，自我關懷提供了多種減緩受苦的方法。在我們完整探索勇敢自我關懷的工具前，要更深入認識溫柔的自我關懷，因為陰能量最終要與陽能量平衡和結合，才能帶來完好和安適。我在這先簡短帶過這些概念，如果要更細部了解，可以參考我上一本著作《寬容，讓自己更好》，該書更集中討論陰能量自我接納的培養。

溫柔的自我關懷是讓我們能與自己真實樣貌同在的能力，也就是肯定並安慰自己並不孤單，並且肯認自己的痛苦。這就像是母親對待新生兒輕柔呵護，就算嬰兒難以控制地大哭，或嘔吐到你新買的罩衫上，你仍然無條件地愛這個孩子。溫柔的自我關懷讓我們也把這態度用在自己身上。就像我們能抱著哭鬧的嬰兒，我們也能用關愛懷抱強烈而不安的情緒。這種呵護感

允許我們比較不在意實際經歷了什麼事，不論是痛苦、艱困、有挑戰性、使人失望的經歷，而更能聚焦於我們如何與之共處。我們學習用新的方式與自己同在。相較於沉溺和被痛苦吞沒，我們正因為自己受苦而能對自己關懷。我們給予自身的關心和關懷允許我們感到安全和獲得接納。我們敞開心扉來接受一切，於是產生溫暖的感受來治癒我們的傷口。

我在寫本書時，新冠病毒席捲而來。我所有實體工作坊都被取消，羅文也要改成用 Zoom 平台上課。寫作變得困難，因為我要同時輔導和照顧他、確保我們有足夠食物（我買了五十五磅的米和豆子來應付臨時狀況）以及衛生紙（夠用來收拾五十五磅的米和豆子可能造成的後續情況），還有要處理其他疫情所帶來的生活巨變。我感到孤單，也擔心未來景況。比起失業、失去親人、失去健康的人，我算是非常幸運，但這不表示我沒有壓力。當恐懼、悲傷或是不確定性出現，我知道要怎麼做：我給自己溫柔的關懷。我對自己說些類似這樣的話：「這真是不容易。你在這時刻需要什麼呢？」有時候我要讓自己冷靜，我也會去散散步或是沖熱水澡。更多時刻我需要情緒支持。我會把一隻手放在心臟上面，另一隻放在太陽神經叢上來感受自己的存在。我有意識地注入溫暖和愛，並提醒自己這經驗是眾人共有的（這次的情況確實有數十億的人共同經歷）。雖然困境並沒有因此消失不見，但花幾分鐘來關心自己並給自己一些仁慈，帶來很大的改變。

當我們在煎熬時刻對自己關懷，我們的意識便不再完全被苦難吞噬，而是也充滿對該苦難的關懷。我們勝過我們的痛苦，我們也是懷抱該痛苦的愛。這會是豐厚意義和圓滿的來源，無論當下情況有多困難。

自我關懷的三個要素（仁慈、普遍人性和正念）每項都對溫柔的自我關懷扮演重要角色。仁慈是允許我們安慰和安撫自己的情感態度；普遍人性提供智慧來讓我們知道自己並不孤單，並看見不完美是人類共有的經歷；而正念允許我們在當下陪伴自己的苦難，因此能肯認煎熬感受而不急著要馬上去修正或改變。把溫柔的自我關懷用來滿足需求時，這三要素會形成特定的型態：**愛與連結的存有**。

愛

當我們的需求是與自己真實樣貌同在時，位於自我關懷核心的仁慈被賦予愛的質性。這既柔軟、溫暖又呵護人。女性通常對溫柔自我關懷的這層面感到自在，因為這深植於女性的性別角色中。我們從出生起就被教養成要照顧他人，因而成為關懷的專家。但要把這種關懷用在自己身上時，感覺起來就比較陌生，甚至令人不自在。

我們多數人對自己比對他人還要嚴厲。我們常常對自己說出不會對他人說的殘酷及無禮的話。假設你很忙，忘記在媽媽生日時打電話去祝賀。如果是你要好的朋友說她有這情形的話，你可能會說：「我知道你因為忘記打電話給媽媽而很難過，但這不是世界末日。你是因為壓力大又忙碌，所以一時不記得了。你可以現在打給她，告訴她你有多看重她。」但要是我們自己遇到這情境，我們更有可能會說：「你這個不肖女。我不敢相信你只想到你自己。我肯定媽受到嚴重打擊，她大概永遠都不會原諒你。」

對於我們的朋友，我們通常關注行為本身（你忘記打電話給媽媽），而不是針對人（你這個不肖女）。我們把行為指向情境（你很忙碌），而不是人的性格（你只想到你自己）。我們會客觀看待事情嚴重性（這不是世界末日），而不會災難化思考（我肯定媽受到嚴重打擊）。還有，我們會記得這情境是暫時的（你可以現在打給她），而不是假定事情是永久的（她永遠都不會原諒你）。

那麼，為什麼我們對待自己和對待朋友的方式差這麼多？其中一個原因是與我們應對威脅的方式有關。當我們注意到不樂見的事情時，或是面臨生活挑戰，便覺得自己受到威脅。如同前面所討論的，我們對威脅的直覺反應是戰鬥、逃跑或是僵住。而我們把這用來對付自己時，直覺就會變成自我批判、孤立和過度認同。我們認為這樣反應能夠控制情況並避免失誤，因此讓自己安全。相反地，我們不會因為他人受苦而直接受到威脅（雖然我為被開除的朋友感到難受，但這沒有讓我感到直接的危機），因此我們更有餘裕去照顧與幫助他人。實行自我關懷時，我們將本能的安全來源從威脅抵禦系統轉換為照顧系統，才能對自己提供更多支持並更有效應對情境。

創造這種支持氣氛的一個關鍵要素是對自己說話的語調，不管是實際講出來或是內在的對話。我們對於聲音的語調非常敏感；在出生的頭兩年還不理解語言之前，語調是父母和嬰兒溝通的主要方式[2]。我們能感受到言詞在含義之外的情感意圖[3]。舉例來說，要是我們講出和善的話，但使用的是平坦或冷淡的語調，整個訊息的效果聽起來就像是催促你延長車子保固期限的語音電話。但如果語調帶著善意和友好意圖，我們就能深切感受到。我們本能地對自己的溫暖起反應。

把嚴厲批判轉為仁慈時，令人驚奇的是煎熬時刻（包含使人感到羞愧和感到欠缺）成為能接受和給予愛的機會。我們在面對眼前遭遇時能保持溫和，不論情況多麼嚴峻。我們學著去自在使用善待自己的語氣時，愛的能力就會有所增長。這沒有什麼先決條件，也不需要我們去改變，因為愛可以懷抱一切。

連結

當我們正視痛苦時，溫柔自我關懷蘊含的普遍人性認知會產生連結感。我們記得艱困與欠缺感是大家都共有的時候，就不會感到被孤立。但是，我們在受苦的時候常常會覺得切斷了與他們的連結。想想看這一點。你在會議中脫口說出很不恰當的言詞，或是付不出信用卡債務，又或是聽聞醫師說出的壞消息時，感覺就是有事情出差錯了。像是這不應該發生的，好似要發生的是完美狀況，而事情不如意時，就是出現異常。異常的感受不是理性反應，而是情緒反應。是的，理性上我們知道沒有人是完美的，也沒有人過著完美的生活，像是滾石樂團唱的：你不可能總是得到自己想要的（you can't always get what you want）。不過，當艱困的事情發生時，我們的情緒反應是感覺世界上的其他人都過著「正常」而無憂的生活，只有「我」遭遇這些困難。

這種自我聚焦的觀點又受到西方文化影響而加劇，因為我們的文化教養方式要我們相信自己是獨立的主體，能控制自己和自己的命運。當我們相信自己能主導情勢的說法時，便忘記必然的互依性，也就是我們所有的行為都是在更大的因果關係網中進行的。

假設，我有時候易怒而對他人沒耐性，這讓我感到有所欠缺，且衝擊到我職場上的關係（當然，這完全是假設的）。那麼我可能會認為自己有「性格瑕疵」，並為此批判和怪罪自己。但有了普遍人性的認知後，我就能看見這行為不完全是我能控制的。不然的話，我早就阻止這種事情發生了。我的行為一方面是來自於我的基因構成、荷爾蒙、早期家庭史、人生境遇、當前生活狀況（包含財務、感情、工作、健康）等。以上種種因素與其他因素產生交互作用，例如社會習俗和全球經濟，這完全不屬於我能掌控的範疇。因此，沒有理由要針對自己。我的經歷密切連結到更廣大的整體世態。這不表示我不該為自己的行為負責並盡自己的全力，這意味我必須在發怒前試著控制自己，並且在必要時道歉和去修復關係。但我沒必要無情地責怪自己。

當我們記住犯錯是人類經歷的其中一環時，就比較不會拿失敗的事情來針對自己。一旦我們體認到自己如同大型織物中的一小個針目時，我們的隔閡和孤立感就會消融。我們不再感到異常，而能看見每個人的長處和短處都緊扣於複雜因素，且這些因素都超越個人。當我們不感到這麼孤單時，就較能承受得起痛苦。連結感能強化用以接受生活挑戰的安全感。

關注當下／存有

正念是自我關懷的一項核心，並提供所需覺知讓我們與真實的自己同在，以及肯認自己的痛苦。這是種平衡的狀態，能免除兩個遭遇苦難時常出現的反應：逃避和過度認同。有時候我們會閉上眼當作沒看見。我們忽視婚姻、工作或是環境中的問題，選擇否認與不理會，而不去接受事實帶來的不適。但是，為了要照顧自己，我們必須面對痛苦。我們要面對自己，並騰出空間來容納不適的感受，包含悲傷、恐懼、憤怒、孤獨、失望、哀慟或是挫敗。這樣一來，我們才能用愛來回應痛苦，並知道這些感受是眾人共有的經歷。

也有時候，我們會充滿著負面感受。我們受困於苦難之中而失去所有視野。我們執著於問題，並在過程中扭曲和誇大這些問題。想想你在觀看動作片時入戲的情況，就像是自己要被戲中打滑的車撞到般緊繃了起來。突然，坐隔壁的人打了個噴嚏，讓你察覺到：「噢，對呀，我是在看電影！」正念給我們所需空間和旁觀距離來清楚看見所發生的事情，因此能為當下艱難情境給予自己關懷。

當我們接受真實狀況時，就算我們不喜歡這情況，還是能有立即的效用。當不樂見的事情發生時，我們往往想要去改正和趕走問題。我們會去對抗現況，讓情形變得更加艱難。我們透過心理研究知道越是去抵抗痛苦，就越會加劇情況[4]。想想你去捏氣球會發生什麼事：會爆開。抵抗所指的是意圖去操控當前一刻的經歷。我們去抵抗不適感時，不僅會感到痛苦，也會因為事情不如期望而感到難受和氣餒。冥想導師楊增善（Shinzen Young）把這寫成算式：「苦難＝痛苦 × 抵抗」[5]。在一場冥想進修中，我曾經坐在他旁邊，他開玩笑地說：「這其實不是加乘的關係，應該是指數關係。」假設你的班機被取消，你怕會錯過好友的婚禮。這糟透了，很令人失望。但要是你吼叫著事情有多糟、拉扯自己的頭髮、尖叫，或是像撞牆般攻擊自己，這只會增加班機被取消的壓力而已，還會被「這不應該發生」的思緒淹沒。換句話說，抵抗著正在發生之事的現實，結果只是火上加油而已。正念允許我們接納現實，我們對自己說：「因為班機取消讓我受到打擊，我真的不想要錯過朋友的婚禮，我對這件事感到很不開心和難過。」如此具體正視痛苦讓我們能肯認自己的感受，並採取明智行動來改變未來（例如改成租車過去）。

以正念來替代抵抗痛苦，另項好處是讓困境能更快解決。我們知道抵抗不僅會強化苦難，也會讓情況長存，我們抵抗的事情會持續下去。要是你感到焦慮而去對抗，可能會得到恐慌症。要是你感到悲傷而去對抗（尤其是因為感到悲傷而去評判自己），可能會變得憂鬱。一般來說，情緒維持的時間有期限。這些情緒從艱困情況產生，然後隨時間飄散。當我們去對抗自己的負面感受時，等於是用抵抗能量去餵養並延續它們。它們就像是因晚上留下剩飯而被吸引來聚集不散的野貓。然而，只要我們可以面對不適感受，並有意識地允許自己去經歷當下的狀況，它們最終會過去的。

雖說如此，但想要抵抗痛苦是很自然的事情，所以要放下很困難。就像阿米巴原蟲也會逃離培養皿中的毒素，我們內心想要舒適的渴望使人去抵抗痛苦。我從羅文很小的時候就試著教他正念和自我關懷，因為知道這會對他的人生帶來很大的助益。多年來，他一直抗拒這想法。如果他對某件事感到不開心，我會試著輔導他用溫暖和仁慈來接受情境，他有時會爆發說道：「媽咪，不要把那個自我關懷的東西塞給我啦。我不想要接受痛苦。」他反應誠實地讓人覺得很心疼。身為他母親，我也希望抵抗能有效，還有他的痛苦能奇蹟似消失。但抵抗是徒勞無功的（侵略地球的外星人說得沒有錯），只有在我們以開放心態和心胸去正視痛苦時，它才會消退，且是以它自己的時機和步調。

正念練習允許我們放下抵抗，因此能用更關懷的方式與自己同在。只要正視我們正在受苦並允許這點，我們就踏出治癒的第一步。當我們與自己和痛苦同在，並同時記住我們並非一人經歷苦難，且因為感到受傷而善待自己，那麼我們就能體現溫柔自我關懷。這種「愛與連結的存有」能用來承受任何經歷，並對我們的應對能力帶來戲劇化的改變。

溫柔自我關懷休息片刻

自我關懷休息片刻是MSC計畫中一項受歡迎的練習活動。這專用來幫助你在日常生活中需要接納或支持的時刻，引入自我關懷的三個要素。就像是按下電腦的重置鍵，在煎熬時刻好好停頓，讓我們能重新導向和找回重心。自我關懷休息片刻的基本形式是有意識地喚出自我關懷的三要素（正念、普遍人性、仁慈），來幫助我們用更關懷的方式去應對自己的經歷。在此先學習喚出溫柔自我關懷的情境，後續章節中，會再依照三種勇敢自我關懷來執行練習：保護、供給和激勵（FierceSelf-Compassion.org網站上提供這項練習的導引音檔）。

做法說明

想想看人生中一項艱難的情境，也就是讓你受苦，而你想要用更關愛和接納的方式去應對的事情。或許你覺得有所欠缺，或是你對生活中發生的某件事情感到非常悲傷，而想要透過「愛與連結的存有」來幫助自己度過。剛開始進行這項練習時，請選擇強度輕微到中度的情境，而不要強烈到難以承受。允許自己去探索這個問題，並注意體內感受到的任何不自在感。你覺得在哪個部位最強烈？去接觸體內不舒服的地方。

確保姿勢要盡可能放鬆。你接下來會說一連串的字詞（可以說出來或是在心中默念），這些將用來喚出溫柔自我關懷三要素。雖然會有建議的字詞，但目標是要找出最適合你個人的字詞。

- 第一個字詞是要幫助你以正念陪伴所經歷到的痛苦。試著緩慢並冷靜地對自己說：「這是個受苦的時刻」。如果這講法感覺不順，試看看能否想出其他表達這種訊息的方式，例如「這很艱難」、「我壓力好大」或是「我真的受傷了」。
- 第二個字詞是要提醒你自己與人性的連結。試著對自己說：「受苦是生命中的一環」。其他講法包含「我不孤單」、「我們都面臨人生挑戰」或是「這就是人在受苦時會有的感受」。
- 第三個字詞召喚愛與仁慈的力量。首先，把雙手置於心臟位置上，或是任何能撫慰心情的位置，並感受雙手溫暖和輕柔的碰觸。試著溫和說出：「願我對自己仁慈」。其他講法包含「願我接受本來的自己」、「願我體諒自己並對自己有耐心」或是「有我在」。如果感覺自在，甚是可以試著說「我愛你」。
- 如果找出適當字詞有困難，想像一個親密好友跟你遇到同樣的問題。你會交心地跟他說什麼來撫慰和安慰他？現在，你能把同樣的訊息給自己嗎？

這練習結束後，你可能會有以下三種情況之一的感受：正面、負面、中立。試試能否允許自己維持當下的樣子，不用去改動任何事情。如果你經歷嚴重的複燃現象，建議可做第47頁的腳底板練習。

自我關懷與自尊

溫柔自我關懷的最重要功能之一是從根本上接納自己。當我們學著用關懷的方式與不完美的自己同在，便能停止評斷和批判自己不夠好。我們放棄不斷想變成別人和想要完美的意圖，並轉而去擁抱自己一切的缺失和弱點。這做法跟提振自尊完全不同。

自尊是對自我價值的評價[6]，這是覺得自己優良而非差勁的判斷。多數人學著對自己感到良好的方式是覺得自己很特別且高於平均水準[7]。平庸是不能接受的情況，但這當然會出問題，因為邏輯上不可能每個人都很特別而在中等以上。這也表示我們不斷拿自己跟他人做比較。她的臉書好友是不是比我多？她是不是比我漂亮？布芮尼・布朗（Brené Brown）（譯註：她是《脆弱的力量》等暢銷書作者）是不是真的有自己的Netflix特輯？這種不斷的比較讓我們與他人產生一種競爭感[8]，因此與他們切斷連結。這不僅降低連結感，還會導致不良行為，包含霸凌[9]（如果我去找怪咖的碴，會讓我看起來更酷）和關係攻擊[10]（如果我散播職場新進女員工的謠言，或許其他人就會比較不喜歡她而比較喜歡我）。社會比較也會帶來歧視[11]。歧視的根源很複雜，與維持權力和資源有關。而驅使歧視的一個關鍵因素是，我告訴自己我的族裔、宗教、國家、種族（自行填入）比你的還要優越，並藉此來提振我的相對地位。

自尊的另一個問題，是判斷自我價值的方式包含了是否達成我們為自己所設的標準[12]。我是否成功減了重？我的銷售額有沒有達標？我有沒有妥善運用自由時間？我們的價值感是以達成目標與否來當指標。女性最常投注自尊的三大方面是社會認同、魅力感以及在重要領域（學校、工作、育兒等）取得成功表現[13]。這也就是為什麼我們會常常問自己：「我是否辦事有力？大家喜歡我嗎？我好不好看？」答案是肯定時我們對自己感到正面，但在不順利的日子中答案是否定的，則讓我們覺得價值減損。

因為我們的價值會隨著是否達成期望而改變（自己或他人的期望），所以可能會擺盪不定[14]。自尊是不穩定的，因為它只在狀況好的時候存在。萬一我們應徵工作失利、被另一半拋棄，或是照鏡子時看到的面貌讓自己不喜歡，會發生什麼事呢？我們的自我價值來源會被奪走，因而憂鬱或是焦慮就會找上門。

對於高自尊的追求是無止盡的，就像是上去就下不來的滾輪。總是會有人表現比自己好，就算不是現在，之後也會有。而且人都是不完美的，這表示我們會一直達不到標準。我們永遠都不會夠好或是夠成功。

溫柔自我關懷透過無條件自我接納來避免自尊陷阱。我們不需要奮力取得自我關懷的資格，我們對自己關懷，就只是因為我們是有缺陷的人類，這本身就值得關愛。我們不需要成功、特別或是在平均以上。我們只要溫柔擁抱感到困惑、受苦、沒那麼好的真實自己。

近期自尊要拋下我時，自我關懷則拉了我一把。去年夏天，我在排定要上台到眾多觀眾面前談自我關懷前的一個月，我鼻尖上長了個像是痘痘的東西。我心想：「奇怪了，我好幾年沒長痘痘了，這一定是更年期的荷爾蒙變化吧。」但這痘痘一直沒有消失，反而變得更腫更亮。還沒有到紅鼻子馴鹿魯道夫的地步，但也差不了多少了。我最後去看皮膚科，確認那是黑色素瘤。好險不算嚴重，但需要立即移除——就在我要上台演講的前一天。所以演講時必須要在臉部正中央貼著白色繃帶，這可不是很好看啊。然而，與其擔心我看起來好不好看，或是擔憂觀眾會有人對我指指點點，我給自己的丟臉感關懷。這讓我能用更輕鬆的方式來看待情境，甚至我還開了個玩笑：「你可能注意到我鼻子上的繃帶。一旦你年過五十，身體就會開始長奇奇怪怪的東西要切除，這還能怎麼辦？」

我跟荷蘭奈梅亨大學的蘿絲・馮克（Roos Vonk）做了一項研究，直接比較自尊和自我關懷對於自我價值感的影響[15]。我們檢視了二一八七名參與者的數據（七四%為女性，年齡介於十八歲到八十三歲之間），他們是經由報紙和雜誌的宣傳招募而來。在八個月的期間，參與者在一系列的問卷上填寫各個條目。我們發現，與自尊相比，自我關懷與「社會比較」較無關，且較不受社會認同、魅力感和成功表現影響。從自我關懷所得到的自我價值感，從長期來看也較為穩定。我們在八個月期間總共衡量他們的自我價值感十二次，發現能用以預測自我價值穩定性的是自我關懷而非自尊。

自尊和自我關懷的目標大相逕庭。前者是要把事情做對，後者是開放心胸。後者讓我們能完整呈現人的一面。我們放棄努力變完美或是過完美生活，而把焦點放在照顧各個情境中的自己。我可能會超過繳交期限、說出愚蠢的話或是做出不好的判斷，我的自尊可能會因此承受重擊，但要是我在這些時刻仁慈並體諒自己，我就成功了。當我能接納本來的自己，並給予自己支持和愛，我們就達成目標了。這是個無論處境為何，都必定能完成的任務。

自我關懷的治療膏藥

如同前面所說的，有多份研究顯示自我關懷能強化安適感[16]。它能減低憂鬱、焦慮和壓力，增加快樂和生活滿意度，並提升身體健康。能做到這點的一個方式是改變我們的生理狀況。當我們實行自我關懷時，便關閉威脅抵禦系統和啟動照顧系統，讓我們感到安全。講明白點，一份研究要求受試者想像接受關懷並感受它在體內的狀況[17]。實驗期間在每一分鐘都告訴他們：「允許自己感受你是豐厚關懷的接收者；允許自己感受所能取得的關愛。」研究人員發現，能給自己關懷的受試者，皮質醇濃度（交感神經活躍的指標）較控制組來的低，顯示他們感受較安全。他們也提升了心率變異（副交感神經活躍的指標），顯示他們感到較放鬆而不抗拒。

自我關懷也透過將負面狀態轉為正面狀態來強化安適感。當我們用「愛與連結的存有」來懷抱痛苦時，痛苦就開始消退。除此之外，敞開心扉也很舒暢，這是很具意義和令人充實的體驗。舉例來說，研究人員在臉書上招募受試者，請他們每天寫關懷信件給自己，一連七天[18]。每天受試者會想想讓他們不愉快的事情，然後依照以下指示來寫信：「想想你會對有你這種遭遇的朋友說什麼，或是你朋友會在這種情境對你說什麼。試著理解你的不適感（例如我很難過你感到不舒服），並理解不適感是很合理的。試著善待自己。我們希望你寫下任何想到的事情，但要確保這封信的內容，能讓你對於壓力情境或事件受到呵護和安撫。」研究人員安排了控制組的人，他們被告知連續一週寫下對較早發生之事的記憶。接著他們追蹤參與者的長期安適狀態，結果發現相較於控制組，寫了自我關懷信件的人在三個月後的憂鬱程度較低。更驚人的是，他們在六個月內感到較快樂，這顯現由「愛與連結的存有」帶來的正面感受能持續。

自我關懷帶來助益的另個重要方式是反制羞愧感。我們把自己的不良行為和自己是怎樣的人混淆時，就會出現羞愧感。比起體認到自己犯了錯，我們相信「我就是個錯誤」。比起正視我們失敗的事實，我們想著「我就是個失敗品」。這是種感到空虛、無價值並與他人切斷連結感的自我沉浸狀態。自我關懷三要素能當作是專治羞愧的解藥：正念避免我們過度認同自己的失誤，普遍人性反制與他人孤立的感受，仁慈允許我們即使不完美仍感到有價值。這讓我們清楚看見和正視自己的弱點，而不拿這些弱點來定義自己。

某一天，羅文很自然地提醒我有必要這樣做。我們正在車上，我隨著電台唱歌。唱歌不是我的強項，事實上，這是讓我感到有些羞愧的事。我大聲說出：「我真是不會唱歌呀。」羅文則順著應道：「媽，你不是不會唱歌，你只是唱歌不好聽。」

羞愧是種特別容易帶來問題的情緒，因為它往往會把人封閉起來，妨礙我們去修復自己造成的傷害[19]。羞愧所引發的強烈厭惡和孤立感，外加想要閃躲自己所做之事的意念，讓人更難直接去應對自己的行為。羞愧跟罪惡感不一樣，後者使人耗弱的程度沒那麼嚴重。如果我們對自己的行為感到很糟糕，但沒有認定自己糟糕的話，反而能促使我們為自己的行動負起責任。

曼尼托巴大學的愛德華・強森（Edward Johnson）和凱倫・奧布賴恩（Karen O'Brien）探討了自我關懷、羞愧、罪惡感以及憂鬱之間的關係[20]。他們要求受試者想想過去後悔自己某行為的情況，並請其中一個組別的人使用自我關懷三要素（正念、普遍人性和仁慈）來寫下該事件。相較於控制組，受到自我關懷條件安排的組別反映出的羞愧和負面情緒大幅下降。令人感到有趣的是，他們的罪惡感程度沒有變化（自我關懷不會加深也不會減低人的罪惡感）。罪惡感在誠實承認錯誤時有所幫助，不同於無法帶來任何助益的羞愧感。研究人員也發現，兩週之後，自我關懷組別的人憂鬱程度較低，而這一部分的原因是因為羞愧感較低。他們能感到較不羞愧而能清楚看見自己的狀況，是自我關懷強大的恩賜之一。

應對痛苦

自我關懷幫助我們度過痛苦時刻而不至於被擊垮[21]。舉例來說，自我關懷幫助我們應對折磨人的情境，如離婚。研究人員要求離婚的人完成一個關於他們分手經驗的四分鐘意識流記錄，接著由其他審查人員對這些獨白的自我關懷程度評分[22]。在談感情破裂的經驗中，具備較高自我關懷的人顯現出心理調適較佳，且不僅是變故剛發生時，也包含其後九個月的情況。

自我關懷也幫助人應對健康問題，例如糖尿病[23]、脊柱裂[24]或是多發性硬化症[25]，讓病患能在情緒上更平衡而能更輕鬆度過。一份質性研究調查自我關懷如何幫助女性應對長期的身體疼痛[26]，一名受試者寫道：「我在吃早餐時，不斷想到或許我不該想把痛苦與自己分割。或許我的痛苦是正常的我的一部分，而這沒有關係。如果我……善待自己，然後放下這件事，一切都會比較容易。」同樣地，面對癌症[27]或愛滋[28]等致命情境的人，接受關懷後能減輕壓力、憂鬱和對於疾病的羞愧感。

我帶著一名碩士生做自我關懷帶給自閉兒家長穩定的相關研究[29]。我從第一手的經驗得知在照顧特教生時給自己關懷有多重要，但我想要探索其他特教孩童家長的經驗。我們從地方自閉社群招募志願者參與，並請這些家長填寫自我關懷量表。我們也請他們填寫問卷來評估他們孩童的自閉嚴重程度、他們對情境感到多大壓力、應付不來或是憂鬱。最後，我們詢問他們對未來抱持多少希望以及他們對生活的滿意度。研究結果顯示，自我關懷程度較高的家長在應對孩子時壓力較小。他們較不憂鬱，且較懷抱希望並對生活更滿意。事實上，自我關懷比起孩童的自閉嚴重程度更能有效預測他們的表現。這表示相較於你在生活中面臨到多少挑戰，更重要的是**你在這情境中如何與自己相處**。

當沒有足夠情緒資源去應對自己或是自己生活的難處時，我們有時候會用負面的應對策略來避免痛苦，像是可能會強迫性地用酒精、用藥或是以性來壓下煩擾，急切地獲取良好感受，哪怕只有一時半刻。但是，當這體驗的高潮或興奮感退去時，就得回來面對同樣的現實，然後再度想要逃跑。成癮循環就是這樣產生的。研究顯示，懂得自我關懷的人能用愛來懷抱痛苦，且不需用轉變心態的方式來消滅痛苦，這些人比較不會對酒精[30]、藥物[31]、食物[32]或是性[33]上癮。甚至有研究發現懂得自我關懷的人較不會對巧克力上癮[34]，這也是個用來讓人感到較舒服的常見舒緩物。自我關懷還能幫助人從成癮問題康復[35]，這實際上也是匿名戒酒會（Alcoholics Anonymous）等戒癮計畫的好處之一[36]。

自我關懷也能減少其他應對煩擾的不良方式。一份研究追蹤中國青春期受霸凌者一年間的情況，發現有較高自我關懷的青少年比較不會出現割傷自己等的自殘行為[37]。割傷自己的人往往會用身體的痛苦來抽離情緒痛苦，或是如果在情緒上感到麻木時用來有所感受[38]。自我關懷提供更健康的方式來應對痛苦。狀況真的很糟糕時，有些人甚至會尋短來脫逃。一項研究教導一年內自殺未遂的低薪非裔美國人自我關懷[39]。就算參與者面對貧窮和體制上的種族歧視等重大挑戰，他們還是能夠學習如何善待自己，而顯著減少憂鬱和萌生自殺念頭的情形。以這些例子來說，自我關懷真的能救人一命。

自我關懷的矛盾

雖然溫柔自我關懷幫助我們減緩痛苦和治癒，但務必不要用強硬操控的方式來改變當下的經歷。自我關懷的核心矛盾是：「我們給自己關懷不是為了要感覺更舒服，而是因為我們感到難受。」這可能讓你摸不著頭緒（矛盾就是這個意思），但這是很關鍵的一點。自我關懷確實能讓我們感覺較舒服，但如果在受苦的時候，我們把手放在心臟位置上並說出和善的話語，這時的意圖是要排除痛苦的話，就成了一種暗藏的抗拒形式，而會讓事情變本加厲。我們抵抗的東西會持續存在，並變得更強大。所以說，我們必須要接受事情很痛苦，並單純因為這很痛苦而去對自己仁慈。透過軟化我們對它的抵抗，可帶來減少痛苦的效果。自我關懷的成效不是來自於控制或是強迫，而是個令人樂見的附帶效果。

舉個實際發揮效果的例子。假設我睡不著，我發現針對長期失眠問題給予自己關懷能讓我睡著。然而，我不能耍弄這個系統。如果我開始拿自我關懷來解決我失眠的問題，就會因為沒有立即睡著的情況心神不寧，因此更難入睡。自我關懷用在抗拒會失敗，因為想要去控制事情勢必會加深受苦情形。只有在能接受自己睡不好並且因為失眠覺得很糟而善待自己時，我才會感到受關愛並冷靜下來而睡得著。自我關懷用在接納時，能讓治癒自然而自發地出現。

記取教訓

我在認識自我關懷的矛盾時，得到了慘痛教訓。在二十多歲時，我的手足帕克得到了肝硬化。醫師都認為他一定有酗酒。帕克承認自己偶爾會想要來一杯，但保證沒有酗酒問題。一名敏銳的醫師記起他在醫學院聽過的一種罕見基因失調，稱為威爾森氏症（Wilson's disease）。得到這病症的人沒辦法排出銅，因此銅常會在體內累積而堆在肝臟等處。這種病的關鍵徵兆是虹膜外的銅色環狀物，叫作凱氏環（Kayser-Fleischer rings），命名自率先發現它的德國眼科醫師。帕克的醫師辨識出這跡象，確定他患有威爾森氏症。這是雙隱性基因造成的病，也就是說要雙親都有這樣的基因才會得到。這表示，我有四分之一的機率也會患病，結果我確實沒那麼幸運。

我測試出來的結果是陽性的，但我的肝臟正常。我開始服用一種溫和的螯合劑（chelator）來幫助我排出銅，並規律做肝臟檢查。每當我看病時寫下威爾森氏症，醫師就會很興奮地問我能不能請他的同事們一起進來診間觀測我的凱氏環（「一輩子只有一次見證的機會！」），但除了這樣引發一些人圍觀以外，似乎沒有什麼狀況。我沒有出現症狀，就這樣過了幾年。

接著，到了三十幾歲時，我開始出現一些異狀，我把這些稱為「夢境既視感」。我在日常生活時，去買個新的墊子、散散步、摸摸我養的貓，然後突然之間，也沒有什麼觸發物，就突然有種我剛做的事情在以前夢境出現過的感覺。這種感覺很魅惑，好比是被捲入異世界一樣，這樣的經歷留給我一種不舒服的恐怖感。因為我有在做自我關懷練習，我會試著用溫暖和接納來應對我的夢境既視感，把一手放在心臟位置上，並對自己說出支持的話語。通常，這在幾分鐘後就會過去。這情況很怪異也讓人有些不安心，不過既視感很常見，所以我就沒有想太多。

二〇〇九年，某次我在看電影時夢境既視感出現。我把手放在心臟上，想要施用自我關懷，但這次我是無意識地這麼做，因為我想要讓發作狀況趕快結束。我可要好好看部電影，才沒時間應付這種事呀！我不是因為自己難受才給自己關懷，而是要讓自己比較好過。既視感情況持續大約有四十五分鐘。我走出劇院時，嚴重失憶。我甚至想不起之前夏天時去過哪些歐洲國家旅遊。我對發作狀況的抗拒（偽裝成自我關懷），讓它持續時間比原本來更久。

我盡快去看神經科。結果，我跟帕克不一樣，銅沒有累積在我的肝臟（肝正常），而是在我的腦中堆積。堆積物讓我出現顳葉癲癇，也就是在我顳葉附近出現局部癲癇的情況，這經常會產生強烈的既視感。我開始吃藥，這給我不少幫助，但還是偶爾會發作。現在，當我有了「我之前夢過這個嗎？」的感覺時，我就會把我的意識放在右腳大拇指上（別問我為什麼，反正感覺起來就是能盡可能遠離腦部的地方），然後分散自己的注意力。我沒有去抵抗既視感問題，但我也不是毫無作為。我做出所能做的事情來減緩衝擊。

有這種問題確實增加我對溫柔自我關懷的肯定，因為這是我用來應對最嚴重症狀（遺失記憶）的重要方法。為了說明這有多嚴重，有次我跟一群大學同學出去吃晚餐，我突然想起以前常聚在一起的某同學名字。我問道：「他情況怎樣啦？好幾年沒有聽到他的消息了。」一個朋友問道：「克莉絲汀，你不記得啦？他在二十年前自殺過世了。」

我的臉變得紅通通，感到羞愧不已。我第一個念頭就是我多麼冷酷不關心人，才會忘記這麼重要而悲劇的事情。所幸，我用自我關懷練習來支持自己。我閉上雙眼一會，允許自己感受羞愧，即便這很不自在。接著，我溫和地對自己說：「不是你不關心，只是這個記憶被抹除了。這些事情難免會發生，沒有關係的。」自我關懷陪伴我到任何一處，隨時給予支持。雖然事情沒有變得更輕鬆或是不複雜，但我能用「愛與連結的存有」來懷抱一切，且生活給我這麼多機會練習，可以說是個好消息。

與不適情緒同在

有好幾種技巧可幫助我們用溫和的方式與不適情緒「同在」，而不去抵抗或是被這些情緒占據。這些練習不是用來排除不適情緒，而是允許我們與它們建立新的關係。在 MSC 中，我們把這些各式技巧整合成單項練習，專門用來應對痛苦的情緒。這些技巧如下：

1. 標記情緒：為不適情緒取名或是標示出來，能讓我們解開或是「剝除」它們。如果我們能說出「這是悲傷」或「恐懼正在湧現」，我們便能去識別這個情緒而不被淹沒，這讓我們擁有情緒自由。取名便能馴服之。

2. 以正念應對身體情緒：思緒會湧現並快速占據心神，因此不好應對。相反地，身體速度比較慢。當我們發現情緒的生理表現方式，並用正念覺知去懷抱它，將更能預備好來改變與這情緒的關係。感受而能治癒之。

3. 軟化—安撫—允許：對不適情緒給予溫柔自我關懷的方式有三種。「軟化」我們感受到的體內緊繃感是肢體上的自我關懷；「安撫」自己有多疼是情感上的自我關懷；而「允許」是透過減低抗拒來緩解痛苦的心靈上自我關懷。

這項練習最適合較軟性的情緒，像是悲傷、孤單或哀慟，這些需要溫和懷抱，與憤怒等強硬的情緒有所不同。一如既往，如果你在做這項練習時感覺就要承受不住時，請停下來給自己關懷，並找出其他照顧自己的方法，像是把腳底板穩踏地面，或是實行其他的自我照顧（FierceSelf-Compassion.org 網站上提供這項練習的導引音檔）。

做法說明

- 找到舒適的姿勢，坐著或躺著都可以，然後放鬆吸吐氣三次。
- 把手放在心臟位置上，或是其他任何感到安撫的位置，提醒自己你就在這裡，還有你值得受到善待。
- 讓自己回想一項你現在經歷到，且程度輕微到中等的艱難情境。例如健康問題、一段關係中的壓力，或是工作困境。剛開始做這練習的時候不要選太困難的情境，也不要選太枝微末節的事。要選擇想到時會給自己身體些許壓力的情境。
- 明確把這問題視覺化。當場有誰在？說了什麼話？發生什麼事？或是可能會發生什麼事？

標記情緒

- 你在回顧這情境時，注意體內有沒有湧現什麼情緒。有的話，試試標記出現的情緒——替它取個名字，例如悲傷？哀慟？混亂？恐懼？

• 如果你有很多種情緒，試看看能否講出與情境相關的最強烈情緒。

• 現在，用溫和、體諒的語氣重複對自己說出該情緒的名字，就像是肯認朋友的感受：「那是渴求」、「那是哀慟」。

以正念應對身體情緒

• 現在，把覺知擴展到整個身體。

• 再次回想艱困的情境，如果這開始從印象中消失，講出你感受到最強的感受，並掃描你的身體來找出最能明顯感受到的部位，在內心從頭找到腳，並在你察覺到有些緊繃或不適感的地方停下來。

• 可以的話，選擇身體中感受顯現最強烈的部位，例如頸部的肌肉緊繃點、腹部痛苦的感覺，或是心臟不適的位置。

• 在心中把意念移向該點。

• 試看看你能否直接從體內體驗這感受。要是這太具體，試看看能否感受整體的不適感。

軟化—安撫—允許

- 現在，開始讓身體該部位軟化，也就是像浸泡在溫水中讓肌肉放鬆。軟化下來……軟化下來……軟化下來……記住，你沒有要去改變這感受，你只是用柔和的方式去懷抱它。可以試著從邊緣位置稍微去軟化。
- 現在，為了這樣的艱困情境安撫自己。試著把一隻手放在感到不適的位置上，並感受手部碰觸的溫暖與柔和感受。或許可以想像愛和仁慈從手部流入身體。甚至可以把自己的身體想像成受疼愛孩子的身體。安撫……安撫……安撫。
- 你有沒有想要聽見哪些安慰的話語？例如你可以想像有個朋友正經歷同樣的遭遇，你會對朋友說什麼？（「我很難過你有這種感受」、「我非常在乎你」）
- 你能否把類似的訊息傳遞給自己？（「噢，有這種感受很辛苦」、「願我對自己仁慈和支持」）
- 最後，允許不適感存在。騰出空間來容納它，放下任何去驅趕它的必要。
- 允許自己維持真實樣貌，至少在這一刻就保持像現在這樣。
- 軟化……安撫……允許。軟化……安撫……允許。花些時間來好好完成這三個步驟。
- 你可能會注意到感受開始轉變，或甚至改變位置。沒有關係，繼續跟著它。軟化……安撫……允許。

- 等你覺得差不多時，把這練習告一段落，將焦點放在整個身體，允許自己感受任何感覺，只要維持當下這刻的自己。

接納或懈怠

陰陽失調時，溫柔的自我關懷可能演變成不健康的懈怠。要是你五天沒洗澡或是換衣服，坐在那裡「與自己同在」可不是個好主意。想要真正自我關懷，我們也必須要採取行動來保護自己並供給自己的需求，做出任何需要的改變。我們這麼做同時也是在接納自己，但不能用來替代自我接納。

接納與行動間的斟酌取捨不太容易，尤其我們給予自己關懷不是為了要感覺更好，而是因為我們感覺難受，這概念已經很有挑戰性了。然而，當我們的陰陽調和時，行動目的便不在於抵抗痛苦或是操縱當前的經歷。相反地，它們是一顆開放的心的自然流露，盡其所能提供幫助，而不會陷入這樣做我們就能控制結果的錯覺。很矛盾地（再一次），正是透過從根本上接受自己，我們才能獲得改變生活所需的安全感和穩定感。

其中差別在於行動背後的動機。比起因為不接受自己的真實樣貌而去行動，或是不能接受自己的經歷而行動，我們是出自於仁慈和好意來行動。如果我的工作壓力很大，我能用「愛與連結的存有」來懷抱這個壓力。我能正視困境、記得有很多人也在經歷類似情境，並用溫暖來支持自己。溫柔的自我關懷能讓我避免情緒激動，而導致狀況變得比原本還要艱難。但光是接受還不夠。事實是，這工作不適合我，需要去改變。勇敢自我關懷給我們勇氣和動力來做出不同行動，像是找上司協商能否減少工時，或是去找份勞動條件較好的工作。

自我關懷常引起的擔憂是，接納自己導致我們躲避做錯事的責任。「唉呀，我搶了銀行。我真不該。噢，沒有人是完美的嘛。」一旦陰陽能調和，這就不會發生。研究顯示自我關懷會加強而不會減弱為自我行為負責的動力。事實上，加州大學柏克萊分校的朱莉安娜．布雷伊納斯（Juliana Breines）和陳綺娥（Serena Chen）做了一份研究，請大學生回想他們近期所做而感到罪惡的事情，像是考試作弊、對男女朋友說謊或是說出惡毒的話[40]。接著把學生隨機指派到三組別：在自我關懷組中，寫下一段話來對自己的行為傳達仁慈和體諒；自尊組寫下自己的正面特質；控制組寫下自己的嗜好。研究發現，鼓勵自己對不良行為給予自我關懷的受試者，有更多動力來對他們所造成的傷害道歉，並下定決心下不為例。提振自尊則沒有幫助，因為這常常會強化否認責任的自我防禦。事實上，匹茲堡大學的研究者發現，能自我關懷的人之所以會承認自己做錯事並道歉的原因之一，是因為他們比較不會因為羞愧感而消沉，他們為承擔起自己所做之事感到安全[41]。因此自我關懷並不會讓人逃避責任，反而更能強化責任。

有些人批評正念運動，因為正念強調在面對困境時要接納和找到內心的平靜。羅納德・珀瑟（Ronald Purser）在他引發議論的著作《正念快餐：正念如何成為新資本主義的靈修活動》（暫譯）（*McMindfulness: How Mindfulness Became the New Capitalist Spirituality*）中，主張正念將壓力歸咎於個人。他聲稱正念運動兜售著壓力是個人病症的意識型態，好像只要深呼吸個幾次就能解決問題。他也主張這樣的訊息轉移焦點，使人無法好好改變資本主義系統來減低剝削問題和加強平等。

自我關懷運動大概也會被冠上同樣的說詞，但那是只有忽略掉勇敢自我關懷才會有的問題。舉例來說，健康照護機構和學校越來越關注用自我關懷來避免心力透支。護理人員或教師對工作的困難給予自己關懷時，能幫助他們不至於承受不來，而能更有效地應對（詳情見後述）[42]。不過，這表示各機構能繼續讓教師和護理人員以低薪超時工作，只要塞一些自我關懷的概念給他們，讓他們能繼續有效辦事就好嗎？如果有這樣的暗藏意圖，那就表示醫院和學校不是在提倡真實的自我關懷，而是負面的懈怠，這只是想要掩蓋惡劣的工作條件罷了。

溫柔接納不會讓人無法去改善生活；事實上，它是採取行動所需要的第一步驟。結合保護自己、供應需求和激勵改變的剛強意念，它就能給我們穩固的情緒基礎來克服破敗的社會體制問題。接納表示我們放下能控制事物的錯覺，或是人生應該要完美的想法，不過我們還是要盡己所能來改善狀況。我們這麼做不是要抵抗痛苦的事實，而是因為我們在乎。接納與改變的進退調配是自我關懷的核心。

第六章：堅強起來

女人就像茶包，在浸泡到熱水前，你不會知道她有多濃烈。

——愛爾蘭諺語

身為女性的我們，受文化灌輸而無意識地將思想內化，認為自己是較軟弱的性別，也是需要強壯男人保護的弱女子。長久以來，我們被教導要依賴而不是獨立，要讓自己迷人性感——這並不是為了展現自我，而是要去吸引能保護我們的男性。但我們並不需要男性的保護，我們要保護自己。女性很強大，我們能承受生孩子的痛苦，我們維繫起整個家庭，並有技巧地調節人際衝突及逆境。不過，要是我們沒有學著去把照顧他人的能量用來為自己挺身而出，我們應對世上嚴峻挑戰的能力就會受限。

有些人擔心自我關懷會讓自己變軟弱，不過其實它能給我們無比的力量。相信自我關懷很虛弱的信念是偏頗的觀點。如果我們只想到溫柔和滋養方面，這反映出的是溫和退讓的人生姿態。而因為滋養是共融女性角色的一環，且女性取得的權力不如男性，所以自我關懷有時會連結到缺乏力量。正因為如此，女性務必要倡導和展現勇敢的自我關懷，這樣我們才能擺脫這種誤解，並看見內心的強大戰士。

緩解痛苦需要莫大的勇氣，想想趕往火災或是洪水現場的前線救難人員。他們不是呆坐著與受災戶的苦難「同在」，而是採取迅速有效的行動來拯救困在屋頂上的人。說直接點，我們的生活在很多方面來說都像是災難，就算嚴重程度不如卡崔娜颶風（編按：這是二〇〇五年為美國帶來嚴重災情的颶風）或是九一一恐攻，但有時候感覺起來也相去不遠。我們所受的痛苦可能是天災、他人，或是自己所致——也可能三者都是。我們需要做出必要之舉以在這些災難中堅強起來，才能完整實行自我關懷。這股力量已經存在女性體內，只是被聲稱這不是我們本質的刻板印象給遮蓋住了。

科倫拉多大學的奧利維亞・史蒂文森（Olivia Stevenson）和北卡州大學的愛雪莉・巴特斯・艾倫（Ashley Batts Allen）針對兩百名女性受試者，探討自我關懷及內心力量之間的關連[1]。結果發現，SCS得分較高者認為自己更有力量：感覺更堅強有能力、更能自我肯定、對表達憤怒較自在，且致力於社會實踐。這些發現也與其他研究相呼應，懂得自我關懷的女性更可能在需要的時刻起身與他人對峙，且較不害怕衝突[2]。

當我們用關懷來保護自己時，自我關懷的三要素（自我仁慈、普遍人性、正念）都對此發揮作用。我們奮力保護自己安全時，這三要素便成為「勇敢且有力的明辨」。

勇敢

仁慈用來保護我們不受傷害時，會變得強大而有勇氣。面對危機需要膽識和決心，像是爬出窗戶逃離失火的房子，或是接受化療來對抗癌症病魔。面對心理上的危險時，也同樣需要勇敢：當有人對我們無禮或是侵犯隱私時，我們需要劃清界限。仁慈促進我們在受到不正義對待時要求公平對待，這包含了各種型態，像是去投票、寫下意見函、遊行和抗爭活動、罷工或靜坐。積極且投入的仁慈與軟綿綿的表現完全相反。

女性要取得這種力量的一個熟悉方法就是母性的保護本能。如果有惡霸以言語羞辱我們的孩子，或是有陌生人威脅到他們的安全，我們都知道熊媽媽會有多勇猛。用來保護的愛的力量很有爆發力。事實上，催產素通常與溫和的母性關懷相連結，但在護幼時，這荷爾蒙也會強化用來防衛的強悍力量[3]。心理學家將這稱為「照顧與防衛」反應[4]。

我永遠不會忘記之前必須使出這項本能的情境。當時我跟羅文還有他爸爸魯伯特到羅馬尼亞野生探險，當時我們去尋找棕熊。羅文大約九歲。我們在鄉村一間旅店停下來過夜，入住小小的房間。我們的當地嚮導跟旅店主人（一名中年羅馬尼亞婦女）談話，接著說要跟魯伯特單獨談談。後來魯伯特難過地回到房間。

他告訴我：「嚮導說我們不能待在這裡。旅店主人擔心羅文自閉的狀況。她怕他會在牆上亂寫字或是跳下陽台，或是打擾其他客人。」

我聽得目瞪口呆。雖然羅文明顯有自閉傾向，但他沒有任何破壞行為。魯伯特離開房間說：「我去安撫她。」接著我心中湧現一股能量，起先在我核心位置出現，接著竄升而擴及全身；這是超越我一己的原始能量，感覺就像是火山要爆發。我記起這裡是羅馬尼亞，他們會把「心理障礙者」丟到孤兒院自生自滅[5]。這些孩童可能好幾年都住在圍欄幼兒床內，沒有人讓他們出來走動或是玩耍，因為受到嚴重疏忽，他們光是要移動就可能導致骨折。

我確保羅文安全後，走下樓去質問旅店主人。我不知道自己接下來要做什麼，但這股力量使人震懾。我闖入她和魯伯特還有嚮導所在的廚房時，她嚇了一跳。我伸出手，用手指比向她喊道：「你這頑固的怪物！就算你付錢要留我們，我們也不願意！」她不會說英文，但她懂意思。她被我的怒氣嚇到而怯弱地縮在角落。我甩上廚房的門，說道：「我們要離開了。」

這是我印象中完全拿出熊媽媽一面的深刻記憶，這力量實在是令人敬畏。我希望能更巧妙地結合剛強和柔韌的力量，這樣我的焦點就會放在她對羅文反應的不正義處而不是針對她個人。但我還沒能做到這點。我當時還沒學會掌控自己的力量來讓剛強同時具有關愛之力。無論如何，這讓我見識到母親保護孩子時的威猛力量。它讓我看見這樣的剛強能用來對世界做出重要的改變。我們務必要記住這股力量不是從我們的渺小自我所產生，這是從愛而生的力量，用來緩解受苦，且是出自於對人我的關懷。

賦權／力量

將普遍人性用於保護是力量的關鍵來源。巴基斯坦提倡女性教育的最年輕諾貝爾獎得主馬拉拉．尤沙夫賽（Malala Yousafzai）說過：「我提高音量不是為了要吼叫，而是要讓沒有聲量的人能被傾聽……如果有一半的人受到阻擋，就沒辦法讓全數人都成功[6]。」事實上，每當我們保護自己，我們也同時保護了其他所有人。我們與兄弟姊妹一同站在一起，知道自己並不孤單。眾人團結力量大。

當我們忘記這一點並因恐懼或羞愧而感到孤立時，就會認為自己很無助。我們可能會相信自己無法改變任何事情，因為問題比我們個人還要巨大許多。感到孤軍奮戰時很難保護自己，從演化的觀點來看，我們是無法個別生存下來的。人類演化成生活在合作的社會團體中，且人類的一項核心特徵便是我們有合作的能力。記住這個事實並依此來行動，能夠帶給我們力量。

認同跟我們一樣受苦的人——女性、有色人種、性少數族群（LGBTQ+）、各類型的障礙者、服務人員、移民等，便能感受到普遍人性。當我們採取各步驟去保護我們認同的族群時，這就是勇敢自我關懷的實踐。雖然傳統觀念中權力關乎掌控金錢、土地、食物等資源，或是透過扭曲資訊或用軍事力量威迫來主導他人，但現在的社會心理學家主張，實際上權力底下的推動力量是族群認同。如同澳洲大學的約翰·特納（John Turner）說的：「族群身分認同和影響力給人集體行動的力量、相互合作的作為，這力量能影響世界並追求共同目標，遠超過任何孤立者可取得的成果[7]。」當我認同更廣大的群體時，便成為「我們」在保護「我們自己」，而身為當中一員的「我」變得更強大。

普遍人性的認知不僅幫助我們獲得力量，也讓我們理解多元交織性（intersectionality）的複雜程度[8]——我們能依據性別、種族、族裔、階級、宗教、性傾向、障礙、體型等面向來認同多個族群的身分，且這些身分都同時並存。透過共同身分認同來強化與他人的連結，並透過我們表現出特定的交織身分來肯定自己的獨特處，讓我們能在更大的織網中用真實的方式定位自我。一名拉丁裔、跨性別、無神論的健全女性，生命經歷會不同於一名拉丁裔、順性別、天主教的殘疾女性。具備自己的獨特處，同時連結到大於一己的存在時，我們便能真正獲取權力。

理解普遍人性促使我們起身對抗不公義。義大利的研究者發現這方面的自我關懷，讓我們更能採納他人觀點並能提倡對外團體的正面態度（透過對諸如「我們的社會應該要多做些事情來保障無家可歸者的福利」等陳述的回應來衡量）[9]。理解相互依存性，讓人較容易看出歧視和不公平特權引發的令人不安的現狀，這也幫助我們在面對歧視時能夠堅強起來。萬一有人冒犯我，而我覺得這是針對我個人，我可能會感覺虛弱或害怕。如果忘記自己是更大整體的一部分，並在受威脅時與他人斷開連結，危險感就會變得更使人無法招架。但是，如果我記得我與所有人一樣擁有受尊重的權利，我就更有能力把我們共同的權益當作是原則問題來捍衛。

羅莎．帕克斯（Rosa Parks）拒絕在公車上起身把座位讓給白人乘客時，她說道：「我認為我有權待在原處，所以我告訴司機我不要站起來。我認定他會把我逮捕。我這麼做，是因為我要這名司機知道我們在個人還有整個族群上受到不公平的對待[10]。」她在當下一刻能與非裔族群相連結，而不感到孤身一人，是讓她能堅持的關鍵。無庸置疑，如此無比勇敢的自我關懷行為點燃美國的民權運動。

明辨

用來保護的正念允許我們能看清情勢而不避開真相。有時候我們不想要承認自己受到傷害，當上司在主要都是男同事組成的會議上問道：「能幫我們倒咖啡嗎，甜心？」一笑置之會比指出問題來的容易。我們心中有一部分的自己知道這不適當，但我們會騙自己而把這當成小事，因此就不用去面對我們在充滿同儕的空間被明顯瞧不起之事。這也表示我們不用去面對可能會有的不好後果。

因為不去面對問題比較輕鬆，這麼做的傾向很普遍。舉例來說，因為全球暖化，世界快速面臨的危機不僅威脅到人類種族的存續，也威脅著整個地球的平衡。然而，許多人不理會這威脅或不去關注，因為如高爾（Al Gore）所說的，這是個令人不願面對的真相。同樣地，之所以很多白人不承認種族不平等的嚴峻現實就是因為這太讓人不安。承認有色人種受苦，還有我們在體制中所處的複雜狀況延續了這樣的苦難，會讓人感到痛苦。我們撇開目光來圖個內心平靜，這表示我們不用去質疑自己從種族歧視體制中得到的特權。我們假裝犧牲和後果不存在，好繼續度日。

用於保護的正念帶來的不是內心平靜，而是相反。正念讓人看見已造成的傷害並揭露應要被改變的事情，並敦促我們去看見和說出真相以保護自己和他人。它在發揮效果時帶著平衡和客觀見解，不去縮小或去擴大問題。正念用來應對受苦時，能清楚而寬廣地包覆整個真相，無論狀況有多痛苦和令人不快。它並沒有忽略令人不快的事實來抗拒，也沒有聳人聽聞地去誇飾，而是看清情況的本來面目。

假設你的約會對象遲到四十五分鐘而沒提供好理由，你的反應可能有三種。第一，忽略這件事情而不當一回事，因為你很希望約會能順利。但要是這麼做，你就錯過一個可能很重要的警訊，或許這是必須要去注意的警告：這個人可能不可靠。另一種反應是感到很挫敗，製造出這是個冷酷而沒愛心的自戀狂論述。這也是沒有認清狀況：對方會遲到可能有其合理原因，而不是因為他只在乎自己。應對這種行為的正念方法，是要承認所發生的事情，冷靜而直接地去詢問發生了什麼事，並對獲得的解釋抱持開放的心胸。這樣的明辨提供平靜和穩定力量來做出明智的後續選擇。

無論是要好好講出來或是要維持有尊嚴的靜默，我們都能用勇敢的自我關懷來保護自己不受傷害，同時保持開放的立場。禪學導師瓊恩・荷里法斯（Joan Halifax）把這種剛強姿態稱為「外柔內剛」[11]。我們能抬頭挺胸而不封閉自己、過於防衛或是僵住，這樣一來我們就能用最有效的方式採取行動。

保護型自我關懷休息片刻

這版本的自我關懷休息片刻，旨在產生自我保護所需的勇敢自我關懷：勇敢且有力的明辨（FierceSelf-Compassion.org 網站上提供這項練習的導引音檔）。

做法說明

想想某個讓你覺得需要保護自己、立下界線或是起身對抗的情境。例如你被同事占便宜，或是你的鄰居在夜間大放音樂，又或是親戚不斷把他們的政治立場灌輸給你。同樣地，請選擇你覺得受威脅程度在輕微到中等之間的情境，而不是有真實危險的狀況，這樣你在學習這項技巧時才不會讓自己不堪負荷。在心裡喚出該情境，試著不要太過關注造成情境的人或是群體，而是要把焦點放在傷害的本身。發生了什麼事？有什麼狀況？什麼界線被侵犯或有什麼威脅或不公義的事情發生？允許自己感受任何浮現的情緒。恐懼、憤怒、挫敗？試看看能不能擱下發生的事件，並將不適感視為一種身體的感受。允許這些身體感受存在。

現在坐下或是站直並將肩膀後伸挺胸，讓你的姿勢體現力量和決心。你接著要說出一連串的字詞（可以說出來或是在心中默念），來喚出保護型自我關懷的三元素。雖然會有建議的字詞，但目標是要找出最適合你個人的字詞。

- 第一組字詞是要幫助你以正念應對所發生之事。把焦點放在傷害上而非造成傷害的人身上，並緩慢而堅定地對自己說：「我清楚看見發生事件的真相」。這就是正念：看見事情的真實樣貌。其他講法包含「這是不容接受的事」、「我不該受到這種對待」或是「這不公平」，找出你覺得適合的字詞。
- 第二組字詞的目的是要幫助你記住普遍人性，尤其是連結的力量，因此讓你能在保護自己時汲取他人的力量。試著說：「我不孤單，其他人也有過這種經歷」。其他講法包含「為自己挺身而出，等於也為每個人挺身而出」或是「全人類都應該得到正義的對待」或是「我也是」（me too）。
- 現在單手握拳放在心臟位置上，形成堅強而勇敢的姿勢。透過確保自己的安全來致力善待自己。講第三組字詞時，試著有自信地主張：「我會保護自己」。其他講法包含「我不會退讓」或是「我夠堅強來承擔這件事」。
- 如果找出適當字詞有困難，想像一個你很在乎的人跟你一樣受到虧待或是威脅。你會對他說什麼來幫助他堅強、挺直胸膛、鼓起勇氣？現在，你能把同樣的訊息給自己嗎？

- 最後，把另外一隻手包覆在拳頭上，並溫和地握住。這個邀約的動作是要結合「勇敢且有力的明辨」之剛強能量和「愛與連結的存有」之柔韌能量。完全允許自己能感受到憤怒的力量、決心、真相，但也要讓這力量充滿關愛。記住，我們要把勇敢的自我關懷對準傷害或是不公義本身，而不是造成傷害的人。他是人，你也是人——你能否喚出剛強能量來採取行動，並在過程中讓愛留存呢？

完成這項練習後，你可能會感到很有衝勁。請做出能照顧自己的事情，例如深呼吸、伸展，或是在第47頁的腳底板練習。

立下界線

剛強的保護能量賦予我們力量，讓我們能劃出明確界線並說不。女性被社會化要付出和配合，且我們之中許多人相信這給予我們價值，要是我們說不就無法獲得喜愛[12]。我們被期望要微笑、展露善意並應聲說好，這種訓練從小就開始。父母在我們符合他們期許時給我們愛和關懷，教師和上司以及伴侶也是一樣。因此我們成年後，很難將女性的價值感與和善分開。我們的自我概念圍繞著這些照顧人、退讓的特質而生，但這會使我們無法為自己挺身而出。如果沒達成一些他人想要的事，確實會讓他們降低對我們的好感，但只要我們懂得自我關懷，就不會完全仰賴他人的正面意見。這讓我們選擇正值而非討好他人，並在因此產生負面後果時給予自己支持和照顧。

有時候我們因為不想要粗魯無禮而難以劃下界線。雖然文雅和相互敬重對維持關係很重要，但我們不想要當任人踩踏的門毯。我們要當可以視當下渴望和需求來決定開或關的門。茱莉・阿茲維多・漢克斯（Julie de Azevedo Hanks）在她的著作《給女性的堅定指南》（暫譯）（*The Assertiveness Guide for Women*）中提供實用的原則，教導我們如何不失禮地對人說不。她給的建議包含[13]：「我認為這樣實在不適合」、「我很感激你詢問我，但我沒辦法這麼做」、「我現在沒辦法答應，如果事情有變化我會再通知你。」只要我們明確而不含糊地說不（不是閃爍其詞的「嗯啊呃……我看看」），那麼就能站穩腳步而讓自己的聲音被聽見。其他可用的說法是「我很想要幫忙，但我顧及自己狀況所以必須說不。」這些自我照顧的行為，讓我們明白我們對自己的安適感負有最後責任，而這種自我仁慈有時意味著說不。其他人也被允許這樣做。

自我關懷幫助我們在自己同意的行為和不想要的行為之間劃出清楚的界線。如果同事開了冒犯人的玩笑、朋友對我們不誠實，或是婆婆插手管事，我們要能告知這些人我們不接受這樣的行為。如果我們太想要討好人而不讓他們失望，我們可能會陷入默許的陷阱，或是把事情敷衍過去。我們要注意不讓沉默被解讀為認同，否則這會變相鼓勵對方未來又做出不好的行為。用來保護的勇敢自我關懷給我們力量和決心，好讓我們對不喜歡或是錯誤的事情說不。這力量促使我們忠於自我。

保護自己不受傷害

有時候我們要做的不僅僅是立下界線，還要主動保護自己來避免受到他人在情感或肢體上對我們施虐。如何應對這種情境的詳細做法不在本書所談的範圍，但還是在此簡短列出幾項原則，說明「勇敢且有力的明辨」如何保障我們的安全。首先，我們能正視實際發生的狀況。傷人者如果是我們所愛的人，這會變得極為艱難，但盡可能不當回事只會讓狀況更糟。如果我們要保護自己，就要明確辨認發生的事是不容接受的，必須要立即停止。

我們也能與其他有相同經歷的人建立連結，包含線上互助或是參與支持團體。我們在內心肯定普遍人性時也能做到這一點。我們不孤單，令人難過的是，無數他人也跟我們有一樣的遭遇。我們不需怪罪自己或是覺得事情是針對自己而發生。我們所遇情境是來自於複雜的因素，其中許多項都不是我們能控制的。我們能從跟我們一樣撐過來的姊妹們身上獲取力量，並知道保護自己的同時也是為全女性堅強起來。

為了要鼓起勇氣來避免傷害，我們能召喚內心的熊媽媽，用勇猛之力來採取行動（請參考第112頁的「應對憤怒」練習、第188頁的「保護型自我關懷休息片刻」練習，或第198頁的「剛強友伴冥想」練習）。這可能牽涉到要正面對決傷害我們的人、了結一段關係，或是如果該行為犯罪的話要去找權責單位。關鍵的一步是下定決心來保護自己。然而，正要離開受虐關係的時候往往是最危險的時刻[14]，所以我們也要明智且小心規劃。一旦內心的智慧不再受到恐懼或不確定性阻擋，我們就能決定最好的行動方式。

最後，一旦安全後，我們就能注入溫柔的自我關懷來治癒，且最好能取得心理健康專業人員的協助（第138頁提供的「書寫關懷信件」練習也能帶來助益）。陰陽相調和時，即使我們向自己敞開心門，我們也不會對造成危險的人放下戒備。

度過創傷

所幸，自我關懷帶給我們韌性來度過身體或情緒上的傷害。以性欺凌的情境來說，研究顯示自我關懷的訓練能幫助女性從人際暴力中康復。愛雪莉・巴特斯・艾倫等人做了一份研究，追蹤在家暴庇護中心參與六週自我關懷支持小組的受暴女性有多少進展[15]。小組的主持人教導參與者如何實行自我關懷，包含進行討論、互相分享、探索自我關懷在艱困情緒狀況中的樣貌、寫日誌等練習。經過訓練後，這些女性感覺獲得力量（尤其是能更自在地迎擊他人）、更正面且有信心，並在身心方面更加健全。

自我關懷對任何經歷創傷的人都能提供很大的堅毅力量，無論這創傷是來自於人際暴力、性侵害、歧視、天然災害、嚴重事故或是戰爭[16]。創傷後的衝擊可能會在創傷事件結束後延續很久。常見的一種狀況是創傷後壓力症候群（PTSD），這是嚴重的心理衝擊反應，包含睡眠障礙和不斷回想起創傷經歷，還有對他人及外在世界的反應變遲鈍[17]。在經歷創傷後對自己關懷時，就較不會得到PTSD，而能夠使狀況平穩[18]。

針對退伍軍人的研究清楚闡釋了這一點。我參與過一項針對伊拉克或阿富汗返美軍人的研究，結果顯示自我關懷程度較高者較少出現PTSD症狀、較能維持良好的日常生活[19]、比較不會酗酒，且較少有自殺念頭[20]。這現象的一項原因是自我關懷減低羞愧感和與他人的阻隔。美國退伍軍人事務部的一份研究發現，軍人在退下崗位後對自己的關懷多寡（用溫暖和支持對待自己，而不是嚴厲批判自己），比起戰鬥時間長短更能當作指標來預測最後會不會引發PTSD[21]。換句話說，與軍人目睹多少武力行動相比，更重要的是他們在戰鬥後如何對自己建立關懷關係。他們是自己的盟友，支持和鼓勵自己？還是他們是自己的敵人，無情地打壓自己？明顯可見，上戰場時（還有返鄉時）當自己的盟友能讓自己更強壯。

自我關懷也能幫助人應對偏見和歧視。一份研究調查三百七十名順性別的女性，並檢視性別歧視的微型侵犯（microaggression）會造成多少創傷，例如聽到男性以身體部位來稱呼女性（像是翹臀等）、開強暴的玩笑，或是發表敏感的評論[22]。結果發現懂得自我關懷的女性在面對這些性別歧視的行為時較有韌性，且比較少因此產生負面的情緒。

自我關懷對性少數青少年來說也是個有力的資源，這個族群常因為不從眾而受汙名化。他們被某些宗教團體明確告知有罪而犯了錯，且在媒體上的青少年生活描繪中被遺漏，因此隱隱感受到自己是否不太正常。他們遭受的肢體和口頭暴力遠高於異性戀的順性別同齡者。這種持續不斷的騷擾導致性少數青少年的焦躁、憂鬱和自殺傾向比率較高[23]。

威斯康辛大學的阿布拉·維尼亞（Abra Vigna）等人調查自我關懷是否能幫助性少數青少年堅毅面對霸凌[24]。研究發現自我關懷程度較高的青少年較能夠應對被霸凌、威脅或騷擾的情境，且較不會因為被欺負而焦躁或憂鬱。第二份研究中，研究者調查因種族和性傾向受霸凌的性少數有色人種青年，發現自我關懷能減緩他們焦躁、憂鬱和自殺意向，顯示出自我關懷具備能用來自我保護的優點[25]。

事實上，研究發現自我關懷能帶來「創傷後成長」，即在創傷經驗後的學習和成長[26]。自我關懷程度較高者較能夠看見自己從過去危機中獲取的好處，包含感到與他人親近、更珍視自己的生命價值，以及對個人能力有信心。與打擊自己相反，自我關懷將挫折轉化成學習機會。召喚「勇敢且有力的明辨」，讓我們能掌控自己的生活並用更多勇氣和決心來面對考驗。度過當下看似不可能承受起的情境後（且不是用冷酷的逼迫手段，而是用溫暖和關懷），我們便會發掘自己從來不知道的力量。

度過童年創傷

勇敢自我關懷也給我們堅毅力量來度過早期童年創傷，而能成為健康的成年人。我們受到父母或照顧者虐待時，傷口會特別深。這可能導致成年後較難具備自我關懷，因為從早期開始，愛與照顧的感受就伴隨著恐懼和痛苦。透過心理健康專業人員的協助，我們能學會對自己的早期創傷抱持關懷，並給自己更多能應對巨大痛苦的能力。從多方面來說，這就像是我們重新教養自己，並給予自己在兒童時期未能獲取的無條件的愛、照顧和安全感。雖然要花些時間，但只要不斷實行自我關懷，我們在成年時最終也能發展出安全依附關係[27]。我們可以學著仰賴自己的溫暖及支持來提供安全感，並供給能用來接受人生挑戰的穩固基礎。一份研究調查在童年時期遭遇過性虐待或是身體虐待的女性，結果顯示成年後學會對經歷發揮自我關懷的人更有韌性、更能從挫折中爬起、在壓力下保持專注，並且避免變得氣餒[28]。

關懷聚焦療法（Compassion Focused Therapy, CFT）專用來幫助經歷童年創傷者，引導他們以自我關懷來應對時常會感到的煩擾和強烈羞愧感[29]。CFT的創始人保羅．吉伯特（Paul Gilbert）很久以前就體認到剛柔兩面自我關懷對於康復的重要性。他說：「關懷涉及到要能鼓起勇氣、開放心胸來容納激憤和怒氣，且不是用『安撫帶過』的方式。確實……安撫能提供安全的庇護，但我們也還要預備好勇敢去採取所需行動。」CFT教導學員在經歷痛苦情緒或是創傷記憶時，用來尋求安全的方式不僅是自我安撫的能力，還要拿出骨氣來為自己挺身而出。研究顯示這做法幫助人更堅定而不對意圖傷害自己的人屈服[30]。一名英國婦女在參與CFT團體後表示：「這讓我感覺就像是穿上一件關懷的護甲，讓我知道自己更能應對每一天，而且我覺得自己有了保障安全的護甲，能對生活各方面都抱持關懷……這讓我感覺更強壯和有力量[31]。」多項研究顯示，這種方法非常有效，可以為人們提供所需的資源，讓他們從過去康復並大膽邁向未來[32]。

剛強友伴冥想

這項練習修改自「關懷友伴」的冥想，該冥想原先是由 CFT 所開發出的視覺化導引，MSC 也用了這練習。我做了一些修改來幫助你營造出代表關愛之力的剛強友伴，在你想要保護自己時可以召喚出來（FierceSelf-Compassion.org 網站上提供這項練習的導引音檔）。

做法說明

- 請找出舒服的姿勢，坐著或躺著都可以。輕輕閉上雙眼，深呼吸幾次來預備好身體狀態。

安全處

• 想像自己在安全舒適的地方，可以是有暖爐的房間、有溫煦陽光照射和涼風吹拂的平靜海灘、林中空地，又或是想像出的地方，像是在雲上漂浮……任何你覺得平靜安全的地方。讓自己待在該處享受舒適感。

訪客

• 不久後你要接待一名訪客，他既強大而蘊含能量，且溫和又關愛。這是名剛強的友伴，他體現了關愛之力。

• 你心中顯現了什麼意象？這名友伴可能讓你聯想到過去認識的人，像是有勇氣而保護人的教師或祖父母。他可以是完全想像出來的人，比如說是女戰神，或是豹之類的動物。這個對象可能沒有特定型態，而是一種存有力量或是發亮的光。

• 請允許意象在心中成型。

來訪

• 你可以選擇走出你所在的安全處去跟剛強友伴會面，或是邀請他入內。可以的話請好好利用這個機會。

• 想像自己和訪客就定位，只要覺得順眼的方式都可以。接著允許自己去體驗獲得這個對象陪伴的感受：他的勇敢和決心，以及你感受到被愛與保護。只要去體驗這個時刻就好，其他什麼事都不用做。

- 這名友伴充滿智慧而能明辨一切，並理解你當前生活的經歷。他看出你在哪些方面要堅定、為自己挺身而出或是立下界線。你的友伴可能有話要告訴你，也就是你現在正需要聽聞來保護自己的內容。請在這一刻好好傾聽這名智者想說的話。
- 你的友伴可能也有禮物想要給你，這是象徵關愛之力的物品。這可能在你的手中成型。
- 如果沒有顯現什麼言語或是禮物也沒有關係，只要繼續體驗這個力量、愛和保護。這本身就是一種恩賜。
- 多花幾刻沉浸於他的陪伴。
- 允許自己體認到這名剛強友伴是你自己的一部分。你體驗到的所有感受、意象和言詞，都來自於你剛強和溫柔的內心。

歸回

- 最後，等你覺得差不多了，允許這形象在心中慢慢散去，並記住這股關愛之力會一直與你同在，尤其是當你需要的時候。你能隨時召喚你的剛強友伴。

起身對抗內在惡霸

關懷的自我保護不僅對於預防外在傷害很重要，也能用於預防內在傷害。許多在童年受創傷的人，會將施虐照顧者的嚴厲批判訊息內化，以得到安全感。孩童必須要信任他們生活中身邊成人告訴他們的話。父親認為小孩做錯事情時兇他，小孩沒辦法說出：「不好意思，老爸，你錯得離譜啦！」這不僅會讓他更加生氣，而且父親不懂狀況也會讓小孩害怕，因為父親是提供住處、導引和保護的依靠。然而，我們長大成人後，可以起身對抗內心這樣的惡霸角色。自我批判不會讓我們安全，反而會造成傷害，因為這使我們較無法給自己所需的支持。自我關懷提供「勇敢且有力的明辨」來迎戰我們內心的批判者，並要求它退下。

務必要了解不是只有經歷過早期童年創傷者的內心才會有嚴厲的批判，而且這不是只有來自過去的聲音。如同先前所說的，攻擊自己似乎是面對威脅時自然會有的反應。你可能會以為我兒子羅文從來不會批判自己，但願真的是這樣就好了。雖然我在他一生中不斷跟他談自我關懷，但他還是可能對自己很嚴厲。自閉者跟其他所有人一樣，在重新建構自己不完美處時會感到害怕，因為這讓他們想到自己不能完全掌控狀況。羅文在犯錯時會感到極為難過（例如弄丟手機充電器，或是沒寫重要的學校作業）。我常常不經意聽見他對自己講出羞辱的話語：「你這蠢傢伙。」聽到他說出這種殘忍話語時，我有多麼心疼無以言喻。在現實生活中絕對沒有人對他說過這種話，但是他喜歡看卡通，卡通裡的惡霸經常會用這類語言。霸凌是用來控制事情的方式，而羅文有一部分的自己認為只要夠嚴厲，就能控制自己並避免未來再度犯錯。

他也怕搞砸事情會讓其他人生氣還有吼他，所以他自己搶先這麼做。就算沒有人真的因為他犯錯而對著他吼，他還是預測有這可能，於是感到害怕。自我批判不僅是習得的行為，也是一種出於恐懼和想保持安全而產生的人類行為。但我們不需要當早期童年、文化或生理機制的受害者，我們有其他的選擇。

我們可以勇敢起身對抗內心惡霸。只要知道很多人都因為腦中的聲音告訴自己有多糟糕或惹人嫌而受苦，便能帶給我們力量。我們並不孤單。我們起身去對抗內心批判者欺侮人的聲音時，也是為了全球數百萬名受內心暴君羞辱的人起身。我們能明確並堅定告訴那個自己：「你不可以這樣對我說話」，就像是我對羅文說：「你不可以這樣對我親愛的兒子說話。」我們不需要怪罪或是反過來羞辱內心批判者，而是拒絕他的霸凌手段，並清楚劃下界線（第259頁「用關懷激勵改變」的練習，可幫助你處理內心批判者並減弱其聲音）。

治癒被欺凌的經歷

溫柔自我關懷對自我保護也扮演重要角色。在盡可能防衛自己後，我們要正視內心、用關懷來懷抱傷口，並同時保持陰陽調和。如果受到他人欺凌，不論是正值青少年的女兒用難聽稱呼叫自己、上司不給應有的報酬、伴侶出軌，或是父母虐待自己，這都非常傷人。溫柔自我關懷能給我們沒能從他人身上取得的尊重、體貼和安全。我們受到欺凌時，務必不要跳過安撫和安慰自己的這個步驟。有時候我們對他人生氣或是在採取行動（把小孩禁足、提請訴訟、終結一段關係）的時候，並沒有去面對事情背後的受傷感受或是悲傷。雖然剛強行動有其必要，但我們不要把它用來阻擋痛苦。把憤怒指向造成傷害的人，確實比面對憤怒底下的脆弱情感（哀慟或受拒）更輕鬆。

而藏更深層的通常是沒能獲得滿足的需求：公平、愛、連結感、敬重或是安全。我們不能仰賴傷害自己的人去滿足這些需求，期望他們改變通常不切實際。然而，實行自我關懷時，我們可以直接對自己施以治癒，並滿足許多被其他人忽視的需求。受到傷害時，我們要同時有保護和治癒，兩者缺一不可。

對傷害的回應

這項練習改編自MSC的「達成未獲滿足的需求」，能幫助你在受任何欺凌時結合勇敢與溫柔的自我關懷。憤怒或憤慨等保護型情緒屬於「堅硬」的情緒，就像是護盾來避免我們經歷到更柔軟脆弱的情緒，例如受傷或哀傷。我們在被傷害後要肯定並顧及軟硬兩種感受，不過這兩者需要用上不同的能量。理想上，這項練習要在危險或傷害已經過去之後，且你已經預備好接受治癒的時候才實行。如果欺凌狀況持續下去，你可能要把所有精力都放在阻止行為發生，在那之後才注入溫柔自我關懷的治癒力量。這時，比較適合做第188頁的「保護型自我關懷休息片刻」練習或是第112頁的「應對憤怒」練習。萬一你在練習中感到承受不來，記住自己隨時能停下來，並改做其他的自我關懷練習。

做法說明

想一個過去被欺凌的情境。請選擇不安程度輕微到中等，不至於造成創傷的情境。如果你承受不來，便很難學習這項練習。盡可能清楚回想情境中的細節。

感受你的剛強之力

- 試看看能否辨識出任何由保護情境中所產生的堅硬情緒，例如憤怒或怨懟。
- 現在把注意力放到身體上。這些感受如何呈現？是腹部燒灼或頭部受痛擊？試看看能否連通這情緒的實際感官知覺。
- 體認這些情緒是由自我關懷而生，且它們目的是要保障安全。
- 明確認定受到這樣的對待是不容允許的事。試著用簡單的話語認清受到的傷害，像是「這是錯誤的」或「我沒受到公平對待」。
- 現在召喚普遍人性，記住有很多人都經歷過類似情境。說些話語來體認自己與他人的連結，像是「我不孤單」或是「很多人都有過這感受」。
- 接著，允許情緒在體內自由流動，而不要去控制或是抑制。這麼做的時候，也去感受腳底板堅定踩踏地面，把自己穩固下來。
- 完全肯認這些保護情緒。盡量不要太在意於誰說了什麼，或是誰對誰做了什麼，而是要把注意力放在不適情緒上。你也能說出：「我需要憤怒來保護自己」或是「我在乎自己，所以才感到這麼挫折」。
- 如果現在最需要做的事情是肯認情緒，不一定要馬上進到下一步。例如你可能在過去壓抑憤怒，現在需要去完整感受。那麼，就允許情緒在體內流動，並同時不帶批判地用腳底板穩踏地面。

- 試著給自己支持的手勢，例如一手握拳放在心臟位置上（象徵力量），另一手覆蓋在上面（象徵溫暖）。

找出柔軟的感受

- 如果你預備好注入一些治癒力量，就要開始去看出保護感受底下有什麼。是否有任何柔軟或是脆弱的情緒，如受傷、恐懼、受拒、悲傷、羞愧？
- 如果能辨識出柔軟的感受，試著用柔和體諒的語氣去為它命名，就像是支持好友般：「噢，那是受傷感」或「那是悲傷」。
- 允許自己用溫暖和接納陪伴這些感受。

發掘未獲滿足的需求

- 如果你預備好繼續下去，試看看你能否放下造成這種傷痛的事件，一下子也好。試著暫時擱置罪過的想法，問問自己：「我現在有哪些基本的情緒需求，或是當時需要而沒獲得滿足的需求？」或許是要被看見、被聽見、維持安全、取得連結、被看重、與眾不同、受敬重、被愛的需求。

• 同樣地，如果你能找出未獲滿足的需求，試著用柔和體諒的語氣去為它命名。

以溫柔自我關懷回應

• 感受雙手放在身體上的溫暖和支持。

• 你想要接受另一人的仁慈或是公平對待，那人卻因各種原因無法做到。不過，你有另個資源，就是自我關懷，你可以開始直接去滿足需求。

• 舉例來說，如果你需要被人看見，關懷的你可以對受傷的你說「我看見你了！」如果你需要支持和連結感，關懷的你可以說「有我在」或「你屬於這裡」。如果你需要獲得敬重，可以說「我曉得自己的價值」。如果你需要感受被愛，或許可以說「我愛你」或是「我珍視你」。

• 換句話說，你想要當初虧待你的人對你說什麼話，現在就試著對自己說出來。

• 如果你難以直接滿足自己未獲滿足的需求，或是感覺到混亂，能否針對這個困難給自己關懷？

• 最後，試看看能否承諾用自己應獲得的方式對待自己，並發誓在未來盡可能保護自己不受傷害。

• 現在，放下這個練習，直接在當下體驗中休息，讓這一刻和自己都保持原樣。

保護或敵意？

我們在保護自己而陰陽失調時，自我關懷可能會變得不健康。比起預防傷害，我們可能會把焦點放在攻擊造成傷害的人或群體。因此，我們的剛強就變得有侵略性，導致痛苦而因此損及關懷。

要用什麼判斷「勇敢且有力的明辨」是愛還是侵略性的表現？差別在於行動背後的意圖。這些行動是為了要減緩痛苦，或是要執行報復？是來自於你的心或是你的自我？如果剛強的出發點是要保護自我價值感，就會在情感上變得暴力。有人對我們態度隨便時，我們用傷人的評論回擊，且可能自認是在為自己挺身而出，或是罵電視上的政治人物是個混帳東西，但這樣做其實只是增加惡意而已。然而，在回應時包含著愛，且我們的意圖立基於幫助的渴望時，它就會成為一股強大而有針對性的力量，能帶來更大的好處。我們能去譴責傷害行為，並採取行動來加以預防，且對事不對人。

關懷深植於連結感之中，如果忘記這點而把造成威脅的人視為「異己」，就會出現破壞性的人已對立心態。令人難過的是，這就是美國政治嚴重激化的狀況，讓政府幾乎不可能好好運作。如果要讓剛強帶有關懷，我們需要體認儘管肢體、社會和情緒的暴力必須受到阻止，但造成傷害的人也是人。

當然，對普遍人性的體認不應該用來否認差異。有些人拿出「所有人的命都是命」的口號來駁斥「非裔的命也是命」。但這不是真正在彰顯普遍人性，而只不過是忽略種族壓迫歷史、警方暴行和沒把非裔當人看待的問題。勇敢自我關懷肯定人的不同，包含個人和族群經歷的苦難和獲取的資源差異，並也體認到強力的人性牽絆連結了所有人。

有時候「勇敢且有力的明辨」會落入自以為是。如果我們失去溫柔自我關懷開放心胸的接納，我們就會變得自負，並自認為掌握了真相。當我們太獨斷辨別對與錯時，反而會害我們沒辦法看清情勢。然而，要是我們保持開放心胸，就能更容易辨識出有害的行為並說出事實，就算我們承認自己的觀點可能有偏頗處或是其他人可能抱持不同觀點。

勇敢與溫柔的自我關懷結合起來避免傷害時，關愛之力就能發揮出無比的力量。如同馬丁路德·金恩博士所寫道：「沒有愛的力量魯莽且壓迫，而沒有力量的愛流於傷愁而貧匱。最佳的力量是以愛來實行正義需求，而最佳的正義是以力量導正抗拒愛的一切事物[33]。」

自我關懷與社會正義

馬丁路德．金恩博士受到聖雄甘地啟發，甘地是二十世紀最有效促成社會變革的一大主導人物。勇敢和溫柔的關懷都影響甘地用來爭取正義的方法，他提倡非暴力的抵抗，稱為「薩蒂亞格拉哈」（*satyagraha*，印地語的字面義為「真諦力量」或「愛的力量」）[34]，並促使印度從英國統治中解放。甘地的薩蒂亞格拉哈不同於消極抵抗，他主張後者是恐懼的表現，薩蒂亞格拉哈是需要勇氣與果敢的強者所具備的武器[35]。

雖然去憎恨和攻擊壓迫者會比較容易，但用傷害人的手段來終結自己的苦難只會打擊自己。況且，用不正義的方式來取得正義，或用暴力來獲取和平，都是很矛盾的事情。因此，關愛之力必須直接用來防止傷害的發生，而不是用來攻擊造成傷害的人。如同甘地所說：「『憎恨罪惡而不憎恨罪人』的準則雖然理解起來很容易，但很少受到實行，所以憎恨之毒才會在世間擴散……抵抗和攻擊一個體制是合理的，但抵抗和攻擊它的創始者就等於是在抵抗和攻擊自己，因為我們都是……同一名造物主的子民[36]。」

近來，「憎恨罪惡而不憎恨罪人」的說法，被某些基本教義派人士採用，他們相信這句話是從聖經來的（其實不然），並用這句話來合理化自己對性少數族群的歧視[37]。基本教義派人士主張他們能憎恨同性戀行為而不憎恨同志。但是，他們對罪的看法是不符合狹義的性別和性規範的行為，而不是做出會傷害他人的行為。關懷抵抗的是傷害，而不是不從眾。不遵從主流性別化的異性戀行為並不會造成傷害，而是恰恰相反，這是愛與真實的勇敢表達。如此扭曲甘地的思想來合理化歧視只是侮蔑了他的本意。所以說，明辨對於勇敢的自我關懷來說很重要。我們要能夠辨識出真正的傷害，還有用來為壓迫行為撐腰的社會規範。

我們以關懷為出發點來保護自己，能夠堅定而不屈服，但同時在心中懷有愛而非恨。這樣的勇敢自我關懷為華盛頓女性大遊行奠定基礎，該活動在川普就任總統的隔天舉行，即二〇一七年一月二十一日。川普在《走進好萊塢》（*Access Hollywood*）節目錄影中大談性暴力而引發世界各地的人震怒（「你知道我對美女毫無抵抗力，我就直接親下去，像磁鐵相吸，直接親吻，等都不等。你如果是個明星，她們就都會讓你做。抓住她們的私處，你就能為所欲為。」[38]）然而，大遊行籌辦者的目標不是要抨擊川普，而是如同過去運動傳統般舉辦非暴力的抗爭，以支持公平待遇及女性權益[39]。這活動同時也要支持因為種族、族裔、性傾向、性別認同、移民身分或宗教而受歧視的族群。這個女性大遊行創下美國抗爭活動中單日聚眾最多的紀錄，約有五百萬人在美國各城市響應[40]。透過將關愛與對抗不正義的強烈決心相結合，這個運動極為和平，在美國各處都沒有人遭逮捕[41]。

勇敢自我關懷與反種族歧視

性別歧視和種族歧視環環相扣，因為兩者都是壓迫的結果。雖然不相同（女性可能是種族歧視者，有色人種可能是性別歧視者），但它們確實是環環相扣。培養自我關懷本身沒辦法直接瓦解種族不平等長久固化的結構，但我相信它仍能發揮效果。就像是無意識中的性別偏見使人與性別歧視產生掛勾，無意識的種族偏見也會使人與種族歧視產生掛勾。如果白人女性希望覺醒來對抗種族歧視，我們就要用溫柔的自我關懷來承受成為共謀的痛苦，並看清它的本質，也要用勇敢的自我關懷來採取終結種族歧視的行動。

女性主義運動所受的合理批評中，輕微的是沒有強力抵抗種族歧視，嚴重的則是從旁助長種族主義[42]。早期婦女參政權鬥士如伊麗莎白．卡迪．斯坦頓（Elizabeth Cady Stanton）完全支持白人至上主義[43]。南方的女性主義人士通常支持吉姆．克勞（Jim Crow），畢竟，對非裔處以私刑據稱是要保護白人女性[44]。近期常見的「卡倫」（Karen）用語，意指頤指氣使、伸張自己特權的白人女性，這問題確實存在，一個典型例子是艾米．庫珀（Amy Cooper）打九一一報警，聲稱紐約中央公園「有個非裔男子威脅我」，結果根本只是一名賞鳥的非裔鼓起勇氣出聲要她遵守規則把狗繫上繩子[45]。

種族歧視通常會是其他較不易察覺的情況，像是假設自己身為白人女性的經驗是普世皆有，而忽略了有色人種婦女全然不同的經歷。許多女性主義的任務只專對白人女性，而完全沒有提到種族議題[46]。種族主義解釋了這在幾十年來很大程度上被忽視和不被注意的原因。因為白人女性的權力高於有色人種女性，她們的論述被當作標準。基本預設的人是男性，而基本預設的女性是白人。如同交織身分隱身（intersectional invisibility）理論所指出，這表示有色人種女性往往根本沒被列入人類經歷調查之中[47]。

我們要揭露暗藏的權力不平等和壓迫狀況，以利在社會上創造出可持續的改變，因為除非考慮到種族，否則我們抵抗父權將毫無意義。壓迫就是壓迫，而關懷深植於減緩「一切」不正義造成之痛苦的動機。白人女性要去體認自己的特權，以及自己也參與了助長種族歧視體制的情況，而在進行這份艱鉅任務時，自我關懷很重要。溫柔自我關懷能幫助我們正視白人身分帶給自己的益處，而不羞愧地閃避。勇敢自我關懷促進我們擔負起責任，並決意要帶來改變。

身為順性別的異性戀白人女性，自我關懷幫助我開始看見自己在種族歧視體制中扮演的角色。如同很多人一樣，我自認是有道德的人，被要求檢視自己的特權時會感到抗拒。我的自我意識喊道：「我又不是種族歧視者啊！」被影射自己是種族歧視者而竄升的羞愧感，干擾我去正視我們確實屬於問題一部分的事實。這在做出微型侵犯時可能會發生，像是有次我對飯店的房間安排不是很滿意，我就請一名西班牙裔的女性幫忙，我表示要跟她的經理談（結果經理就是她本人）。如果我們在這種情境中想要防衛自我意識，就會去否認自己冒犯了別人，並視而不見。對自己仁慈和體諒讓我能夠去看見以下這點：如同多數人，我並非有意識地去壓迫人，但光是在有種族歧視的社會中成長，種族歧視就無意識地影響了我與他人的互動。我並沒有去製造出白人至上的不公平體制，我只是身處其中。奴役和隔離主義也是我出生之前就存在的事情。我體認到自己對這體制的被動參與時，羞愧感便隨之而生。自我關懷幫助我抵抗羞愧感，並讓我能夠正視自己從中獲得的利益（我預設自己會受到警方的保護、在咖啡廳閒晃時從來不會引發起疑的目光等）。

我小時候家裡經濟狀況不是很好，我母親是一名祕書，靠自己一人扶養兩個孩子，而父親不在身邊，沒提供任何財務協助。但我十一歲時，我母親就讓我們搬到富裕社區邊緣的平價公寓，那裡有很棒的學區，因此讓兩個孩子能獲得良好教育。我拿到A的成績，因此能領獎學金就讀加州大學洛杉磯分校，最後在加州大學柏克萊分校完成博士學位。我在國中和高中獲得周遭人的接納，很能融入群體。如果我是非裔，在一片白人當中只有自己是非裔，我母親能自在地做這種安排嗎？我能有同樣的交友網嗎？教師也會同樣支持我嗎？這些答案不容易得到解答，但我不曾需要花時間來擔心我的膚色，這是身為白人的尊榮待遇。

我們要有溫柔的自我關懷來清楚看見自己在種族歧視中扮演的角色，用愛與接納來懷抱這個使人不自在的真相，這樣才能做出勇敢而艱難的事來帶來改變。許多變革必須在社會層級發生，而重建所需之事的複雜情況使人卻步。但我們每個人都要盡自己的一份力，不管是投票、抗議、聽見種族歧視評論時發聲、檢視自己與人互動是否受到種族刻板印象扭曲，或是在無意間冒犯人時真心誠意地道歉。坦白說，要知道該怎麼做來促成改變很困難，所以我們也要保持謙卑，多傾聽和向他人學習。

總歸來說，性別歧視傷害所有人，種族歧視傷害所有人，對於任何群體的歧視（有別他人的性別認同、性傾向、宗教、身心障礙、體型）也傷害所有人。能否減緩自己的苦難，緊扣著是否決心終結所有人的苦難，因為鄰里、社會和整個地球的和平都仰賴這點。我們改變世界的力量比自己想像的還要強大，只要我們隨時記得要培養和結合勇敢與溫柔的自我關懷，也就是愛的兩個面向。

第七章：滿足自己的需求

我是自己的繆思，是我最了解的對象，也是我想要更深入認識的對象[1]。

芙烈達．卡蘿——（Frida Kahlo），藝術家與運動倡導者

自我關懷的基本問題是：我需要什麼？如果我們要照顧好自己，這意味要對自己的安適感負責。為了要減緩所受的苦，我們需要認真看待自己的需求，並好好重視自己並去滿足這些需求。一旦我們認可自己的需求重要（自我關懷的首要原則之一），就能在被人要求要犧牲自己在意的事物時，守住自己的立場，我們不需要把自己的需求擺在他人需求之後，雖然女性被社會化成要這麼做。如果女性只在協助孩子、伴侶、朋友、家人及同事（基本上就是除了自己以外的所有人）時，感到受重視和有價值，我們就是在支持著偏頗而不利自己的體制。當然，和善待人與對他人付出是好事，不過仁慈也要平衡，亦即也要將自己涵蓋在內。不然的話，這種大方只是助長了父權體制，讓女性本身無法受到重視，或是被當作完整且平等的參與者。這會

把女性限縮到只能當輔助者，而無法真實獲取豐足生活。

女性要付出而非接受好處的獨斷規範，造成了十分艱難的處境。婚姻中女性擔負起多數的家務事，且要照顧孩子和長者，即使夫妻兩人都有全職工作[2]。這樣額外的負擔造成壓力和緊綳關係。研究顯示，女性比男性更可能會因為要不斷犧牲自己的需求，來配合親朋好友和伴侶的需求，因此變得憔悴[3]。這種模式導致女性自由時間較少。馬利蘭大學的一份研究仔細記錄一天中男女性在各式活動上所花的時間，發現女性不僅擁有的自由時間較少，且從這樣少的空閒期間得到的好處也較少[4]。研究認為這是因為在自由時間時，女性還在擔心家庭問題，所以休閒時間無法完全用來提振精神或是豐足生活。理想上，自由時間給人脫離生活中乏味的時刻，並有機會用來促成個人成長和反思，這能增加創意思考和享受人生。沒有自由時間的話，人生會失去很多意義和價值。

我們把自己涵蓋在關懷之圓中時，我們顧及的優先事項便會有所轉變。我們不把自己的需求放在最前或是最後，而是會用平衡的方式來進行安排。如果有足夠精力時，就能答應他人請求，但也不害怕拒絕人。我們會判斷自己的需求來決定要怎麼安排時間、金錢和關注焦點，並允許自己充分照顧自己。我們決定自己珍視生活中的哪些事情，接著依據這些優先順序考量來排定活動。

當我們的目標是透過滿足自己的需要來減輕痛苦時，自我關懷三要素（自我仁慈、普遍人性和正念）就會呈現為「豐足且平衡的真實」。

豐足

如果我們善待自己，就會做出讓自己快樂的事情。我們會問哪些事情對我們的安適感有實質貢獻，接著採取積極做法來達成這點。假如我們看重親近大自然，我們就會花時間這麼做；假如感官享受對我們有好處，我們就會放慢腳步來細細品嘗伴侶的撫觸，而不光是完成性愛活動；假如藝術表現讓我們感到充滿活力，我們就會去照料創意的火焰；假如靈性是我們深層的使命，我們就不會讓日常煩囂阻礙我們觀照內心。我們在意的話就必須要這麼做，因為我們沒能獲得豐足感便會受苦。陷落於使人不滿足的生活，就像是用混泥磚壓垮我們的幸福感。

追尋豐足與找出人生意義之間的關連很密切，也就是認識自己、理解世界和知道自己在世界中所處的位置。研究顯示懂得自我關懷的人體驗到更多的意義感，且較可能會同意以下陳述：「我的人生有很清楚的目標。」[5]這些人也體驗到更多「和諧式熱情」（harmonious passion）：參與真正享受和感到滿意的活動[6]。

多數人在成長過程中沒有學到要多加思考情緒或是心理上的豐足，或是我們真正想要過什麼樣的生活。我們不斷朝向預定好的里程碑邁進，從中學畢業、取得大學學位（如果期望在這方面）、找到工作、找到終身伴侶、生養孩子、在職涯中晉升。常常一直等到要退休時，我們才停頓下來認真考量哪些事情讓我們感到豐足或滿意。

不過，如果我們真正在乎自己的話，「我需要什麼？」的問題，便密切扣緊生活的各個環節。我們不會延後去考量這問題，因而忽略很重要卻沒時間去回應的事。相反地，我們在生活的當下此刻，就朝自己能感到滿意的方向去做。我們所從事的工作和運用休閒時間的方法，都結合了自己在意的事情：環境、音樂、學習、多元表現、靈性及健康。這成為我們日常生活的實踐，而不是久遠未來有天要去達成的目標。

想感到豐足，就要花時間來好好學會喜歡的活動，因此能精熟而產生成就感。這讓我們可以有效參與並改變世界。不管是學習冥想、跑馬拉松、籌辦全國會議，或是為小孩創造有趣的課後活動，發展自己的潛能都讓我們的日子變得有意義和具使命感。個人成長需要能量和精力，有時候也需要勇氣。嘗試新事物有時很駭人，尤其如果我們已安於現狀。我們也會害怕失敗。自我關懷的美好之處，就在於無條件的自我接納讓我們感到安全，因而能夠勇敢躍出一步。知道就算失敗也沒關係時，就能用創新的方式挑戰自己、讓自己更快樂。自我仁慈讓我們不再甘於現狀，而是進入到成長和探索的未知領地。

平衡

我們滿足自己的需求來做出自我關懷之舉時，這並不自私或是偏頗一方。想要辨認自我關懷核心中的普遍人性，我們不能只顧及自己或是他人，而要運用智慧來看出更大的整體性，並找出公平、平衡且可持續的做法。連結感是人類的核心需求，所以要是我們所採取的行動會傷到與他人的關係，我們便也同時傷到自己。在做自己喜歡的事與幫助他人間達成健康的平衡，對自我關懷而言是必要的事。

我一直對大家怎麼平衡自己和他人的需求感興趣。我在研究生涯初期跟我的研究生進行了一項研究，調查大學生的個人需求與生命中重要他人的需求有所衝突時要如何解決[7]。例如有位學生想要去國外留學一年，但這樣就要跟男友分開。或是，她在感恩節假期想要留在校園跟朋友共度，但媽媽希望她回家過節。我們的目標是檢視年輕人自身需求與朋友或親密對象需求間有衝突時，自我關懷對他們平衡兩者的能力會產生什麼效果，以及這對他們的情緒安適感有什麼影響。首先，我們判斷他們要怎麼解決衝突。他們是否屈服而讓他人需求先於自己的需求？他們是否把自身需求擺第一而犧牲他人需求？或是，他們是否能折衷，以創意的解決方法來讓大家的需求都獲得滿足？我們接著請參與者描述他們在處理衝突時感到多麼不愉快、他們認為自己的解決方法是否符合真實內心。最後，我們評估他們在特定關係中的心理安適感，包含母親、父親、最好的朋友或是另一半。他們在這段關係中是否感到良好？或是感到沮喪和不快樂？

我們發現自我關懷程度較高的年輕人，明顯更可能會採用考量各方需求的折衷做法。他們沒放棄自己重視的事，但也沒有把自己的需求擺第一。我們也發現自我關懷程度較高的人，在想辦法解決關係衝突時情緒風暴較不嚴重，且在關係中感到較受重視及較不沮喪。事實上，研究結果顯示，懂得自我關懷的人較會在衝突中找出折衷方法，這便解釋了為什麼他們會比較快樂，因為達成平衡是安適感的關鍵。還有一項重要的發現是，懂得自我關懷的人在解決關係衝突時，更可能表示感到真實，這表示自我關懷的一項核心益處是它允許我們做真實的自己。

真實

正念幫助我們釐清內心的信念、價值和情緒，因而能夠變得真實。這讓我們朝向自身，實行必要的觀照來獲取真實。如果過著未經檢視的生活，我們就會迷失於要獲取更多金錢、物品、讚美等的追求中，但這無一能夠帶來真正的快樂。許多人的中年危機就是發覺到，自己在錯的地點跟錯的人做錯的事，或是如同傳聲頭像（Talking Heads）樂團所唱：「你對自己說，這不是我的美房，這不是我的嬌妻啊！」如果我們繼續下去，可能有天會在清醒過來時，發現自己既挫敗又感到乏味。我們可能會離開另一半或是買新車，又或是去整形來追求快樂，但這些也都沒有用處，除非我們觀看自己的內心並問：「真正適合我的是什麼？」

正念給我們所需的觀點來反映到行動上，讓我們不會大意地過著膚淺的生活。它讓我們不僅關注我們在做什麼，而且關注我們為什麼要這樣做，這樣我們才可以正直行事。加州大學柏克萊分校的張家威（Jia Wei Zhang），開啟一連串研究來檢視由自我關懷所帶出的真實。一份研究中，參與者連續一週每天完成一份短問卷，並被要求對當日的自我關懷評分，還有對與他人互動的真實程度評分。[8]。研究發現，每日自我關懷程度的變化與真實感的變化密切相關。

第二份研究發現自我關懷中的真實，能讓人正視自己的弱點。真實不是只選擇美好的一面，把強項視為真、把短處視為假，而是擁抱完整的自己，包含好的、壞的、醜惡的。研究者要求受試者考量一項自己不喜歡的個人弱點，然後隨機將他們分派到自我關懷組別：「想像你用關懷體諒的觀點來跟自己談這項弱點」、自尊組別：「想像你從肯定自己正面（而非負面）特質的觀點，來跟自己談這項弱點」，或是中立組別，沒有給予任何指示（也就是他們可能會因自己的弱點打擊自我）。緊接著，受試者要對他們承認弱點時感到有多真實評分。受到要自我關懷指示的受試者回報的真實感，遠高於另外兩個組別。自我關懷給我們自由來對自己真實，且不需要達成不切實際的完美標準，這是自尊沒能提供的。

我們採取行動來讓自己變得豐足時，能得到一種許多女性錯失的滿足感，因為她們從小就被告知快樂主要來自於照顧他人。所以，務必要有意識地去反思自己生命中真正需要和珍視的事物，然後致力於滿足這些需求。

供給型自我關懷休息片刻

這版本的自我關懷休息片刻培養勇敢自我關懷，讓我們能用「豐足且平衡的真實」來供應自己的需求（FierceSelf-Compassion.org 網站上提供這項練習的導引音檔）。

做法說明

想想你生活中感覺自己需求未獲得滿足的一個情境。例如你沒有花足夠時間在自己身上，或是你不喜歡自己平衡的真實的工作，又或是你做的休閒活動無法帶來快樂。在心中喚起這個情境。發生了什麼事？允許自己感受出現的任何情緒。是否有疲憊、乏味、怨懟、無力的感受？將不適感當成一種身體感覺來接觸。現在把焦點放在未達成的需求上。找出任何需求，像是要休息、獲得平靜、去學習、找樂趣、做刺激活動等。放下情境中的細節，全神貫注在未達成的需求上。

現在坐起身，讓身體保持警覺。你接著要說出一連串的字詞（可以說出來或是在心中默念）來喚出自我關懷三元素，幫助你採取行動來滿足需求並供給自我。雖然會有建議的字詞，但目標是要找出最適合你個人的字詞。

- 第一組字詞喚出正念，讓你能意識到並肯認深層的需求。認真對自己說：「這就是我需要的真實和完整」。其他講法包含「這對我來說真的很重要」、「我的需求很重要」或是「我的真實自我需要這個來感到快樂」。
- 第二組字詞用來幫助你記住普遍人性，因此能將自己與他人的需求相互平衡。體認所有人的需求能保持平衡狀態，試著對自己說：「我會同樣重視自己的需求和他人的需求」。其他講法包含「所有人都有重要的需求」、「我的需求有其重要性，其他人的也一樣」或是「人生除了付出也要有接收」。

• 現在，把雙手放在太陽神經叢上，感受自己的重心。為了實行自我仁慈，我們要用三個具體的步驟來提供自己所需。試著對自己說：「我會努力盡可能滿足自己的需求」。其他講法有「我值得快樂」、「我會很喜悅地供給自己」或是「我會做出必要之舉來保持健康安適」。

• 如果找出適當言詞有困難，想像你很在乎的人覺得內心匱乏。你會對他說什麼話來幫助他看重自己的需求，並花時間和心力來變得快樂？現在，你能把同樣的訊息傳達給自己嗎？

• 最後，把一隻手放在心臟位置，另一隻手放在太陽神經叢上。這個邀約手勢結合了追求需求之剛強能量，還有「愛與連結的存有」之柔韌能量。你能否採取行動來變得更為豐足，同時知道現在的自己已經完整圓滿了？達成需求的欲望不是從貧脊處而來，而是來自於豐沛的心。

發展自己的潛能

人類潛能運動（Human Potential Movement）強調滿足自己需求的重要性。這運動不採用傳統病理學的焦點，而提出人類蘊藏了能力可以用來開展充滿創意、意義和喜悅的非凡生活。該運動的創始人亞伯拉罕・馬斯洛（Abraham Maslow）把這描述為自我實現[9]。提振自己天賦與天生傾向，使其不受限制地展開，便能達成潛能。我們也積極探索內外在世界來知道自己的能力，並接受自己以及身為人的不完美。馬斯洛主張人如果不認真看待滿足成長的需求，就會變得停留不前。

心理學家艾德・迪西（Ed Deci）和理奇・萊恩（Rich Ryan）提出自我決定理論（Self-Determination Theory），主張勝任感、關係歸屬感和自主性是人類需求的核心[10]，而健康發展可以根據我們滿足這些需求的程度來定義[11]。勝任感（competency）是做出有效行動而使人滿意且感到充實；關係歸屬感（relatedness）表示我們與他人處於互惠且平衡的關係；自主性（automacy）則包括與內心價值和欲望達成和諧。有數千份研究支持達成這三項核心需求能帶來最佳安適狀態的論點[12]。也有研究顯示自我關懷有助於達成這點[13]。舉例來說，一份研究檢視一群大學生，結果發現自我關懷程度較高的人也有更高的自主性、勝任感和關係歸屬感，且如果這些需求得到更多滿足，一整年的心理健康、生氣與活力也會提升[14]。

我在德州大學奧斯汀分校所開設的大學部自我關懷課程中，班上有名學生叫作塔妮雅，她是個風趣又有智慧的非裔美籍女性，六十多歲。她有時候會來找我談課堂上講的內容。她告訴我她如何成為長角區（Longhorn）驕傲的六十五歲大三學生。塔妮雅在休士頓長大，高中一畢業就找工作幫忙養家。她在乾洗店找到穩定的工作，並做了好幾年，最後成為經理。她與丈夫在多年前離婚，她養育三個女兒很少靠丈夫資助。塔妮雅的孩子都已結婚也生了寶寶，總共有六個。他們住得很近，在週末和放學後需要塔妮雅幫忙顧小孩。不過塔妮雅有個可怕的祕密，那就是她不喜歡寶寶或是小朋友。他們愛哭又不會說些有趣的話。而且她最討厭的就是換尿布——這不是她老早就已經完成的任務了嗎？不過，孩子還是很仰賴她的幫忙。她開玩笑說：「我把屎把尿，生活真的爛屎啦。」雖然她脾氣很好，但這件事情還是讓她受不了，最後變得有些頹靡不振。

結果，有個老朋友注意到塔妮雅的改變，並問她要怎樣才會快樂。她跟我說，這問題讓她停下腳步。她以前從來都沒有認真想過，因為總忙著工作還有照顧其他人。經過一番思索，塔妮雅發現自己想要去大學讀英文。她從小到大一直在書堆中找到慰藉和藏身之處，她知道自己智識的火焰沒有熄滅過。她夢想著能在夜間和週末到社區大學上課來取得副學士學位，或甚至轉到大學來拿學士學位。不過，這表示她就沒有時間幫忙顧孫子孫女。把自己的需求擺第一位會很自私嗎？

這是一個她以前從未體驗過的學習和成長機會，讓她心生嚮往。她決定要去。她告訴女兒她們得另外找托嬰服務時，一開始她們很難過，但她們很快就調整好心態並完全支持母親。她們很敬愛母親，也感謝她給的一切。

塔妮雅上社區大學如魚得水。就算她還要管理乾洗店，她成績拿到A並獲得錄取轉學到德州大學。塔妮雅就快要六十五歲，所以她決定退休並用社會安全生活補助金在奧斯汀租一間小公寓，成為全職學生。雖然塔妮雅說她很喜歡我的課，但明顯可見她已經學會滿足自己需求的重要性了。她能以深切而美麗的感念浸身於自我關懷中。我問她畢業以後的規劃，她想要做什麼呢？她給我一個大大的笑容說：「我沒在想明天的事，我活在今天這一刻。」

父權世界中女性的需求

培養自我關懷對女性來說很重要的一個原因，是因為父權的規範和期望強烈阻礙女性滿足自我需求。服膺善意型性別歧視意識型態的人把女性視為天生的照顧者，認為她們樂意犧牲自己的利益來成就他人。從這個觀點來看，付出是我們人生的使命。當然，如果這是真的，我們就會覺得自我犧牲能帶來真實的豐足。但事實並非如此，尤其付出是社會期望，而不是自發的行為。

我曾在印度邁索爾（Mysore）做研究，因為我想要知道文化如何型塑人對性別與個人需求之達成的觀點。學者有時候會說印度等非西方社會有個職責式的道德觀[15]，也就是把重點放在滿足他人需求而非權益或是個人自主性，而後面這兩項是西方世界所關切的要點。東西方對此廣大的差異，很類似女性重視照顧相關的道德，而男性關切權益和正義的說法。我的論文指導教授圖列爾反對這兩種簡化的特徵描述，並相信自主性、正義和照顧他人是普遍存在的[16]。然而，這些方面的表達方式會因權力關係而有差別。

強調職責的文化通常有著階層關係。這表示從屬者要照顧他人，而掌權者有許多權益和個人特權。以印度為例，印度女性從小就被訓練要對男性自我犧牲（*sewa*）[17]，像是讓男性優先領食物，而女性吃他們剩的。傳統上，新婚女性的娘家要給夫家一筆嫁妝，強化了女性是負擔而價值不如男性的概念。女性結婚後，就要照顧丈夫和孩子，但自己接收到的食物、衣服、健康照護和教育都不如男性[18]。我假設在印度，丈夫會認為妻子要完成職責，而他自己有權去做想做的事。我想，女性看法會有些不同。

當地大學兩名大學生參與我的研究訪談，她們都很優秀，分別是蘇什米塔・德夫拉吉和瑪尼瑪拉・德瓦卡普拉薩德。她們是堅強的年輕女性，幫助我理解印度複雜的性別角色，也以她們自己為例表示不滿於受壓抑。她們提到印度沉重的傳統、要與大趨勢抗衡有多困難，並指出女性通常直接在生活中接受被期望的角色，因為似乎別無選擇。不過，這不表示她們認為這是公平的事情。更不用說，印度培育出優秀的女性領導者如英迪拉·甘地（Indira Gandhi），她是世界上任期最長的總理，從一九六六年到一九八四年使用鐵腕風格治國[19]。這些對於女性角色看似矛盾的多樣看法，會在人的道德推斷中出現嗎？

我找來七十二名印度年輕人參與我的研究（孩童、青少年、年輕成人），男女各半[20]。參與者收到夫婦的需求和願望相衝突的幾個故事情境，研究設計讓人演出丈夫或妻子的角色。舉例來說，其中一題中，丈夫維杰想要上維納琴（veera，印度弦樂）課程，但妻子希望他做居家相關的各種差事。另個相對的故事是名叫蘇瑪的妻子想要上古典舞課，但丈夫要她留在家裡做家事。參與者要決定演員應該要怎麼做，還有為什麼。

不出所料，受訪者的回答往往更強調滿足丈夫的個人需求，而不是妻子的需求。然而，印度女性通常相信妻子「應該」要能滿足自己的需求，即使不被文化所允許。以跳舞的例子來說，她們通常表示蘇瑪要做自己想要的事情。就如其中一名青少年女性說道：「蘇瑪應該要去上跳舞課，因為這樣她才能滿足自己的興趣。她也一定要做自己感興趣的事情，不然她會很不開心而且對生活興致缺缺……。傳統的要求不一定是正確的。傳統常常很荒謬。我不會去尊重妨礙個人利益的傳統。如果傳統成為奔放活力的阻礙，個人要怎麼成長？我當然希望蘇瑪能去跳舞課[21]。」我的經驗告訴我，女孩和女人十分重視自我豐足，就連在傳統、高度父權化的社會也一樣。廣大社會結構對於我們滿足需求形成阻礙時，我們仍然希望獲得同等的幸福。

雖然阻止自我豐足的屏障對於西方的女性比較不明顯，但仍然存在。縱使優先考量他人沒有被稱為「職責」，但也是對優良女性不言而喻的期望。我們被告知為了要「和善有禮」，就要答應他人的要求：「你能代我的班嗎？」或是「我休假時能幫我遛狗嗎？」又或是「你能負責旅宿安排嗎？」如果我們不介意做這些事情，應允的感覺很棒，但介意的話就不然。每次我們不經思考就對朋友、伴侶、孩子或同事說「好」，因為我們覺得「應該要」，而沒有跟自己確認這是不是自己真正想要的，這時我們等於是強化自我犧牲的性別化規範。這不表示我們絕不能選擇滿足他人需求和放下自己的需求，而是我們應該在考慮所有選擇後有意識地做出選擇，而不是因為我們想要當好人而認為非做不可。當我們意識到某個選擇不適合自己時，自我關懷要求我們肯定自己的需求，並試著在可以的情況下做出不同的選擇。

探索哪些事讓自己快樂

我剛在德州大學奧斯汀分校取得教職的時候，我和當時的丈夫魯伯特在鄉村七英畝的土地上買了一間房子。那是在艾爾金的小鎮中，距離奧斯汀城和德州大學校園五十五分鐘的開車路程。我們會搬去那是因為熱衷騎馬的魯伯特想要養馬。後來，我們兒子羅文在「新徑學習中心」（New Trails Learning Center）在家就學，這也是他爸爸在我們土地上創立的馬匹治療中心。

在我跟魯伯特分開後（我們仍然是朋友），我繼續住在艾爾金八年，因為羅文在那裡很快樂。但說實話，我不喜歡馬。比起鄉村，我更住慣都市。艾爾金沒有咖啡廳，食物的選擇也很有限。這城鎮最有名的是臘腸，在飲食方面實在不適合像我這樣對麩質和乳製品過敏且除了魚肉外吃素的人。這也是個支持川普的保守派地區，跟奧斯汀自由派的文化恰恰相反。這樣說好了，在新冠肺炎期間，艾爾金有間酒吧因為禁止顧客戴口罩而上了全國新聞[22]。我住在這樣陌生的地方（遠遠不在我的舒適圈內）將近二十年，為的就是滿足他人的需求。

幾年前，我終於搬到奧斯汀的市中心，一方面是要讓羅文獲得更好的教育，一方面也是因為我厭倦了艾爾金。現在我才知道住在不符合自己心性的文化環境讓我放棄多少事情。我喜歡住在靠近有熱鬧活動的地方，開車五分鐘就可以喝到椰香抹茶拿鐵，十分鐘能到校園。這讓我很開心。我不見得對住在艾爾金比期望時間還要久感到後悔，但我更加珍視能過著真實滿足自己需求的生活。未來我不會再妥協去住在不適合我的地方了。

我們真正在乎自己時，就會看重自己的需求。這些需求必須要受重視。我們想要成為充滿愛、照顧人並懂得付出的女性，就也要這樣對待自己，不然就不是真正的愛。否認自己的真實及完滿，等於是在心理和性靈層面限制了擁有獨特自然表達方式的美好自我，且這是他人無法代替我們來訴說的故事。在政治方面，我們無意之間維繫著父權體制。所幸，只要主動去質疑這些規範並鼓起勇氣做出改變，便能夠顛覆這樣的現狀。自我關懷讓女性能重視自己，這就是改變偏頗體制的第一步。這會在抗爭活動和投票亭中發生，但也要在我們心中發生，讓我們問自己：「我在這一刻需要什麼？」

區別欲求與需求以及目標與價值能有所幫助。「欲求」是指想得到令人愉快和渴求的事物，例如財務成就、漂亮的房子或車子、外表上的吸引力，或是高級的餐點。「需求」則是情緒或是生理上生存的基本所需，像是維持安全、健康、與他人連結，或是在生活中獲得意義。需求通常比較廣泛而不具體（像是「需要」平靜的家；「欲求」好辯的室友搬走）。

另一方面，「目標」是我們想要達成的特定成就，像是取得碩士學位、結婚、減重二十磅，或是到非洲旅行。「價值」是關於什麼是重要的信念，它引導我們朝目標前進，且在達成目標後讓我們繼續前行。價值提供生活意義和使命，像是慷慨、誠實、學習、友誼、忠誠、努力、和平、好奇、冒險、健康，以及與自然和諧共處。簡短來說，目標是我們所做的事情，價值是我們生活中的實踐。如同多瑪斯・牟敦（Thomas Merton）所寫：「如果想要辨識我的身分，該問的不是我住哪、喜歡吃什麼或如何整理頭髮，而是要問我為什麼而活，還有我認為哪些事情阻撓我完整活出我想實踐之事[23]。」

那麼，我們要怎麼知道自己的行動是否符合真實需求和價值，且不只是要迎合他人或是滿足社會上的理想？一個方法是察覺自己行動帶來的情緒。例如假設你從小就被教導要為他人服務，你在每週日教會活動後做三明治給社區中的街友。如果這是豐足且真實的行動，你會在做了一整天火腿起司三明治並到路上發放後，感到愉快而有活力。如果不切中真實，你只是因為認為「好人就要這麼做」而做這件事的話，你會在一天下來感到疲憊煩躁。找出我們所真正需要和在生活中重視的事情，並採取必要行動來與重要之事和諧共處，對於個人的豐足感非常關鍵。

活出豐足的人生

這項練習改編自我們在MSC計畫中名為「探索我們核心價值」的練習。這採用了由史蒂文・海耶斯（Steven Hayes）等人開發的「接納與承諾療法」，該療法強調對於自身最重要的價值採取堅定行動，並以此來活出豐足且真實的人生[24]。這是個書寫的練習，請拿出紙和筆。

做法說明

回顧

- 想像幾年後的自己。你坐在一座別緻的庭園思索人生，回顧這一段期間，你感到深深的滿意、豐足和完滿。就算生活不總是輕鬆，你仍然成功忠於自我，並盡可能把時間拿來做讓你感到喜悅的事情。
- 你達成哪些深層需求或是秉持哪些價值而帶來這樣的滿足感？例如冒險、創造、學習、靈修、家庭、社群，以及親近自然？請寫下讓你心靈感到豐足的事。

觀察此時此刻

- 你目前達成多少帶來快樂的需求？你的生活是否在哪方面失去平衡？你是否花過多時間在滿足他人需求，或是因忙碌而沒有照顧好自己？請寫下任何讓你感到匱乏的狀況。

阻礙

- 我們都會遇到一些讓人無法滿足需求的阻礙。有些是「外在阻礙」，像是沒有足夠的金錢或時間。阻礙通常是我們有其他必須做的事情，例如要養家或是照顧生病的人。請花點時間反思，並寫下任何外在阻礙。
- 另外也會有些「內在阻礙」讓你無法滿足需求。例如你是否太過小心翼翼、想要迎合他人、害怕變得自私，或是你覺得自己不值得快樂？請往內心反思，並寫下任何內在阻礙。
- 注意你內心想要獲得快樂的深層嚮往和欲望，以及如果需求未獲滿足，是否產生了任何悲傷或是挫敗的感受。

喚出勇敢的自我關懷

- 現在，寫下你認為自我關懷能在哪些方面幫你克服一些滿足需求的阻礙。它是否讓你有勇氣說不？讓你感到安全和有自信來採取新行動、承擔不受認可的風險，或是放下對你沒好處的事情？你能做哪些事情來變得更快樂和感到豐足？
- 要是你感到猶豫，記住越是滿足自己的需求，你越有能量可以給予他人。你能否下決心來做出照顧自己的行動？

喚出溫柔的自我關懷

- 當然，要真正感到豐足有時會遇到難以克服的阻礙。身而為人，我們無法事事如意。
- 閉上雙眼一會兒，把雙手置於心臟位置。你能否騰出空間來接納我們無法永遠感到豐足及如願達成需求的現實？
- 針對這些人類的限制，寫下仁慈和接納的話語。

平衡陰與陽

- 最後，試著結合勇敢與溫柔的自我關懷。當我們接納自己當下這刻的經歷時，我們就能以良好的出發點來改變境遇。你是否有些以前沒想過的創意方法（就算還不夠完善）來達成需求？例如你熱愛自然，卻整天要在辦公室裡工作，你能否用走路代替開車去上班，或是帶一些盆栽到辦公室來增加自然的氣息？有沒有哪些小事情可以做來幫助你感到豐足？有的話也請寫下來。

自我關懷或自我放縱？

有些人害怕用自我關懷來滿足需求會是自我放縱的藉口。如果因為要補眠而有天早上晚進辦公室或許算是自我關懷，但要是每週好幾次都這樣呢？會不會有「太過」自我關懷的情形？如果我們真的在乎自己，就不會做出感覺良好卻實際會對自己帶來危害的事情。自我放縱是選擇短期的愉悅卻造成長期的危害，而自我關懷總是顧及到要減緩受苦。

首先，正念讓我們看清楚自己真實的需求，而不只是想要什麼的欲求。我是否真的需要關閉鬧鐘，或我只是想要貪睡一下的暫且愉悅感？再來，我們可以用仁慈來確保自己的行為是為自己著想。晚上班是否真的有幫助，畢竟這必定會帶來一些負面後果？還是說，早一點上床睡覺來確保有充足睡眠比較好？最後，對普遍人性的認知（能看見大局，以及一切事物間的相互連結）確保我們的行為達成平衡且可持續。我的行為會對工作有什麼影響，或是對同事是否能有效做事有影響？自我關懷讓我們在回答這些問題時能減少自我放縱的行為。

研究顯示，懂得自我關懷的人所做的自我照顧行為是健康而非放縱的[25]。舉例來說，這些人較可能會讀食物包裝盒上的營養標示來做出健康的選擇、有固定的運動和充足的睡眠。對於要對抗各種疾病的人來說，像是纖維肌痛症、慢性疲勞症候群或是癌症等，自我關懷能讓人遵從醫囑和治療計畫，包含依照處方服藥、改變飲食，或是更常運動。自我關懷程度較高的長者會更定期去看診，並更願意使用枴杖等輔具[26]。一項調查愛滋病患者的跨國研究發現，有較高自我關懷的人更可能會在性行為期間使用保險套來保護自己和他人[27]。

研究人員探索為何有自我關懷的人較願意做出自我照顧的行為，結果發現這是來自於他們所說的「善意自我喊話」（benevolent self-talk）[28]。這些人會對自己用鼓勵且支持的方式說話，因而強調了善待自己的重要性。

是供給自己還是自私？

另個常見的誤解是自我關懷等於自私。這對女性特別形成一種屏障，因為她們幾乎打從出生起就被教導要照顧和滿足他人需求。當然，如果我們沒有確保勇敢與溫柔的自我關懷都具備，滿足自身需求可能會變成只顧念自己。如果沒能清楚認識相互連結和互相依存，我們可能會把狀況變成零和遊戲：我滿足自我需求同時犧牲你的需求。這麼做時，快樂就會消逝。假設，我有個朋友剛經歷一場慘烈的分手而需要時間和他人的關心，我因為顧著自己的事情而忽略她，到頭來我也會遭殃。因為她對我感到不滿時，我也會感覺糟糕，且我們的友誼會惡化，要是未來有天我遭遇到同樣的事情，我也無法獲取朋友的支持。但如果陰陽調和，就不會這樣。我們記住愛是最深層的需求，那麼對自己付出就等同於要對他人付出。事實上，「豐足且平衡的真實」讓我們保持心中的慷慨，我們不會把自己耗竭到無一物能給予他人。相反地，我們會投入與他人的連結來滋養自己。

有多項研究支持自我關懷並非自私的立場。例如懂得自我關懷的人往往對親密關係擁有更具關懷的目標，也就是說他們會對親近的人提供很多情緒支持[29]。這些人的伴侶也認為他們較照顧人且願意對彼此間的關係付出[30]。他們更能接受他人的缺失和短處，且較能接受他人觀點或是考慮不同意見[31]。

自我關懷與對他人關懷的關連性其實算微小[32]，得知這點可能讓你感到驚訝。換句話說，比起少有自我關懷的人，擁有很多自我關懷的人通常對他人有稍微多一點的關懷，但沒有差很多。這是因為多數人對他人的關懷遠高於對自己的關懷。有許多人，尤其是女性，對他人關懷、慷慨且和善，卻會虧待自己。如果自我關懷與對他人關懷之間有強烈的關連，那麼缺乏自我關懷的人也會缺乏對他人的關懷。但實情卻不是如此。

然而，學習對自己關懷確實能提升對他人關懷的能力。我們的一份研究發現，參與 MSC 能讓人對他人的關懷增加一〇%[33]。多數人對他人關懷程度本來就高（最高五分的評分系統上，他們起先就有四．一七分，最後得分是四．四八分），所以能進步的空間不大。自我關懷的分數則能增加四三%，參與者一開始平均是二・六五分，最後變成三・七八分。這表示自我關懷增加不會讓你減少關心他人，而是相反的狀況。更重要的是，自我關懷讓我們在維持對他人關心的同時，不至於使得自我枯竭或是過勞[34]（我們會在第十章詳細討論這點）。

自我關懷並不自私還有另個原因：因為這也會促使其他人關懷自己。滑鐵盧大學一份名為「自我關懷是否能感染他人？」的論文中，研究者調查了展現自我關懷的同時如何影響其他人[35]。他們要求學生回想自己學業上失敗的表現，接著隨機分派他們到不同組別，一組是聽另一名學生用自我關懷的方式對自己談論失敗經驗（「我了解你很失望，在經歷這樣的事情後這很正常……」），另一組是中立表達法（「結果我勉強及格，只高過最低分數一點……」）。聽了另一人自我關懷表述的人，在接下來描述自己學業失敗情況時會抱持更多關懷。研究者認為這樣的結果是由社會模仿（social modeling）而來，在這過程中，我們透過觀察他人來學習行為。因此，對自己關懷（尤其是明顯這麼做時）時，我們也幫助他人做出同樣的行為。

因為人彼此間的連結很密切，在面對人生痛苦時，獨斷區別人己是很不合道理的事。愛因斯坦曾經說過一句有名的話：「我們的任務是要拓展關懷圈的範圍來擁抱所有生靈，以及整個自然界和其中的美妙，因此讓我們能獲得解放。」我們就是那個圈的中心。我們不要把關心的範圍侷限在自己，也不要把自己排除在圈之外，那樣等於是悖離人性了。

馬斯洛在描述自我實現時，他強調過程中的一大重點是要放下自我中心的顧慮。他主張，如果要實現我們的本性，就要找出超越渺小自我的使命。事實上，自我關懷和自我實現所講到的「自我」一詞容易引發誤解，因為這些狀態其實減少了對於獨立自我的關注。

美好的事實是，充分發揮我們的潛力可以讓我們更能夠幫助到他人。我在學習教育者技能的時候，也為我的學生拓展了各種可能。我在培育一項才能時，不管是要成為主廚、古典樂歌手或是救護直升機駕駛員，這都讓我更能貢獻於提升他人的生活品質。我發展我的內心世界，這樣我就會更加投入和充滿活力，然後將這種活力帶給我接觸到的每個人。所以滿足自己的需求便是對世界的饋贈。

第八章：成爲最好的自己

我們真正選擇去關心一件事情時，改變總是會發生[1]。

——梅根・拉皮諾（Megan Rapinoe），美國女子足球隊隊長

如果我們在乎自己而不想要受苦，就會自然而然有動力去達成夢想，並戒除對自己沒有好處的行為。實踐自我關懷時會遇到的一大阻礙，是害怕不對自己極為嚴厲的話，我們就會變得懶惰而不上進[2]。這樣的恐懼來自於對自我關懷陰陽兩面的誤解。確實，溫柔的自我關懷幫助我們接納自己的不完美，提醒我們不用完美無瑕也值得被疼愛。我們不用去修補自己，我們現在本來就已經夠好，而值得獲得照顧和仁慈。

但，難道這表示我們不用想辦法去改變不好的習慣以達成目標或完成使命嗎？當然不是。減輕痛苦的渴望，讓我們奮力向前取得生活中所嚮往的事物，這不是來自於匱乏或欠缺感，而是來自於愛。與其每次在犯錯或在重要事項上失敗就嚴厲批評自己，我們把關注焦點放在能夠

從情境中學習到什麼。我們使用勇敢的自我關懷來激勵自己時，就能體驗到「鼓勵且有智慧的願景」。

鼓勵

鼓勵（encourage）一詞來自於古法語，意指「提振內心力量」。懷抱自我關懷時，我們在提振內心力量的同時引導自己走向成長及改變的道路。比起威脅萬一無法達成自己的目標就要懲罰自己，我們仁慈而支持，肯定原有的潛力。鼓勵不表示對自己說謊或是正面肯定地說「每天我在各方面都越來越強」，因為這恐怕不是事實。一旦過了特定年紀，我們便不會持續變得越來越強（至少身體上是這樣）。此外，研究顯示如果你懷疑自己的話，正面肯定的話語便沒有功效[3]。這些話語顯得空洞、造成複燃，讓感受變得更糟。鼓勵則是允許我們盡可能向前推展旅程，就算沒能如自己所希望的長遠。當我就算搞砸時也不會殘酷對待自己，而是會表示支持，那麼就能建立出安全感進而能承受風險。我會從充滿愛的心中汲取靈感和能量，並且更加努力，這是因為我自己想要這麼做，而不是為了讓自己能被接受而不得不這麼做。

馬克・威廉姆森（Mark Williamson）經營英國的「快樂行動組織」（Action for Happiness），他說他聽完我對於自我關懷與動機的演說後產生了改變。他領悟到自己一直以來總是在犯錯時斥責自己。常出現的講法是「你這他X的蠢貨」，好似咒罵自己就能讓自己下一次更加努力。這種聲音太過習慣，幾乎在無意識中運作，但也對他造成負面影響，削弱他的自信心。所以他開始在察覺自己因為失敗而自責時，便有意識地去練習，把想要咒罵自己的衝動轉化成友善（friendly）、實用（useful）、冷靜（calm）、仁慈（kind）（譯註：由此四字的首字組合的字，即為他原本想要罵自己的話）。這比言語羞辱更有建設性且激勵人。

當然，仁慈不表示縱容自己所做的一切，因為這樣也不是好事。有時候我們要用嚴厲的愛對自己狠一點，才能制止不健康的行為。如果我們真的傷害自己，像是酗酒、吸毒或是沉淪於有害的關係中，我們要堅定地說出不。嚴厲的愛很強烈，但最終的精神是仁慈。它給出「你必須要離開，因為繼續留著只會讓你持續沮喪」這樣的訊息。鼓勵則清楚表示改變的渴望來自於照顧和承諾，而不是怪責或評判，因此效果才會好。

智慧

認知普遍人性的智慧允許我們看見導致成敗的複雜條件，因此讓我們能從錯誤中學習。我們都知道失敗是最好的導師。如同愛迪生所說：「我沒有失敗，我只是找出了一萬種行不通的方法。」我們理解做錯比做對能提供更多有價值的資訊。

那麼，為什麼做錯時我們這麼難受？這是因為我們無意識中相信自己「不應該」失敗，且認為如果失敗等於自身有問題。我們會被隨著失敗而來的羞愧和自責感吞噬，導致我們無法看清狀況，因此阻礙成長的能力。

研究顯示懂自我關懷的人較明智，且更能夠從自己所處情境中學習[4]。面臨問題時，他們更可能考量所有相關資訊，比較不會消沉到想不出解決辦法。懂得自我關懷的人也較可能把失敗視為學習機會而非絕境[5]。他們較不害怕失敗[6]，在失敗時也較不會因此被奪去能力而是會再度嘗試[7]。自我關懷幫助我們把焦點放在能從失敗中獲取的事項，而不是執著於失敗對於我們自身價值的認定。我們不會用所遇到的挫折來定義自己，而是看見其中給予我們的潛在資訊來獲取成功。

當然，有時最明智的行動是在已經盡力而未果後，放下特定目標而轉往他處。如果你多年來想要當專職的單口喜劇演員，但你說的笑話都讓台下死寂一片，你可能要轉換跑道來嘗試不同的事情。日本一份研究詢問眾人對於過去五年間重要卻無法達成的目標有什麼想法[8]，發現自我關懷程度較高的人對於不如意的結果非但比較不感到消沉，也較可能放下該目標而另尋出路。自我關懷讓我們有更佳的見解，因此能找出利用時間和精力的最佳方法。

這裡要來區別嚴厲批判和辨別智慧（discriminating wisdom）[9]。嚴厲批判是用窄化僵硬的方式將自己標為「好」和「壞」；辨別智慧則是辨識出哪些有效和哪些沒效、哪些健康和哪些不健康，但在這麼做的同時也完全認知到影響情境的複雜多變因素。我們可以判斷自己的表現或成就是好或壞，但不會針對個人。僅僅一次的失敗不等於注定會再度失敗，或是意味自己就是個「失敗者」。透過將自己的經歷置於身而為人的更廣大脈絡中，讓我們獲得了學習和成長所需的洞察力。

視野／願景

正念允許我們在試圖改變時保持專注力和不偏離願景。因為我們在乎自己且想要快樂，所以我們不會從真正重要的事情上分心。我們失誤時，常常會沉溺於失敗感之中。這時如果沒能以正念覺察用以向前邁進的各個步驟，就會充滿羞愧感。

或許你想要開展新事業，像是為低薪工作的母親提供托兒服務的慈善機構。你向幾個基金會申請資助卻受到拒絕。你找朋友提供他們認識的富有人士人脈，請他們捐款卻沒有成果。如果你被這些初期遇到的挫折奪走注意力、不再相信自己，也失去對自己能完成這項事業的信念，你就一定不會成功。但要是你堅持自己的願景，把每個挑戰視為道路上的小顛簸，你就有成功機會。如果能保持思緒清晰且充滿決心，你可能會看見容易錯過的機會，像是發起群眾集資平台 GoFundMe 等其他創意的募款方式。

失敗後能再接再厲、振作起來再次嘗試並專注於目標上的能力稱為「恆毅力」（grit）[10]。安琪拉．達克沃斯（Angela Duckworth）是讓科學界關注恆毅力及其效用的領銜學者，她曾告訴我她認為自我關懷是用以培養這項特質的一項關鍵因素。自我關懷所提供的安全、支持和鼓勵，讓我們能在前方道路充滿阻礙時穩住腳步。研究證實懂自我關懷的人有更多恆毅力和決心，能無懼障礙堅持下去[11]。同時，自我關懷也提供明確的視野，來讓我們知道什麼時候要轉換方向以抵達目的地。

激勵型自我關懷休息片刻

這版本的自我關懷休息片刻活動，目的在於汲取勇敢自我關懷的能量來以「鼓勵且有智慧的願景」激勵自己（FierceSelf-Compassion.org 網站上提供這項練習的導引音檔）。

做法說明

想一個你在生活中想要改變的情境。或許你想要多運動但沒有順利做到；或是你困在一份乏味的工作想要離職，卻沒辦法拿出能量或是意志。現在，想像另個對你更適合的情境——每天早晨做瑜珈或是當自由作家。想到這項改變時，你內心會湧出什麼感受，挫敗、失望、恐懼或興奮？把這種情緒化為身體的感官知覺。

找到適當的坐姿或站姿。確保你的姿勢能帶來活力而不會垮下。你接下來會說一連串的字詞（可以說出來或是在心中默念），來喚出自我關懷三要素，讓你能激勵自己以鼓勵和支持做出改變。一如既往，目標是要找出最適合你個人的字詞。

• 第一組字詞帶來正念，讓你有清楚的視野能看見哪些事情要改變。提醒自己你想要帶給生活的新情境，緩慢且肯定地對自己說：「這是我給自己的願景」。其他講法包含「我想在世界上實踐這件事」或是「這對我來說是可能發生的」。

• 第二組字詞喚出對普遍人性的認知。要記住每個人都會中途被困住或是搞砸事情，但我們能從經驗中學習。對自己說：「這是人生中學習的機會」。其他講法包含「成長之痛是人難免會遇到的」、「大家通常起初都做不好，後期才做對」或是「我不是唯一一個面對這種挑戰的人」。

• 現在做出支持的手勢，把一隻手放在另一側的肩膀上，或是用拳頭打氣的動作來表示鼓勵。我們要用仁慈來支持自己做出改變，這不是因為我們有所欠缺，而是因為我們想要減緩受苦。試著用溫暖和肯定的語氣說：「我要幫助自己達成目標」。其他講法包含「我當你的後盾，我會支持你的」、「沒錯，我可以」、「盡力就好，看看會有什麼成果」或是「我相信你」。

• 如果找出適當字詞有困難，想像一個你真心在乎的人跟你遇到同樣的處境，你想要鼓勵和支持他做出改變。你會對這個人說什麼？用什麼語調來說？你會想要給他什麼建設性的批評？現在，你能把同樣的訊息給自己嗎？

• 最後，允許這個「鼓勵且有智慧的願景」之剛強能量結合無條件自我接納的柔韌能量。我們能盡力做出必要的改變，但重點是我們也能接受原本的自己，不完美沒有關係。我們會盡可能做出讓自己快樂的事情並減緩痛苦，這是因為我們在乎，且我們能放下要把一切都做對的執念。

為什麼我們要對自己那麼嚴厲？

研究顯示，人之所以對自己嚴厲而非仁慈，首要原因是我們相信自我關懷會減損上進動機[12]。我們認為自我批判是有效的激勵方式，透過對自己殘忍和貶低自己，能讓我們下一次更努力。另個打擊自己的理由是這樣能給自己掌控情勢的錯覺。我們批判自己時，同時強化了只要把一切做對就可以避免失敗的想法。第三個影響因子是想要保護自尊。我們想著即使沒能達成，但至少自己抱持了高標準，並用這想法聊表安慰。我們會去認同知道自己「應當」怎麼做的那個自己，就算還沒做到。如同先前所討論的，自我批評是個基本安全防護的行為。

你可能納悶，因為拖延重要事情而稱自己為懶惰的傢伙，怎麼會讓我感到安全？這是因為一部分的自己相信這能讓我開始展開動作，因此不會失敗而丟掉工作或是變得無家可歸。因為自己兇了小孩而猛烈批評自己，怎麼能讓我感到安全？這是因為我覺得這樣能讓我未來當個更好的媽媽，所以小孩不會討厭我並在我晚年拋棄我。我認為自己又老又不好看，因此對鏡子中的自己講出羞辱的話，又怎麼能讓我感到安全？這是因為我相信先出聲批評自己，能把其他人真正或想像中的批判變得沒那麼尖銳；也就是說，先下手為強。從某個層面來看，我們內在的批判者不斷想要避開可能造成傷害的危險。

首先，必須要說這種策略多多少少有效。許多人透過嚴厲的自我批評來通過醫學院或法學院考試，或是達成其他里程碑。但是這成效就像是老舊的燃煤蒸汽機——把你往前推進但同時製造出很多黑煙。雖然對自我批判的恐懼有時能激勵我們，但這種訴諸恐懼的手段有很多不好的後果：讓人害怕失敗、導致拖延、減損自信心，還有造成表現焦慮，這些都直接影響成功的能力[13]。我們要面對現實。羞愧無法真正促成奮發向上的心態。

雖然我們的內在批評者經常損及我們，我們也要去正視它而不畏痛苦，因為它反映了對安全的自然和健康的渴望。我們不想讓已經自我打擊的這件事又再打擊自己。自我批判會被誤以為也有著關愛的意涵。如同先前討論過的，有時候我們的內在批評是來自沒能保護我們安全的幼時照顧者的聲音，也就是造成傷害或是施虐的人[14]。不過，幼小的我們把它內化成是為了要提供幫助。我們小時候沒有多少選擇，只能以怪責自己來生存。就算批判不是來自於幼時的照顧者，而是感到害怕而想要改善和取得更佳表現的自己（像是我兒子嚴厲的內在對話），這都是源自於想要安全的單純渴望。有時候我們要用勇敢的自我關懷來對待我們的內在批評者，用堅定而溫和的語氣告訴它該停止欺壓手段。但我們也需要把溫柔的自我關懷給那樣的自己，肯定它盡全力要保護我們不經歷危險。這樣，我們才能真正開始感到安全。

我們用關懷而非批判來激勵自己時，便能夠透過哺乳類的照顧系統而非威脅抵禦系統來形成安全感[15]。這對我們的生理和心理以及情緒的安適狀態都有重大的影響。以自我批判來頻繁啟動交感神經系統會提高皮質醇濃度[16]，導致高血壓、心血管疾病和中風，這三項緊密相關的病症是美國人的主要死因。自我批判也是導致憂鬱的主因[17]。相反地，自我關懷能啟動副交感神經系統[18]，降低皮質醇濃度並提升心率變異。這能強化我們的免疫功能[19]、降低壓力，且有長期研究顯示這也能減緩憂鬱[20]。學習用關懷而非批判來激勵自己，是用來獲取健康快樂的最佳做法之一。

要愛不要恐懼

在犯錯或是沒達成目標之後給予自己關懷，能讓我們覺得受到照顧和支持。這種安全和自我價值感給我們穩固的基礎來重新嘗試。自我關懷允許我們用愛而非恐懼來激勵自己，且效果更好。想想我們怎麼激勵孩子。不久前，大家認為最好的方式是用恐懼來讓他們達成目標：不打不成器[21]。眾所普遍的認知是嚴厲的體罰才能避免小孩子變得懶散而遊手好閒。雖然懲罰在短期間能讓他們守規矩，但長期而言效果不彰，不僅會降低自信心，也會拉低成就[22]。不過，我們還是會用如同鞭打的方式對待自己。用教養的情境來思考激勵這件事情很適合，因為從多個方面來看，自我關懷就是在重新教養自己。

為了有效激勵孩子，我們需要在過於接納和過於苛求之間尋得平衡。我從為人母的經驗得知這點。我們之所以主要用在家就學的方式教育羅文，是因為艾爾金小城鎮的公立學校沒辦法滿足需求。我們也有嘗試過，但有天我們去看他在幼兒園的狀況，發現特教生呆坐著什麼事都沒做，而教師助理看著電視喝著汽水。所以我們把他帶離公立學校，他爸爸創立了新徑學習中心，以馬匹和大自然作為教室。那邊主要提供自閉兒童馬術療法，而有一人專門依據德州州立課綱教導羅文。他受的教育有很多很棒的地方，像是戶外活動、騎馬、旅行和專題式學習（例如我們去羅馬尼亞野外探險）。

然而，隨著羅文長大，我發現他沒有得到足夠的挑戰。中心的一項理念是營造出肯定的環境，也就是說，不會告訴自閉兒童不可以或是給他們壓力，以免導致他們容易焦躁的敏感腦部封閉而無法學習。例如與其針對所學內容進行測驗，他們會帶羅文做尋寶遊戲，教師從他回答線索的狀況評估他對教材的學習情形（例如如果亨利八世是中世紀的人就往左邊走，如果他是文藝復興時期的人就往右邊走）。羅文從來沒有被正式評分或衡量表現過。

雖然在年紀小時這方法能減緩焦躁且效果很好，但到了青春期的年紀時，就不再適用了。羅文需要學習如何面對失敗和壓力，我擔心他在學業方面會沒有進展。

我在羅文十六歲時跟他一起搬到奧斯汀，讓他到有知名自閉症輔導服務的優質公立學校就讀。他因為學習進度落後，所以要從一年級開始讀，但他順利融入班級。羅文狀況很好，在不同課程有不同老師，能學新教材而有足夠的學習刺激。在家就學的好處是羅文的意志不會受到打擊，他很快樂又有自信，且對自閉情況相當自在，這讓他更容易適應。但壞處在他開始參與考試時顯現。他感到很疑惑而不知道要怎麼讀書。不出所料，羅文在他第一次的考試——世界地理科目上考砸了，拿到了不及格的分數。

他回到家跟我講這件事情時，我原本可能想用我偶爾會聽見羅文用來對待自己的鞭笞方式激勵他，這方法也是很多人用來對付自己的方式。「你這個沒用處的失敗品，我對你感到丟臉。你在下一場考試要想辦法考好點，不然就慘了。」當然，我沒有這麼做。這不僅殘酷，也毫無用處。這種嚴厲的反應只會讓他對考差了感到更難受，也對下次的考試造成難以承受的焦慮感。把他貼上無能的標籤會減損成功的能力，或許還會導致他最終完全放棄了世界地理。

我實際做的，是給他一個大擁抱，向他保證我愛他。我對他這樣的經歷抱持關懷，並讓他知道在剛開始嘗試新事物時，失敗是很正常且不奇怪的事情。我確保他理解不及格不能表示他的智力有問題，或是減損他這個人的價值。我就此打住了嗎？我是否放棄而回到尋寶遊戲的做法？當然沒有！如果我光是停留在這並接受他失敗，卻沒有幫助他努力去克服，這樣對他來說也很殘酷。

於是，我跟他每一位教師見面，仔細檢視羅文所讀的內容。我們想出要怎麼用專屬他的教材來給予支持。我鼓勵他再接再厲，因為我相信他，知道他可以辦到。學期末時，他不僅在各個考試取得好成績，也實際享受讀書過程的樂趣，也因為成功而獲得了成就感。

我們可以用類似的方法來激勵自己。我們不該繼續維持現狀，因為那樣就無法學習和成長。我們要冒點險。不過，既然是冒險，就必定會有失敗的時刻。面對這種必然的失敗，如何反應會決定後續的發展。打擊自我不能讓我們向前，只會讓我們不再嘗試下去。如果我們接受自己隨時處於仍待加強的狀態，我們就較能夠克服挫敗。溫柔自我關懷允許我們在沒成功時安慰自己、讓自己安心，而勇敢自我關懷鼓勵我們再度嘗試。

用關懷激勵改變

這項練習運用「鼓勵且有智慧的願景」來幫助我們改變有害習慣。這改編自MSC所教的「找出自己的關懷聲音」練習，這練習經過多年的精修而成。我們會請人先看看他們的內在批評者通常如何激勵改變，接著直接換成更有關懷的做法。不過，多數人在做這項轉換時會遇到困難。在熟悉IFS療法後，我們增添了一步驟，來感激內在批評者顧及自己安全所付出的心力。各方面都就位後，現在成為計畫中一大有力的練習。因為要直接正視內心的批評者，萬一你知道這批評的聲音是內化自過去對你施虐者的聲音，實行起來就要謹慎。在這情況下，最好要在治療師的引導下完成練習。記住，需要的話可以停下來。這是個書寫練習，請拿出紙和筆。

做法說明

- 想一項你想要改變的行為，亦即在生活中造成問題的事情，也是經常導致你批評自己的事情。選擇程度輕微到中等的行為，避開極為有害的事。
- 範例包含「我吃不健康的食物」、「我運動量不足」、「我拖延事情」或是「我很沒耐性」。

- 不要選擇改變不了的特徵，像是你的腳很大。要關注的是想要改變的實際行為。
- 寫下那個行為，也寫下該行為造成的問題。

找出你的內在批評者

- 現在想想當行為發生時，你的內在批評者會怎樣表達。是用嚴厲言詞嗎？是的話，盡可能還原你實際會用的言詞。另外，你的內在批評者用什麼語調說話？
- 對一些人來說，他們的內在批評者沒有使用嚴厲言詞，而是傳達出失望、冷漠甚至麻木的感受。每個人都不一樣。你的內在批評者展現什麼面貌？

對受批評抱持關懷

- 現在轉換觀點，試著去接觸受批評的那個自己。接受這訊息時有什麼感受？這對你造成什麼影響？造成什麼結果？請寫下來。
- 你可以喚出溫柔自我關懷，來安慰自己接受這種嚴厲對待是很不易的事。試著寫下溫暖和支持的話語來給這個自己，像是「這真的很讓人感到受傷」、「我很遺憾」、「有我在」或是「不是只有你一人有這種遭遇」。

理解你的內在批評者

- 現在，試試看能不能抱持興致和好奇來看待你的內在批評者。反思是什麼造就了內在批評者。它是不是要用某種方式保護你、讓你遠離危險以及給你幫助，只不過結果不佳？帶著批評態度的這個自己可能年輕不成熟，不是很懂得要怎麼幫上忙。不過它的出發點可能是好的。
- 寫下你認為是什麼驅使你的內在批評者。如果不知道答案也沒關係，只要考量不同的可能性。

感謝你的內在批評者

- 如果你能找出內在批評者想要保護或幫助你的情況，在感到安全的前提下試試去肯定它所付出的心力，像是可以寫下一些感謝的話（如果你找不出內在批評者有任何帶來幫助的情況，或是如果你覺得這是過去虐待你的人的聲音，就跳過這步驟。你不用感謝造成你創傷的人，而是要回到前面步驟來針對過去受批評的痛苦給自己關懷，或是跳到下一步驟）。
- 讓你的內在批評者知道雖然當前這麼做不太有好處，但你感謝它保護你的安全。它已經盡全力了。

運用智慧

- 既然你的自我批評聲音已被聽見，或許就能讓開到一邊來騰出空間容納新的聲音，也就是自我關懷的明智與關愛之聲。
- 我們內心富有關懷的自我，不像內在批評者般把行為視為表現不好或能力不足的結果，而是體諒驅使該行為的複雜情況。它能望向更宏觀的視野，並幫助我們從錯誤中學習。
- 你能否找出你為什麼會被困住或是造成不良行為的因素？或許你太忙碌而覺得壓力大，或是這是讓你感到自在的習慣。求取改變時，是否能從過去的經驗學到什麼？寫下任何見解。

找出你的關懷聲音

- 試試能否接觸想要鼓勵你改變的那個自己，且之所以要改變不是因為你不接受自己本來的模樣，而是因為它希望你能得到最好的。明顯可見，該行為對你造成傷害，你富有關懷的自我想要減緩你所受的苦。
- 試著重複掌握住關懷之聲精髓的字詞，像是「我深深在乎你，所以我想要幫助你做出改變」或是「我不想要你繼續傷害自己，我在這支持你」。

- 現在，開始用關懷的語氣寫信給自己，自由談及你想要改變的行為。採用「鼓勵且有智慧的願景」時，會出現什麼激勵的話語？
- 或許，保護型自我關懷的話語也能派上用場，讓你劃下界線或是起身對抗內在的批評者。
- 如果找出適當話語有困難，可以試著想像面對一個遭遇與你類似情況的好友時，你真情流露時表達的話語。

結合勇敢與溫柔的自我關懷

- 最後，試著將鼓勵改變與目前仍待加強的自己結合起來。我們不用完美或是做對一切。試試能否允許溫和的自我接納與積極改進自我的動力同時存在。

在我所教的 MSC 工作坊中，有名學員表示她對內在批評者和內在富有關懷的自我，儘管表達方式不同卻有著同樣目標感到驚訝。她對於在工作發怒（像我內在的鬥牛犬）的情況感到困擾，她想要改變自己與同事的互動狀況。她說道：「我的內在批評者不斷對自己說『你這賤貨！』在這次的練習中，我內心富有關懷的自我只是說『好一隻虎霸母耶！』」我們都笑了，我心有戚戚焉。這巧妙展現了我們在進行結合勇敢與溫柔自我關懷的艱鉅任務時，要對自己抱持鼓勵和支持。

恰當理由的激勵

心理學中，通常會去分辨學習目標和表現目標。具備學習目標的人受到想培養新技能和精熟任務的意念推動，他們會把犯錯視為學習過程中的一環。具備表現目標的人想要取得成就，主要是為了要捍衛或是加強自尊。他們把失敗視為自我價值的衝擊，覺得自己必須比別人做得更好才能自我感覺良好。這就是自尊顯露出的醜惡一面：達成自己最佳表現還不夠，一定要比其他人都還要好。研究顯示，懂得自我關懷的人較不會設立表現目標，因為他們的自我價值感不是奠基於與他人比較[23]。他們設立的是學習目標，把失敗從負面的事情（「我不敢相信合約是被喬安拿下而不是我，我真是沒用」）轉換為成長的機會（「我想知道喬安做了什麼而能拿下合約？我可以找她喝杯咖啡來問她看看」）。

蒙特婁麥基爾大學的一項研究，檢視自我關懷如何影響大學新生的安適感，也就是他們怎麼應對第一年的失敗[24]。研究發現懂得自我關懷的學生有較多學習目標和較少表現目標。他們沒能達成預定事項時較不難受，且比起是否達標更關注目標對於個人是否有意義。自我關懷幫助我們把焦點放在我們要努力達成某事的原因上。我們是基於要發展自我而去努力時，成功與否以及他人怎麼看待我們便變得不重要。重要的是如同毛毛蟲織繭的過程，不斷發揮我們的優勢與才能來實現自己的潛力。

研究顯示，自我關懷的另一項益處是能帶來成長型而非固定型思維[25]。第一個提出這兩個詞彙的人，是史丹佛大學的心理學教授卡蘿．杜維克（Carol Dweck）[26]。擁有成長型思維的人，相信自己可加強能力並改變自己的某些性格面向。擁有固定型思維的人認為自己的基因和成長背景決定了能力，且自己卡在這樣的能力範圍中而很少有機會改變既定的命運。擁有成長型思維的人，在面臨挑戰時較可能會試著去改善、練習、花心力改變並維持正面樂觀。

我們用關懷來看待自己不喜歡的自身性格面向時，更可能發展成長型思維，相信自己可以改變。加州大學柏克萊分校的布雷伊納斯和陳綺娥出色地闡述了這點[27]。她們請學生找出自己最大的弱點，結果多數都是有關不安全感、社交焦慮或自信不足的問題。接著，學生被隨機分派到三種組別，一組是用帶有自我關懷的方式寫下自己的弱點，一組是用提振自尊的方式來寫，還有一組控制組沒有寫下任何內容。

接著，參與者要寫下他們認為這項缺點是固定或是可以改變的。相較於另兩個組別，受指示以自我關懷來書寫的人，對於弱點較可能抱持成長型思維（「我知道只要透過努力就能改變」），勝於固定型思維（「這是天生的，我什麼都做不了」）。諷刺的是，比起自尊如啦啦隊般的打氣，對於自身弱點的關懷，較能讓我們對自己的進步能力有信心。

我會失去前進動力嗎？

自我關懷不僅加強成長是有可能的這種信念，也提升去為此投入的能力。雖然有人擔心自我關懷會讓人失去上進心，但實際上正好相反。學習更懂得自我關懷時，個人的主動性（向前實踐人生夢想的渴望）會大幅提升[28]。自我關懷不表示我們會如同攤在舒適躺椅般淪於被動接受。我們在接受自己有弱點（誰沒有呢？）的同時，也會試著去克服這些弱點。

布雷伊納斯和陳綺娥在另項研究中，讓學生進行困難的單字測驗，所有人的表現都不佳[29]。其中一個組別的人受指示要對失敗抱持自我關懷（「如果你對這項測驗感到困難，你不孤單，學生覺得這種測驗很困難的情況很常見」）。第二組在自尊上受鼓舞（「別擔心，你能來讀這間大學，就表示你很聰明」）。第三組是控制組，沒有聽到任何話。接著學生被告知要再進行第二次的單字測驗，並拿到一張單字及其定義的清單，他們可以自己決定要讀多久之後再考第二次。研究人員記錄學生讀了多久，發現被鼓勵要保持自我關懷的學生，在第一次測驗失敗後花比其他兩組更久的時間來讀單字，而研讀時間的長短反映在測驗的表現結果上。

我們沒能取得最佳表現的一個原因是我們會拖延。不論是多次按下鬧鐘貪睡鍵、延後要找表現不理想的員工來進行棘手卻必要的談話，或是到牙科檢查牙齒，拖延都會讓事情變得困難許多。雖然人之所以拖延是為了要避免做麻煩任務帶來的壓力和不適，但很諷刺地，拖延這件事情本身也會造成壓力和焦慮[30]。拖延者經常會批判自己並覺得沒有辦法達成目標，因而又帶來更多擔憂和延遲，這會形成一個難以掙脫的無限迴圈。研究顯示自我關懷可以打破這個循環，不僅減少拖延問題，也能降低隨之而來的壓力[31]。溫柔自我關懷允許我們接受麻煩任務的不適，並對自己想要拖延的念頭不帶批判。接著，勇敢自我關懷促進我們採取行動來做出必要的事情。

擁有自我關懷的心，就像完成任務的火箭燃料。

做就對了

因為自我關懷能提升動力並幫助我們用有效益的方式回應失敗，這在體育界開始興起。運動員在犯錯時要承擔很高的代價，投籃或是罰球未進的話，可能讓球隊失去勝利機會，也讓無數球迷感到失望。但如果運動選手自我打擊，只會讓他們沒辦法回復好狀態。失敗是比賽中必定會發生的事，運動員對失誤的反應是維持實力的關鍵。

在必須取得最佳表現來維持生計的運動員之間，自我關懷會損及動力的迷思特別普遍。一份調查運動員對自我關懷想法的質性研究中，有名年輕的女籃選手說：「如果你太過自我關懷，就會一直認為夠好就可以了，而不會去尋求更優秀的表現，這對頂尖運動員來說是不應該的。我必須要對自己嚴厲，因為不這樣的話，我就會甘於平庸[32]。」聽到運動員這樣說，讓我感到十分心疼。猛烈批判自己不會幫助你超越平庸表現，反而會讓你陷入壓力和焦慮中。你可以認為自己的表現不夠好，並努力做得更好，而不必嚴厲地批評自己。即使你的表現不是很好，但知道自己已經夠好了，這樣的安全網能幫助你堅持比賽。

事實上，越來越多研究顯示，在情緒壓力大的賽場情境中，懂得自我關懷的運動員對失敗能有更具建設性的反應。薩克其萬大學進行的一份研究顯示，在出現表現失誤或敗陣後，懂得自我關懷的運動員較不會把事情災難化（「我的人生真是毀了」），或變得自我針對（「為什麼這樣的事總是發生到我身上？」），而更可能保持平常心（「每個人多多少少都有不順心的時刻」）[33]。同樣的研究者進行的另份研究發現，懂得自我關懷的運動員在運動時更有活力，且更具專業成長的動力。被問到會怎麼應對因失誤而導致球隊輸掉的情況時，他們較可能負起責任並持續加強技巧[34]。

懂得自我關懷的運動員表示比賽時比較不焦慮、更能專心，且身體較不緊繃[35]。這一方面是因為自我關懷能對神經系統起作用。曼尼托巴大學的學者找了將近一百名大學或全國層級的運動員進行研究[36]，他們透過生物回饋系統來測量運動員思考過去表現失敗時的反應。研究發現懂得自我關懷的運動員在生理方面較平靜，且心率變異較高，能有較高的靈活度來應對快速運動情境中容易出現的突發變化。健康的心態帶來健康的身體，因此自我關懷能幫助運動員取得巔峰表現。

所幸，有些教練跟進了。幾年前，德州大學奧斯汀分校男子籃球隊的總教練夏卡．斯馬特（Shaka Smart），在讀過我第一本著作後對自我關懷產生興趣。他邀請我為球隊辦一場簡短的工作坊，讓他們學習用更有效益的方式應對失敗。因為籃球是很激烈的運動，選手要不斷射籃也會失手，失敗便僵住的話就注定會輸掉。夏卡認為自我關懷能起作用。

我想，隊上的人可能會對「自我關懷」用語抱持負面反應，所以我就沒用這個詞。我改成談心理素質培訓的重要性，因為這是勇敢自我關懷能帶來的效果。我提醒運動員他們在身心方面都要健康才能有效應對失敗。為了應對懈怠的迷思，我討論了一份研究，其中講到在失誤後支持自己能提升動力和毅力。接著我問：「你們想要哪一種內心教練：對你吼、罵你和讓你緊張的教練，還是鼓勵你，並且能以才智告訴你要做哪些改變的教練？哪位內心教練會比較有效果？」用這方式來說，隊上的人便能接受自我關懷的概念。

我教導他們一些練習活動，像是用「鼓勵且有智慧的願景」來創造出理想的教練形象，藉此引導他們打出最棒的比賽（所幸夏卡是很好的楷模）。我介紹他們要怎麼在需要提振士氣時運用「激勵型自我關懷休息片刻」，還有示範怎麼做出支持的碰觸法，讓他們在賽場內外都能在情緒上立定好自己。他們隊上的人到今天仍在實行自我關懷的基本原則。

動力或完美主義？

雖然勇敢自我關懷提供動力激勵我們進步，但如果沒有和自我接納相平衡，就很容易變成不健康的完美主義。社會給人很大的壓力要把事情做對。如果我們敦促自己做出改變，卻沒有以「愛與連結的存有」來給予自我接納，就可能製造出不斷苛刻追求改善的惡性循環。我們會用想要修正錯誤的心態，拚命要變更聰明、更健康或是更成功，甚至是更有自我關懷。

完美主義可分成適應型和適應不良型[37]。適應型完美主義是指我們對自己採取高標準，這往往能提升成就和加強毅力。適應不良型完美主義是指我們在達不到自己所設的高標準時會批判自己，因此覺得實際的最佳表現不夠好。這會讓人變得沮喪，且減損達成成就的能力[38]。

相較於自我批判的人，懂得自我關懷的人在表現標準上的目標也比較高[39]。他們像其他人一樣有宏大夢想，想要有所成就。差別在於他們沒達到目標時如何對待自己。懂自我關懷的人在失敗時不會擊潰自己，且適應不良型完美主義的傾向較低[40]。陰陽調和讓懂自我關懷的人在遇到挫折時仍繼續追求夢想。舉例來說，一份針對醫學實習生（往往設立高標準）的研究發現，自我關懷程度較高者比較不會對失敗產生適應不良的回應，且更可能順利完成學業[41]。

我在德州大學奧斯汀分校這樣的頂尖大學，遇過很多有完美主義的學生。常常，我班上拿A-的大學生會來找我討論怎麼拿到更高分。許多研究生也是完美主義者。事實上，高標準常常是帶來學業成功的功臣。但是，在接受寫碩士或博士論文等艱鉅挑戰時，完美主義效果不好。因為想要產生創造力和創意，需要對犯錯和失誤有足夠安全感。

我的研究室有個碩士學生名叫墨莉，她對自我關懷的研究很有熱忱。她在讀德州農工大學時開始熟悉我的研究，她說這改變她的人生。她是個生於保守家庭的女同志，她表示是自我關懷給她勇氣在二十歲時出櫃。墨莉用溫柔自我關懷來完全接納和擁抱本來的自己，用勇敢自我關懷來告訴父母自己就是同性戀，不論他們是否接受都不能拿她怎樣。結果父母比她預期的能接受這件事，只是在溝通的過程中有點艱難。

墨莉有種令人難以抵抗的魅力。她很聰穎、有趣、機靈，也是個很積極進取的人。她無論做什麼都表現很出色，無論是滑翔傘（她最愛的嗜好）、說日文（她說得很流利），或是為社會正義進行抗爭（她在大學時與性少數學生團體籌組同志驕傲遊行）。她一開始質疑自我關懷，因為她覺得這會降低她向前的動力，但很快便發現這讓她更容易取得A的成績。她是如此聰明，以至於在進入研究所之前，她並沒有在學業上受到過嚴重的挑戰。然而，在大學部表現極為聰明出色的學生，到了研究所可能只是表現普通。雖然她在多數課程都還是拿到A，但在高等統計學遇到困難。她需要專業統計技巧來進行論文研究（檢視自我關懷如何幫助同性伴侶面對歧視）。她接受額外的指導、在夜間讀書，也試著鼓勵自己更努力加強。但她還是拿到差點就不及格的C。

她對我說：「我不知道為什麼我的成績沒有進步。我完全沒有打擊自己。我用和善溫和的方式鼓勵自己加把勁。」雖然她沒有過於嚴苛，但我懷疑一部分的她無法接受自己也會遇到無法取得卓越表現的事。她相信自己要表現完美，只是沒有講出來。身為優等生已經成為她自我認同的一部分，拿到C簡直就是要她的命。我幫助她釐清自我關懷帶來的動力不表示一定要做到更好。勇敢鼓勵我們盡全力加強，此外我們也需要溫柔來接受自己的限制。她在高等統計學表現不好等於世界末日嗎？她要寫論文總是能找到統計顧問。墨莉最終平靜接受這領域不是她的強項，很幸運地，這並沒有讓她無法繼續做研究。

我們在勇敢與溫柔自我關懷之間取得平衡時，不僅採取行動來加強自己，也同時接受了自己身為人的不完美。我們對於無條件自我接納越感到安全，就有越多豐沛的情緒資源能用來認真做事、挑戰自我並盡可能取得好表現。卡爾．羅傑斯（Carl Rogers）是一九四〇年代人本心理學運動的創始人之一，他總結得很好，他說：「奇特的矛盾在於我接受原本的自己時，便能夠做出改變[42]。」用關懷激勵自己時，美妙之處就是這能消除想要達成成就的焦慮和壓力。我們不再因為急切想變得完美或表現出眾而讓自己心力交瘁，我們不再透過表現過人來衡量成功。「我與世界相對抗」成為「我是世界的一部分」。在個人成就方面不再那麼苛求自己，也就是說我們能鼓勵自己盡力，而不要求時時都要做對。

女性受到的挑戰

對女性來說，不管是想在自己的生活或是這個世界做出實質改變時，勇敢與溫柔自我關懷的平衡特別重要。完美主義或是過於拚命取得成就卻沒有無條件接納的安全網時，只會讓我們在努力時增加壓力。相反地，以仁慈來克服屏障，且堅守失敗時要照顧和支持自己的底線，可以讓我們更容易成功。

身為女性的我們，面前有著重大的任務。地球正在暖化，政治體系破敗，世界上有些地區的人因饑荒而死亡，另些地區的人卻是受肥胖所苦。長久固化的性別歧視和種族歧視以及不平等的問題似乎永無止盡。一八五一年，遽聞索傑納·特魯思（Sojourner Truth）在婦女權利大會（Women's Rights Convention）的著名演說對群眾說道：「上帝第一個造出的女性能憑一己之力顛覆世界，而眾多女性必定能加以回復並把世界導回正軌！現在她們已提出要求，男性最好讓她們這麼做[43]。」父權的舊方法已經不再能發揮效用了，很有可能女性是維繫世界不至於翻覆的力量。隨著我們肩負起這樣任務的同時，我們務必要能使用自我關懷的各式工具。「愛與連結的存有」能懷抱所有的痛苦而不被擊垮，「勇敢且有力的明辨」能喚醒我們保護自己和其他人不受傷害，「豐足且平衡的真實」允許我們在世上刻劃出永續的新生活方式，而「鼓勵且有智慧的願景」啟發我們爭取必須要有的改變。如果我們能運用勇敢與溫柔自我關懷的最大力量，並減緩內外在的痛苦，誰能說得準我們能達成多少成果呢？

PART 3

在世上展現
勇敢自我關懷

第九章：職場上的平衡與平等

如果給我們機會，我們就能有所表現。畢竟，經典雙人舞蹈組合中的女舞者琴吉．羅傑斯（Ginger Rogers）所做的事情與搭檔佛雷．亞斯坦（Fred Astaire）並無二致。只是她穿著高跟鞋倒著跳而已[1]。

——安．理查茲（Ann Richards），前德州州長

我們的曾祖母生長於一個女性無法投票的時代。她們被期望足不出戶、做家事、照顧孩子，而男性則在外工作賺錢。時至今日，性別平等方面已有巨大進展。在當今的美國社會，女性取得高等教育學位的比率比男性更高，無論是在取得學士學位（五七％）、碩士學位（五九％），還是博士學位（五三％）方面都是如此[2]，而且她們甚至還獲得更好的成績[3]。此外，在勞動力人口中，有四七％為女性[4]。在所有管理職和專業職位中，女性約占五〇％，而在教育、健康照護、房地產、金融、人力資源、社工與社區服務等行業的管理職中，女性則略多於男性[5]。但我們仍然有很長一段路要走。二〇一八年，美國女性勞工的平均收入為男性平

均收入的八二%，且還有族群差異[6]：亞裔女性的平均收入為男性的九〇%，白人女性為七九%，非裔女性為六二%，而西班牙裔女性則為五四%。這種男女薪資差異現象有部分原因單純是性別與種族的雙重歧視所造成，但還有部分原因是女性的從業限制所致[7]。相較於女性，男性較有機會從事工程、資工等高薪行業，女性則有較高機會從事護理或教育等較低薪的行業。其中非裔和西班牙裔女性則有最高機率會從事收入最低的服務業。

此外，照顧家庭在很大程度上仍被視為女性的責任。女性成為家庭主婦的機率比男性當家庭主夫的機率多出五倍[8]。且無論就業狀態如何，女性在照顧小孩與長輩、做家事等家務事上花費的時間比男性更多[9]。失業女性花最多時間在家務勞動上（每週約三十三小時），花次多時間做家務勞動的是職業女性（二十四小時）、失業男性（二十三小時），然後才是職業男性（十六小時）[10]。這表示在外工作的女性所做的家務勞動比沒工作的男性還要多！且此類男女不平等的模式似乎在不同種族和族群中是一致的。職業女性也應盡照顧家庭之責的期待，使得她們有較高機率從事兼職工作、休育嬰假，並且需要彈性的工時——這使女性在薪資和升遷方面處於不利地位[11]。

在《財富》（*Fortune*）世界五百強企業的董事會成員席次中，僅有二三%為女性[12]，有色人種女性則更少，只有五%。而在高階職位方面，《財富》五百強企業裡只有五%是由女性擔任公司執行長。還有一項調查顯示，女性執行長的人數比名叫詹姆斯（James）男性執行長的人數還要少[13]。這種阻礙女性往高層升遷的無形屏障，顯然還是跟以前一樣難以打破。

職場上的兩性平等問題，必須在將男子描繪為主宰型，女性則為共融型的刻板印象宏觀脈絡下來加以理解[14]。主宰型時常和成就、技能展示、能力、抱負、努力、專注，以及自力自強等詞彙連結在一起。這是指一個人能夠承擔責任，強而有力地表述個人意見，且理性地運用邏輯分析並解決問題的能力。而這些正是高層的有效領導者所需具備的特質。

另一方面，共融性則經常與溫暖、友善以及合作等詞彙相連結。它除了被賦予諸多特質如同理心、情緒敏感，仰賴直覺與邏輯外，尚含有尊重有禮、謙遜低調、應對恭敬等內涵。這些特質對於中階主管、祕書等服務性質的職位而言更為重要。

過去三十年來，主宰與共融的性別刻板印象幾乎沒有改變，這顯示了女性所處的困境相當棘手[15]。如果我們希望實現性別平等，那我們需重新思考自己對於性別的看法，並擴展我們對於打造理想職場的想法。

職場上的不平衡

傳統上男性化的商場上注重剛強的舉止[16]。不論是堅守底線，或是不讓競爭對手占上風，都有賴自我保護行動。透過不斷增加工資與利潤來滿足自我需求，已被視為一種正常的商業慣例，而成為最佳表現者並追求卓越的動機已深植於企業文化中。善良、包容與理解等特質則無足輕重，進而使職場陰陽失衡。一份針對《華爾街日報》在一九八四年至二〇〇〇年間刊登文章的用語分析研究發現[17]，諸如「獲勝」、「優勢」和「擊敗」等詞彙曾在上千篇文章中出現，且出現次數在這十七年間上升了四〇〇%以上，然而像是「關愛」和「關懷」等詞彙則幾乎沒有。對於他人福祉的關注若是有損利潤，往往就遭到忽略，從而形成一種扭曲的視角來看世界。

其中一項因不平衡所導致的負面結果就是霸凌。抱持單向度權力觀的人試圖通過批評、嘲笑、貶低以及對人找碴的方式來行使權力。在強調個人成就的高度競爭環境裡更有可能發生職場霸凌[18]。上司往往會霸凌下屬，而男性比女性更容易霸凌他人。換言之，當剛強的力量沒能與柔韌的力量相抗衡，事情就會產生失控的趨勢。研究發現，大部分的美國勞工都曾在職業生涯的某個時刻遭受霸凌，這導致離職率和缺勤率升高、對工作投入的心力減少、工作滿意度變低，以及產生心理健康問題[19]。任何看了川普和拜登第一場總統選舉辯論的人都知道，霸凌令人無比心力交瘁，使人很難完成任何事情。

另一項不平衡所帶來的後遺症就是失控的貪婪。以製藥產業為例，儘管醫療產業應慈悲為懷，以治療為重，但大型製藥公司往往只顧著為股東賺錢，鮮少將病患福祉放在心上[20]。我和帕克患有威爾森氏症，我們用的藥物就是暴利產品的典型範例。由於威爾森氏症是罕見疾病（全美患有此症的人不到二千分之一），因此治療這種疾病的藥物在美國幾乎沒有市場。我們所服用的 Syprine 是於一九六〇年代研發出的一種螯合劑。二〇一五年，范立恩（Valeant）製藥公司買下這款藥物的專利，並在幾年內將藥物價格提高了三千五百％，以前每個月六百元美金的藥費，現在漲為兩萬一千美元。梯瓦（Teva）製藥在二〇一八年生產了該藥物的學名藥，一個月的藥物用量定價為一萬五千美元（還真是划算！）[21]。好在我們有很完善的保險方案，不用自掏腰包支付高額費用，但我們的保險公司每年仍不得不掏出五十萬美元支付給我們的邪惡藥商好贖回我倆的健康，這筆費用會轉嫁給其他保戶。由此可見，欠缺關懷的製藥市場會危害所有人的權益。

所幸近年一項提倡在商場上喚起善心與建立情感連結的運動正悄然萌芽。來自密西根大學羅斯商學院的珍・德頓（Jane Dutton）與她在關懷研究室（Compassion Lab）的同事是研究關懷對職場文化有何影響的先驅[22]。他們認為，自私自利、不惜一切換取利潤的商業模式無法永續發展。不把員工福祉置於優先地位的工作場所，很容易演變為充滿敵意的環境，自私自利的老鬪、辦公室裡的勾心鬥角、性騷擾、精神虐待，甚至還可能會發生職場暴力。在缺少關愛的工作環境中勞動會降低士氣、增加壓力，進而導致罹患憂鬱症的可能性。根據若干可衡量數據如缺勤率、離職率的上升，以及醫療、法律和保險費用支出的增加來進行估算——因職場壓力而導致的生產力下降與經濟損失金額每年可達到數十億美元[23]。

與此相比，建立關懷文化的組織則獲得實質效益。例如在公司內為有需要的員工發起募款活動、獎勵善行、鼓勵在工作場所抒發情緒，並對霸凌採取零容忍政策[24]。這些公司的員工不但在工作上投入更多、有更好的團隊成效，離職率也下降了。透過這些計畫，員工的績效和盈利都有所提升[25]。雖然這項關懷運動帶來一線曙光，但目前的商場文化仍崇尚剛強作風而輕視溫柔特質，改革仍需要許多時間。

企業裡的陰陽失衡解釋了女性有較高比率從事教師、護理師或社工人員等低薪職業的原因。首先，男性主導的職業時常將個人私欲置於他人福祉之前，這類型工作往往不受女性青睞[26]。再者，女性於成長過程多被培養為熟練的照顧者，她們往往對照顧他人的職業更感興趣，也覺得自己更稱職[27]。世人往往默認這樣的觀點，且在這些照顧他人的崗位上僱用女性，造就女性在這些領域受到較少阻礙，而更容易取得成功。不幸的是，照護相關行業被視為女性化，表示這些領域的從業人員也往往被賦予較低的價值、社會地位，以及薪資[28]。

兼顧工作與家庭

女性的職業時常是在工作與照顧孩子之間兩相權衡之下的抉擇。在有小孩的異性伴侶中，通常是男性全職工作，而女性從事兼職工作，這樣的現象特別是由於男性的薪資往往更高所致[29]。二〇一八年，「美國進步中心」（Center for American Progress）調查了近五百名家長，結果顯示母親的職業生涯因育兒而受到影響的比例比父親高出四〇％[30]。而且即便女性設法解決育兒問題，她們對全職工作的罪惡感仍比男性來的多[31]。這是因為女性在社會化的過程中潛移默化，習於將自己的需求置於他人之後，因此會感覺以工作為第一優先很自私，但男性通常不會有這種顧慮。

要解決這個問題，並不是要女性變得更像男人並且為了工作而犧牲家庭，而是要讓工作機會與家庭責任的分配更加平衡。這是可以達成的，但也必須承認這對擁有較多資源或是較大家庭支持圈的女性而言較為容易。政府興辦的計畫，像是常見的托兒補助，或是給父親的帶薪家庭照顧假，都能有效協助改善這個問題。

我的朋友林在工作與家庭之間取得很好的平衡。我搬到奧斯汀不久後在瑜珈課上認識她，我們時常在課後一起喝茶聊天。當時林在當地一家業務繁忙的廣告公司擔任平面設計師，且在該領域小有名氣。然而，她來自一個傳統的亞裔美籍家庭，在滿三十歲後，父母就催促她生小孩。林雖然想要小孩，但還沒做好準備，她很享受自己的事業，不想中斷。但林的丈夫大衛開始擔心高齡生產的種種問題，他不想再等，所以林同意嘗試備孕。她的公司有一個很棒的家庭照顧假政策，即使在她兩個月的帶薪產假休完後，她的工作也會保留四個月。因此雖然林在懷孕期間內心有所掙扎，但她知道自己的工作至多只會中斷六個月。

林生了一個健康的女嬰，名叫艾美，事實證明大衛是一位好父親。他參與了育兒過程並從旁協助，幫忙換尿布、安撫嬰兒情緒，並且幾乎每天都推著嬰兒車帶艾美去散步。林很喜歡當母親，但在過了半年全職媽媽的日子後，她準備返回工作崗位，因此她需設法解決照顧孩子的問題。

雖然她與丈夫的父母都不住在城裡，但她還是找到了一間自己喜歡的日間托兒中心。不過林的父母強烈反對她回去工作，並將罪惡感施加在她身上：「你不會想要變成那種不顧小孩的家長吧？你的女兒需要你在家陪她，如果你就這樣拋下她不管，她一輩子都會有心理創傷。」大衛也很反對在小孩還小的時候讓她整天和陌生人待在一起。林很糾結，但她最終還是妥協，選擇在家擔任兼職的電話推銷員，以換取更彈性的時間，同時相信等艾美上學後她就可以回去做平面設計師。

林討厭做電話推銷員。這份工作收入是不錯，而且她可以在通話空檔照顧艾美。沒過多久林就開始感到委屈，她經常在大衛從建築公司下班回家時皺眉。憑什麼他可以繼續保有自己喜歡的事業，而她就不行？林試圖撫平這種情緒，把注意力放在她所感激的一切，像是她的丈夫幫了很多忙、她有一個健康的孩子、有許多職業女性想跟她一樣在家陪伴小孩卻無法如願，諸如此類。她告訴自己，要是把自己的需求擺在第一位那就太自私了。

到了艾美一歲半的時候，林開始變得悶悶不樂。大衛推測這是荷爾蒙所引發的產後憂鬱症，但林認為不只如此。當我們談及她的情況時，我鼓勵林探究那個釋放不滿信號的根源。她立即說道，她討厭自己的生活，也討厭自己對生活感到不滿。我建議她將關注焦點放在溫柔的自我關懷，在這艱困的時刻，對自己寬容仁慈一點。林喜歡寫作，所以她每天寫日記。她透過自己的文字紀錄確認了一個事實：儘管她確實擁有很多值得感激的事情，但她的不滿是真實的。她安慰自己，對於她所處的情況會感到沮喪很正常也很自然，而且有很多女性也跟她一樣。她開始用更加溫暖且充滿支持的態度對待自己，意識到自己的需求也很重要。

在林變得比較穩定踏實後，我建議她將注意焦點轉向勇敢的自我關懷，以及她可以採取哪些行動來做出改變。她意識到平面設計師工作對她有多重要；她熱愛這份兼具創意與實用的工作，她可以同時結合自己的左腦與右腦思維。從事自己滿意的工作對她的心情愉悅不可或缺。她想找機會回去工作，卻因為身為母親的責任而左右為難，同時也擔心離開職場太久很難重新找到正職工作。我建議她試著在日記裡寫下自我鼓勵的支持話語，就像寫給她關心的好友那樣。

幾個月後，林決定嘗試找回她之前的工作。她靠著勇敢的自我關懷與前老闆聯繫、在丈夫面前堅持自己的想法，並與父母對峙。與前老闆的溝通挺順利，因為林的才華出眾，老闆說她隨時可回去上班。家人的部分則是個挑戰。林把自己的感受告訴大衛：他們的安排讓她非常不高興。起初他試圖勸說她放棄這種念頭，但林堅持他們兩人的事業同等重要，且應共同分攤照顧小孩的責任。她建議他們重新考慮雙方的工作安排，也許他們可以平分去工作和待在家的時間？經過一番協商，大衛同意了。過去這段時間他們的婚姻關係不太如意，而且他希望看到林再次快樂起來。令林驚喜的是，大衛也承認這麼做才是公平的。

然而林的父母依然頑固。她的母親一直說，艾美會因為林沒有時刻陪伴在身邊而受到心理創傷。林告訴她「我不覺得是這樣。當艾美長大，她會把她的母親當作一個堅強的學習榜樣。因為她母親是一個重視自我，並能滿足自己需求的人。」林的母親並不認可她的想法，但林不需要她母親的認可，她認可她自己！當林重新回到自己喜愛的工作，她發現自己對與丈夫和女兒的相處時光更能樂在其中，也更願意付出，不論是作為妻子、母親，還是女兒。儘管她曾跟我說，在工作與當母親之間尋求平衡是場持久戰，這對大多數女性來說都是如此，但這是值得付出努力的。

對能力的預設

女性在職場上的阻礙不僅僅來自身上擔負的母親職責，還有認為女性在工作領域的能力較差的負面觀點，這種偏見是無意識的。當人們被問及男性或女性哪一方的專業能力較佳，大多會回答男女一樣好，甚至是女性更有能力[32]。但在無意識中，偏見仍根深蒂固。以一項針對虛擬語音助理的研究為例，研究發現使用者評價男聲語音助理比女聲語音助理更好用，儘管他們聽到的是電腦合成聲，根本不是人類的聲音[33]。紐約大學的麥德琳．海爾曼（Madeline Heilman）是研究隱性偏見造成職場上的性別預設方面最有建樹的學者之一[34]。領導者為了表現統御能力，需具備一定程度的侵略性和強悍性子。但能力往往沒有明確的判定資訊，所以我們會在無意識間把性別刻板印象當作一種協助處理資訊的導引。由於對女性的刻板印象是擁有溫柔的共融特質，而非剛強的主宰特質，因此女性被預設為無法掌權負責[35]。

性別偏見將職場上的女性置於極度不利的地位，我們的言行舉止因而持續遭到曲解。舉例來說，同樣是在面對同事批評時挺身捍衛自我，男性來做就會被視作強大的象徵，換作女性則被認為是發神經。男性更改決定被認為是懂得臨機應變，但發生在女性身上則被解讀為反覆無常或優柔寡斷。當男性推遲決斷，看起來是謹慎的，然而換作女性則被視為畏怯或退縮的表現。

實驗結果顯示，當受試者被要求評定約翰和珍妮佛這兩位虛構應徵者的能力時，約翰獲得的評價和工作錄取次數都比珍妮佛來的高，儘管受試者所看到的虛構簡歷和自傳內容完全一樣[36]。即使人們認為自己的決定是基於客觀判斷，但無意識的偏見會導致工作徵聘與升遷決定帶有歧視。這表示女性在職業生涯中較不可能獲得升遷機會，或是擔任高階職位。舉例來說，在學術界，與男性教授具備相同資歷的女性管理學教授——經歷、文章發表數量都一樣，以及彰顯其學術影響力的文章引用數量也相同，被系上聘為講席教授（endowed chair）的比例卻比男性教授低上許多[37]。

研究反覆發現，針對同樣的工作內容，若告知是由女性完成，則收到較低評價[38]。除非女性的表現極度出眾，並且有一套明確的標準來評價她們的表現，不然女性一般被認定能力較差。不論評價者本身是女性還是男性，這個現象都成立。這個發現突顯了這些刻板印象的無意識本質。在領導階層，能力代表主宰性，而主宰性代表男性。

即便女性在職場上展現出主宰性，她們仍然被視為沒那麼稱職，因為人們認為表現剛強的女性不正常。例如耶魯大學的研究人員經由一系列研究發現，在職場上生氣的女性在公司中的地位比做出同樣舉動的男性更低[39]。研究者請受試者觀看男性與女性應徵者面試的模擬錄影畫面。影片中，應徵者談到他們失去一位重要客戶，而當被面試官問及感受時，他們說這讓他們生氣或難過。受試者被要求對這兩位應徵者的能力進行評分、提出薪酬建議，並建議他們在未來的工作中應該獲得多少地位、權力和自主權限。

受試者認為生氣的男性應徵者比難過的男性應徵者更有能力，且值得獲得更高薪資、地位以及自主權限。他們也傾向認為生氣的男性應徵者是因與該情境相關之事由而憤怒，那是一種適當的反應。這個結果輪到女性應徵者時正好相反。受試者認為生氣的女性能力較差，因為她們一定有一些固有的問題（情境因素遭到忽視），因此她們只能獲得較低階、低自主權限，以及較低薪的職位。

人們心中性別刻板印象的嚴重程度，也會影響到他們對於職場性別差別待遇現象的觀點[40]。那些對於男性主宰、女性共融觀點深信不疑的人，會以此為理由（或藉口）說明高階主管以男性居多的原因，他們認為男性天生在領導職位表現更出色，因此較容易獲得升職。

這些刻板印象在現實生活中會帶來嚴重後果。研究人員針對近百份不同行業共三十七萬八千八百五十名員工的實證研究數據進行統合分析，並比較男性和女性員工的績效考核分數，結果發現女性員工的績效分數始終都比男性員工低[41]。美國的人口普查數據亦顯示，勞動力市場中的女性應徵者，在其職業生涯每個階段的薪水都比條件與工作性質相當的男性低[42]。將近半數職業女性都曾反映在工作上遭遇性別歧視，且四分之一表示她們被當作無能的人對待[43]。

測試你心中對職場女性的隱性偏見程度

這項內隱連結測驗（implicit association test，IAT）可衡量你在多大程度上內化了諸如「男主外、女主內」之類的偏見。IAT是根據你將字詞連結在一起的速度來衡量你的偏見程度。例如是否會將男性名字和女性名字分別與工作和家庭連結在一起。

華盛頓大學的東尼・格林沃德（Tony Greenwald）、哈佛大學的馬札林・巴納吉（Mahzarin Banaji），以及維吉尼亞大學的布萊恩・諾斯克（Brian Nosek），共同合作建立了一個名叫「內隱投射」（Project Implicit）的網站來幫助大家辨識自己心中的偏見。

你可以用下面的網址到網站免費註冊，並進行各種IAT，當中包含檢驗自己是否有職場性別偏見的測試：https://implicit.harvard.edu/implicit/。

儘管我自認是女性主義者，但我的分數顯示我有很強的性別偏見。記得，要是你的測驗分數不如你意也要對自己關懷。我們並沒有主動選擇抱持隱性偏見，它存在於我們心中，並在無形間影響我們的決定，以及我們看待他人舉止的角度。在導正偏見之前，我們首先需要清楚認知自己的偏見。

反挫

同時兼具主宰性與共融性時，許多女性為了使自己在職場上看起來具有競爭力，會強化自己的陽剛之氣，淡化自己的陰柔氣質。不幸的是，這使得女性容易遭受「反挫」（backlash）——這是個二十年前首次被提出的現象[44]。這是指傾向將女性的陽剛行為視為一種社交缺陷、表現欠佳，儘管男性也表現出同樣舉止。

試著想想看二〇一九年十二月舉辦的民主黨總統候選人初選辯論會，候選人基本上就是在面試美國最高領導人職位：美國總統[45]。經過密集的數小時，候選人都發表政見展示自己領導國家的資格後，七位候選人被問及是否會在這聖誕氣氛下，向同在台上的某個人贈送禮物，或是請求原諒。所有的男性候選人都選擇贈送禮物——主要是送出他們的想法：一本他們的著作或是政策提案。而當晚台上兩位女性則感到她們不得不選擇請求原諒。伊莉莎白・華倫（Elizabeth Warren）說道：「我會想要請求原諒。我知道有的時候我情緒一來，講話會有點嗆辣，那並非我的本意。」愛米・克羅布查（Amy Klobuchar）也提道：「這個嘛，我會向曾對我感到不爽的所有人請求原諒。我講話太直，但我這麼做是因為我認為選出對的候選人非常重要。」也就是說，她們在表達：我對外顯露了我內在的剛強，請不要因此而討厭我。儘管有衝勁且足夠強勢的人才能當上總統，兩位女性候選人都感到她們必須為自己展現出的衝勁和強勢而請求原諒。她們知道自己會因此而遭人議論，所以她們感到不得不道歉並請求原諒，於此同時男性則清楚他們會因同樣的特質而獲得他人景仰尊重。

接下來的初選結果令人毫不意外，華倫和克羅布查這兩位能力出眾的資深參議員都在這場競賽中出局了。這與希拉蕊於二〇一六年總統大選中敗給川普的情況相呼應（至少在選舉人票方面是如此）。這些打破性別刻板印象、強大又能幹的女性，因不夠討人喜歡而落選。

職場上的性別偏見並不僅僅來自認為女性屬於共融型而非主宰型的偏見（又稱描述性刻板印象，descriptive stereotypes），更是因為認為女性「必須要是」共融型而非主宰型的成見（又稱規範性刻板印象，prescriptive stereotypes）。換言之，人們不喜歡剛強的女性，特別是當她們還特別有能力時，因為他們會自動預設剛強的女性「不」共融。諸如仁慈、溫暖和教養等溫柔特質在女性身上更受重視。

與事業成功的男性主管相比，在傳統男性產業有所成就的女性管理者常遭受負面詞彙形容（尖酸、好辯、自私、虛偽，還有心機重）[46]。海爾曼等人在一項研究中檢視受試者對一家航太產業公司的虛構業務副總的評價。副總的職責是培訓並督導低階主管、打入新市場、掌握業界趨勢，以及開發新客戶。評價者看到的虛擬副總資料上列出的個人特質與條件皆相同，只有兩個地方不一樣。第一個是姓名，名叫安德莉亞或詹姆斯。第二個則是在成就描述的部分，清楚明確（他們剛結束年度績效考核，獲得非常高的分數）或是模稜兩可（他們將接受年度績效考核）。

當成就描述明確時，安德莉亞和詹姆斯都獲得能力優秀的評價。然而當描述模稜兩可時，安德莉亞的評價則比詹姆斯低，被評為能力較差、績效較低、效率較差。這顯示無意識的刻板印象塑造了我們心中的預設，特別是在資訊不明的時候。

然而，更加令人難接受的是，當績效考核的成就描述清楚明確時，兩位副總都被評作能力優秀，但安德莉亞不像詹姆斯那樣討人喜歡。因為她的成功打破了女性應共融而非主宰的規範性刻板印象，她被評為令人反感、搞小動作、支配欲強、咄咄逼人、自私，且不值得信任。還記得前面提到關於詹姆斯和安德莉亞的描述完全一致嗎？只有名字不一樣。然而當兩人的成就描述模稜兩可時，對於他們的好感度評分並無二致，因為即便人們認為安德莉亞能力不足，他們仍預設她會關愛他人，因而討人喜歡。

在自我推銷方面也出現相同現象。為了在職場上表現亮眼，通常需要適時讓他人知道自己的強項、才能以及成就。這在面試高階職位時尤其重要。然而自我推銷可能致使女性陷入反挫處境。羅格斯大學的蘿芮・魯德曼（Laurie Rudman）做了一項研究，她請受試者觀看男女應徵者的面試錄影，並評價表現[47]。影片中，男女應徵者表現出謙虛且低調態度（眼神朝下，做出中規中矩陳述如「這個嘛，我不是專家，但是……」），或是自信並積極自我推銷（直接的眼神接觸，以及「我確定我能做到……」這類陳述）。魯德曼檢視評價結果，發現受試者較青睞自我推銷的男性，而不青睞低調的男性；但換成女性應徵者則結果完全相反。這樣的差異在女性受試者給出的評價結果中甚至更為顯著，她們對自我推銷的女性感到相當反感。

雖然很想說別人是否喜歡我們根本無所謂，然而鑑於好感度是決定個人事業是否成功的一項影響因素，人們對陽剛的女性反感，表示她們被僱用或獲得升遷的可能性較低。一個會讓態度強勢的女性遭到嚴重反挫的重要場合是薪資談判。強硬要求加薪的女性不討喜，這使得她們獲得加薪的可能性變低。女性深知這點，因此她們往往會在談判過程中，表現得較不強勢，並接受低於男性同事的薪資。根據德州大學奧斯汀分校的一項研究，女性因害怕受反挫而願意接受比男性少二〇％的薪資[48]。而一項針對一百四十二份研究進行的統合分析發現，即使男性及女性員工收到的能力評價差不多，男性員工的薪資仍然較高，且更常獲升遷[49]。事實上，薪資的性別差異比績效考核的性別差異大了十四倍，這在很大程度上是因反挫所致。

所以這就是我們的處境：我們的薪資和升遷機會都比男性少，因為人家認為我們不夠有主宰性；但我們得不到同等薪資和升遷機會，也是因為人家認為我們「太有」主宰性。而大家卻還疑惑為何時至今日男女仍同工不同酬，且獲得高階主管職位的女性如此稀少！

在工作中剛柔並濟

在工作中結合主宰與共融，也就是同時展現我們身上剛強與溫柔的一面，可以幫助緩和反挫。根據一項實驗，受試者觀看面試影片，影片中男女性應徵者各有兩名，他們應徵的是高壓力的主管職，需要認真傾聽客戶抱怨[50]。受試者對應徵者進行能力與好感度評分，並推薦心中的錄取人選。所有應徵者面試時都展現出高度主宰性與自信，表示自己「傾向在壓力情境中表現良好。高中時曾擔任校園週刊編輯，隨時都面臨專欄截稿壓力，但總能如期完成。」然而，其中一名男性和一名女性應徵者在自己的主宰性言論上多表示道：「基本上，社會上有兩種人，勝利者和輸家。我的目標是成為一個掌握權力並做決策的勝利者。」其餘兩位應徵者則添加較為共融的言論像是「對我而言，生活目的是與他人建立連結，若我能對別人有所幫助，會感到非常有成就感。」

根據前面提過的研究，表現主宰特質的男性和女性都獲得不錯的能力評價，但是後者得到的好感度評分卻較低，因而獲得錄取推薦的比例也較低。然而同時展現主宰性與共融性的女性應徵者，獲得的能力評價與好感度與男性相仿，獲得錄取推薦的比例亦與男性差不多。在另一項類似研究中，以色列的研究者發現當男性與女性領導者皆同時集主宰和共融特質於一身，旁人會認為他們的效率更佳[51]。但這種剛柔並濟所造成的評價差異在女性身上尤為顯著。這些發現表明，一個減少性別偏見並幫助女性在職場更上一層樓的有效方法，便是借助關愛力量來完成工作。

由此可進一步帶入加州大學哈斯汀法學院教授瓊．威廉斯（Joan Williams）所講的「性別柔道」（gender judo）概念[52]。柔道是一種日本武術，其字面意義為「柔和之道」。這種武術旨在借用對手的力道來擊敗對方，順勢借力使力，而非正面硬碰硬。性別柔道指的是當我們在做一些比較陽剛或主宰性的事情時，藉機帶入傳統印象裡的女性特質，像是溫暖或關愛，這樣我們就能在別人的刻板印象框架中順利工作。例如當我們在盡自己身為主管應盡的職責，像是給予員工或團隊成員工作指示時，若能面帶微笑，或是關心對方最近還好嗎，通常可軟化對方心中覺得你過於苛求的負面觀感。表現共融性的方式必須真誠自然，因此表現方式因人而異。但每個人都能使出陰陽能量，因此有意識去表現出兩種特質有助減少性別偏見的影響[53]。

但威廉斯教授也提醒道，當我們展現溫暖與關愛時，應避免表現出恭順跡象，像是道歉或過於委婉（「真的很抱歉，你介意這個週末加班嗎？」），這會使你身為領導者的公信力大打折扣。我們需在溫暖的同時也展現出權威，不管是用任何方式都可以（「我需要你在這個週末加班，但我會試著確保這樣的事情不會經常發生。對了，你的家人最近好嗎？」）。藉由擁抱自己身上的多種面向，我們可以同時展現真誠，又在職場上找到一席立足之地。

雖然女性有辦法在不公正的系統中工作是件好事，但對於我們必須思考應對這些的策略也挺令人沮喪。我相信自我關懷在幫助面對或是改變職場性別偏見方面能扮演重要角色。

溫柔的自我關懷如何幫助你我

身為女性，很重要的是我們要允許自己體認職場歧視的痛苦。我們可以用「愛與連結的存有」來陪伴悲傷與挫折——當我們意識到一切不平等待遇時，胃裡的沉重感，或是心裡的空洞感。我們可以轉而承認實際存在的集體悲痛，像是還未有女性能當選美國總統，以及白人男性仍持續掌握政商領域的話語權。一代又一代女性見到自己的才幹、技術以及能力遭詆毀壓制，這就是我們傳承下來的世界，而不幸的是，我們至今仍身在其中。這種痛苦存於我們心中，影響我們看待其他女性的方式。我們須意識到自己的溫柔面在職場上遭到壓制所造成的不適，以及身處一個未把關愛他人納入經濟發展使命的世界的痛苦。

剛強面不被接受也是一種挫折。因有能力、表現堅定而遭人反感與謾罵令人備感受傷。要是假裝無所謂，那我們就無法擺脫傷害所造成的破壞性影響。然而，當承認自己受傷，對自己抱以關愛，我們就可以處理悲傷，並從給予自己的溫暖中獲益。

當我們講到在職場上面臨的不公，切記這無關乎我們個人，而是全世界數以百萬計女性的共同遭遇。有時我們會把社會偏見內化為削弱自我概念的方式——我的理科不好、我不是一個好的領導者，也許他比我更適合。但是當我們看見偏見的真實樣貌，指證出不公時，切記我們不是孤軍奮戰，我們可以與同樣因性別或其他身分如性傾向、種族、族群、能力、階層、宗教而遭邊緣化的人建立連結。我們越是敞開心扉接納他人，體認人生經驗中的痛苦面向，我們就越不會感到孤立無援。

另外，承認並原諒自己因無意識的偏見而在性別歧視上推了一把，這也相當重要。如同前面討論過的，女性比男性更容易對有能力的女性感到反感。我們都曾有過想要詆毀成功女性的衝動，許多人在不知不覺間內化了這些關於「婊子」的刻板印象。我們可能會因其他女性能力出眾而下意識感覺受威脅，引發心中的反感。但我們無須為此而自我批判或自我譴責，這大多數是不自覺間產生的反應。只要你是身處在不公正社會的人類，就會把這些針對他人的偏見內化。溫柔的自我關懷可以帶給我們在體認偏見過程所需的安全感和無條件包容，這也是改變偏見的第一步[54]。

但是我們是否會在這止步，感到安慰然後就此安於身處邊緣？絕不。為了確實關心自己的處境，我們需要對旁人對待我們的方式採取行動、做出改變。

勇敢的自我關懷如何幫助你我

勇敢的自我關懷給予我們糾正不公正現象所需的決心，不只是對於女性，還有所有在職場上被歧視的受害者。

明辨對這項任務至關重要。研究顯示，減少職場無意識性別偏見最重要的一步，就是正視它[55]。我們可以問自己：「如果她是男性，我對於她的能力和好感程度是否依然相同？」也可以請別人思考這個問題。可以跟別人討論無意識偏見在我們的判斷中所扮演的角色，甚至對於那些致力追求平等的人所造成的影響。但是當我們這麼做時，很重要的是不要把別人妖魔化，不然他們就會把我們拒於門外以維護自尊。妖魔化別人時，我們也忽視了他們的人性——這與我們試圖實現的目標背道而馳。

當你撞見同事在女性主管背後說她壞話，懷疑當中有性別偏見影響時，你可以介入。也許你無意中聽到類似這樣的內容：「我不敢相信珍妮特一直不停自吹自擂，她以為她是誰？而且你知道她怎麼對待她的助理嗎？人家不過是遲交文件而已。她真的很婊。」這時你可以這樣回話：「我在想如果珍妮特是男性，你們還會這樣覺得嗎？我們被引導認為女性不該宣揚自己，也不該強硬對待別人。試著想想看，如果是行銷部的凱文說這些話，你覺得大家會有什麼反應？」用不帶批判的語氣來說這些話不會讓任何人臉上無光，使用包容性語言（像是「我們」）來取代指責性語言（像是「你」），可能有機會使他們茅塞頓開。要是夠幸運的話，可能會聽到：「嗯，我想我之前沒想到這點，說得好。」但即使你只換來同事沉默以對，你也已經陳述了觀點。身為女性，我們不能再保持沉默。如果我們要將這些偏見拋在身後，就必須讓人意識到自己的無意識。

我們因女性在職場上面臨不公平待遇所壓抑的怒氣該如何處理？畢竟，生氣是件好事，要是我們害怕展現怒氣，事情就永遠不會有進展。對於不公正的事情，我們必須生氣，才能善用這股力量來保護社會公益。但我們得巧妙地運用憤怒的力量，要對事不對人。我們越能擺脫自己和他人的自負，我們越有可能獲得想要的結果（順帶一提，我這麼說並不代表我是一個善於利用自己的怒氣來達到預期效果的人，而是身為一個經常出錯的人，我深知怎麼做是行不通的）。

如果一個男性同事請我們幫忙泡咖啡、做會議記錄、規劃行程，或是協助做任何份內工作以外的工作，我們可以抱持關愛力量為自己挺身而出。比起出言攻擊對方（「自己去泡你那該死的咖啡，蠢豬！」），我們可以眨眨眼，然後微笑對他說：「我相信你認為女性不單單只是辦公室助理，對吧？」姑且放他一馬，這麼做不會對他造成羞辱，且能讓對方知道他的要求是不合理的。

或者，想像以下情境：男性同事把你的企劃竊為己有，並宣稱那是他的主意。根據研究，這是一個常見的現象[56]。《女權主義者的鬥陣俱樂部：性別歧視辦公室的生存手冊》（暫譯）（*Feminist Fight Club: An Office Sur vival Manual for a Sexist Workplace*）的作者潔西卡・班奈特（Jessica Bennett）把這種男性稱為「剽竊哥」。她建議使用一種她稱之為「感謝與奪回」（thank and yank）的技巧反擊回去。當男性試圖把你的企劃整碗端走，你可以感謝他喜歡你的想法，但明確表示那是屬於你的東西來奪回主權：「很高興你同意我的想法。那我們接下來要怎麼做？」這樣既能做出正向回應，又能保全自己心血的完整性。她也針對我們遇到「插嘴哥」時的應對方式提出類似建議。研究顯示，女性比男性更常在講話時被別人插嘴打斷[57]。班奈特推薦使用「快嘴壓制法」（verbal chicken）：一直講不停，逼得他不得不閉嘴。你不是在羞辱插嘴哥，而是在消磨他的力氣，用這種方式清楚表明自己不會閉嘴。這些都是我們可以運用自己的剛強面在職場中自我保護的方式。

女性在職場中為彼此賦權是可行的。研究顯示，當女性替另一名女性說話，旁人對她們兩人的好感度都會上升[58]。一個女性或許會因自我推銷而遭他人反感，但不會因為幫同事講話而遭受反挫，這是因為她的主宰性（推銷）和共融性（支持）行為相互結合了。鑑於女性特別容易對自我推銷的女性感到反感，我們也有責任改變我們對那些為自己的成功而驕傲的人的看法。與其感到威脅，或是受無意識想法制約，我們不如為自己的姊妹獲得成功而開心慶賀，因為一個人的收穫就是所有人的收穫。

勇敢的自我關懷能夠為我們在職場上帶來的另一項重要益處是，引領我們走向真實且豐足的職業生涯，讓我們能夠在個人需求、職業需求，以及家庭需求之間取得平衡。先問自己一個簡單問題：我真正想要的是什麼？最令人滿足的選項，是能夠同時展現自己身上的陰陽能量，從而感覺自己是完整的人。我們無需讓自己被暴衝的貪婪吞噬，也不必刻意去選擇為他人付出的無私職業。

工作與家庭之間經常被描述成相互衝突，但就某方面而言這其實是種錯誤的二分法。當我們在工作中尋求滿足感、使命感以及勝任感，我們的人際關係與家庭生活會因此變得豐富充實。相反地，在工作以外的地方成為一個全面發展的人，也能幫助我們在工作中充分發揮自己的潛能。事實上，研究指出自我關懷能幫助女性在工作與生活之間取得更好的平衡[59]。一項研究針對健康照護、教育以及金融等特定行業裡的女性進行調查，發現自我關懷程度較高的女性，工作與生活的平衡較佳，且普遍對自己的職涯和生活感到滿意。另一項研究發現，能自我關懷的女性對自己的工作表現更有自信、對員工做出更多承諾，且工作倦怠和疲憊程度更低[60]。

職業女性時常遭遇的一個障礙是冒名頂替現象（imposter phenomenon），這在置身男性主導領域工作的女性身上特別常見[61]。波林・克蘭斯（Pauline Clance）和蘇珊・艾姆斯（Suzanne Imes）於一九七八年發現了這個現象。她們研究若干擁有博士學位，於各自領域皆為佼佼者的成功女性，發現這些人都害怕自己會被人識破為冒牌知識分子。她們都是超級完美主義者，但仍把自己的成功歸於運氣。這表示她們持續生活在焦慮、擔心被揭穿的狀態中。冒名頂替現象會阻礙我們展現能力，使我們無法在男性之間爭得應有的地位。他們並不比我們聰明，但對於專家的身分感到自在，因為他們從出生起就被視作男性專屬俱樂部的會員，享受男性限定待遇。

所幸，自我關懷可以提供幫助。在一項針對歐洲頂尖大學的大一學生所做的研究中，研究者量測男女學生的冒名頂替感受程度，主宰、共融或中性等性別角色取向程度，以及自我關懷程度[62]。研究發現，女學生的冒名頂替感受通常比男學生更加強烈。他們還發現，兼具主宰性和中性特質的女性對自己更加關懷，且不受冒名頂替現象影響。透過無條件包容、支持自己，自我關懷讓我們能夠對自己的成就宣示主權。

勇敢的自我關懷也是一股有效且穩定的工作動力來源，而工作動力正是在職場取得成功的關鍵。它提供了自我鼓舞的力量，一種讓我們從自己的錯誤中學習，並對於自己的方向有明確見解的能力。能自我關懷的人遭遇求職困難時表現得更加正向且自信[63]。他們在面對挑戰時通常更加冷靜、抱持希望，而不是日益消沉頹廢。不僅如此，研究顯示懂得自我關懷的員工工作參與度更高，也就是感到更有活力、熱忱，並更加投入工作[64]。自我關懷對於克服工作中的失敗特別有幫助。荷蘭的研究者訓練一百位企業家建立自我關懷觀念，結果發現他們面對諸如顧客需求突然降低情況的恐懼降低，且更能應對自如[65]。

在工作中失敗時，用鼓勵代替嚴厲批評能夠讓我們堅強站立，於是能鼓起勇氣與決心繼續努力。陳綺娥曾在《哈佛商業評論》（*Harvard Business Review*）撰文揭露自我關懷在職場中的益處[66]。她指出，雖然商業界逐漸接受失敗能提供成長機會的想法，但尚不知道如何幫助員工將失敗轉換為自己的成長。而自我關懷，也就是陳口中的「駕馭失敗的救贖力量」，有助於培養出在工作中茁壯成長並取得成功所需的成長型思維。

在工作中自我關懷休息片刻

我們都知道在工作中適時休息片刻相當重要。不管是喝杯咖啡，或是閱讀幾頁好書，暫停一下有助於重新出發。你也可以把你的工作休息時間來用作是自我關懷休息時間，這可幫助你處理自己正在面臨的壓力、挫折或是困難。你要問自己的第一個問題是：我現在需要什麼來照顧好自己？我是否需要「溫柔自我關懷休息片刻」（第155頁）來讓自己平靜舒緩下來，接受現實？我是否需要「保護型自我關懷休息片刻」（第188頁）來幫助自己勇敢說不、劃下界線，或自我防衛？還是我需要「供給型自我關懷休息片刻」（第224頁）來幫助我把焦點放在用真實的方式滿足自己的需求？又或者我需要的是「激勵型自我關懷休息片刻」（第251頁）來鼓舞我做出改變或繼續努力？也許你需要好幾種自我關懷各來一點。養成調適自己當下需求狀態的習慣，你將大大增進自己在職場上的韌性與效率。

我的學術旅程

就跟大多數女性一樣，我也曾在職場上遭遇性別偏見。學術圈是一個陽氣極重的世界，我在前面章節提到的「量表之戰」證明了這點，而我的學術人格是可以很剛強的。然而，因為那樣違背了我的性別常態，這表示我的一些同事，包括跟我一起住在奧斯汀教職員公寓的人在內，並不喜歡我。這是我在職業生涯中不得不面對的問題。有部分原因是由於我在論文答辯等不恰當的場合讓我心中的鬥牛犬跑了出來咬人，別人會有這樣的反應，我可以理解。但還不只這樣。我若是在系務會議上不經修飾而直截了當發問，他們會認為我太有攻擊性。當別人問起我的近況，我如實表現出自己的雀躍（「謝謝，我很好！我的著作上個月被《紐約時報》提到了兩次，不覺得這很酷嗎？」），則被解讀為自戀與自我推銷。我懷疑如果我是男性的話，別人對於我的這些舉止，甚至是連我內心鬥牛犬的那部分，根本連眉毛也不會抬一下。

同時，因為我的研究重心在自我關懷，我也曾因為自己太過柔和而付出代價。儘管我的論文引用次數比系上論文引用數第二多的正教授還多出五〇%，我從副教授升等為正教授的申請卻遭到駁回。因為我的研究對一所研究型的頂尖大學而言「不夠嚴謹」。又因為我的課程重心在於幫助學生學會正念和自我關懷的技巧，以及請學生寫出這些練習如何影響他們生活的心得報告，我的教學內容被認為「不夠學術」。而我創辦MSC國際計畫的付出並不受重視，因為那是在體制外完成的（例如我與人合夥創辦了非營利組織，而不是申請大額聯邦補助金）。

我已經是終身職副教授，且副教授和正教授的薪資差距微乎其微，因此升等被駁回主要打擊的是我的自尊而非生活。面對自己畢生的研究心血遭輕描淡寫地否定，感覺像被重重踢了一腳。我致力於自我關懷的研究與教學，因為這可以幫助他人。我沒有在傳統學術界重視的事情上面花費時間，像是志願擔任額外的委員會職務、籌辦並參加學術會議，以及寫計畫申請補助，因為那些事情並不會實質幫助到任何人。但我在體制外運作，而學術界不喜歡特立獨行的人。

多虧了我在做的自我關懷練習。升等遭到駁回後，我感到沮喪又氣餒，需要溫柔和勇敢的自我關懷來幫助我度過難關。首先，我確保自己充分體會遭人冷落的失望與悲傷，那是一種自己的付出不被感激的感覺。我還記得自己躺在床上，雙手置於胸前，然後哭了整晚。我告訴自己：「我真的很受傷。我感覺被漠視、沒人在乎。但我看見你，克莉絲汀。我很在乎你，也很敬佩你努力把更多關懷帶到這個世界。我很遺憾你系上與學校和你的價值觀不同。但這不是你的錯，也和你的學問是否有價值毫無關係。」我允許自己的情緒風暴登陸，讓狂風、暴雨以及奔雷盡數宣洩出來，然後雨過天青。

隔天早上醒來，我感到很憤怒。我覺得自己受到不公平的待遇。我與學院的院長、監察員，以及終身教職審查委員會的主席見面，並做了一份文件，把我的研究和另外兩位教授的研究進行嚴謹度比對。那兩位教授都是在相近領域中新升等的正教授（皆為男性）。結果很明顯，我的研究方法就算沒有比他們更嚴謹，至少是夠嚴謹的。但因為升等駁回已是最終決定，我唯一的選擇就是幾年後再試一次。然而，那樣一來就必須按照學校喜好的遊戲規則行事，而我不想那樣做。我不想從我的工作分心，然後浪費時間在學校重視但我認為與我毫不相干的事情上。所以我決定改變計畫，在二〇二一年底提早退休。我可以用榮退副教授的身分繼續做我的研究，並且和若干大學商談兼任研究人員事宜，但我最主要的重心會放在幫助 MSC 計畫中心，把自我關懷推廣給世界各地有需要的人，不管是醫護人員、教育工作者、社運人士、家長、青少年，以及任何經歷苦難的人。雖然離開有保障的終身職位很可怕，但我知道這是一件正確的事。

身為女性，我們需要大量的自我關懷幫助我們在充滿性別歧視的職場順利前行並做出改變。不幸的是這條路並沒有捷徑。我們的唯一選擇就是勇往直前，盡可能保持真實，並好好展現我們陰陽本質。

溫柔的自我關懷讓我們能懷抱被不公正對待的痛苦，而勇敢的自我關懷則促使我們為自己挺身而出並感悟自己對於未來的願景。我們可以一起努力創造一個仁慈與獲利同等重要的職場，使得每個獨特的聲音都有充分貢獻的機會，且站上成功之梯向上攀爬時，所有人都是平等的。

第十章：照顧他人的同時不失去自己

照顧自己並不是自我放縱，而是自我保護，也是一種政治作戰行為[1]。

——奧德雷．洛德（Audre Lorde），作家暨民權運動者

外界對女性性別角色的核心期待是我們會關愛照顧他人。但若要滿足這個角色期待，我們可能面臨油盡燈枯的風險，除非能兼顧自己的需求。若不能，我們很可能就會變成噬母現象下的母蜘蛛——被小蜘蛛活生生地啃食殆盡，化為牠們賴以生存的養分[2]。只不過實際被吞噬的不是身體，而是情感與心理的儲備能量，直到我們幾乎一無所有為止。

有跡象顯示某些人已經歷這種現象。目前的單親家長中，有八〇％是女性，這表示母親扛起主要養育子女責任的比例比父親還高[3]。即便在雙親皆從事全職工作，在這種當今社會最普遍的家庭型態中，妻子照顧小孩與做家事的工作量，估計為丈夫的兩倍，而這並不僅是男性賺的錢往往比女性多所致[4]。當女性開始比丈夫賺更多錢時，她們實際上會增加而非減少做家事

的時間以維持賢妻形象[5]。她們還花更多時間協調家庭活動、規劃各種慶祝活動、替家人預約掛號看病、探望親戚，諸如此類。結果就是每十位職業母親裡就有四位表示她們感覺自己總是急急忙忙，幾乎沒有自己的時間[6]。不斷奔波於照顧小孩、幫家人安排大小事，還要洗碗，以及準備隔天的重要會議，讓我們耗盡了寶貴精力。

女性還肩負照顧其他家庭成員的重擔。我們照顧患病配偶或患有阿茲海默症、失智症或癌症等年長親屬的比率比男性高出五〇%[7]。我們還比男性更可能因照顧他人而受到負面影響，像是焦慮、壓力、憂鬱、身體健康變差，以及生活品質下降等[8]。在許多女性心中日積月累的怨懟，特別是男性伴侶沒有幫忙分擔家庭重擔的情況，引發不滿和緊繃的情緒。事實上，研究指出，因家事責任分配不均而不滿的全職已婚女性，比平均分擔家事的女性更容易感到憤怒及沮喪[9]，也更容易過勞[10]。

雖然男性也有照顧小孩、配偶和親屬，但旁人對他們的自我奉獻期待則相對低許多。當男性在家事上出力，就會經常被讚揚，好像他完成了捐腎壯舉。我的同事史黛芬妮，是三個八歲以下幼兒的媽媽，對這種荒謬現象發表評論。她告訴我，她有一次帶兩個年紀較大的女兒到商場購買上學要穿的新衣服，而她的丈夫邁可在家照顧小兒子。很顯然，這項任務相當艱鉅。因為她必須在購物過程看好兩個女孩，確保她們不會亂跑，尤其當她手中還同時拿著好幾個袋子。在其中一家店，她們母女三人擠在小小的試衣間，大女兒正在試穿衣服。二女兒在她們不注意的時候從門下鑽了出去，爬進她們隔壁的試衣間，直到史黛芬妮聽見一位女性尖聲怒道：「可以拜託你管好自己的小孩嗎？」她感到非常羞愧，好像她沒有盡到身為母親的職責。當她們回到家，她已筋疲力盡。她們跨入家門時，邁可前來迎接，整個人看起來洋洋得意。她問道：「你今天過得怎麼樣？」他愉快地回答：「好極了！我用揹帶把泰勒帶在身上，然後帶著他一起去採買家裡的生活用品，排隊結帳時有對老夫妻誇我是好爸爸！」史黛芬妮告訴我，她必須竭力克制自己翻白眼的衝動。「要是我也可以這麼輕鬆就好了！」

史黛芬妮敘述的故事非常典型。就算女性照顧小孩簡直就像完成三圈後空翻的功夫，也不會有半個人注意到，只有在她們做得不夠好時會被檢視；而男性只出力一半就像個英雄般被歌功頌德。

關愛他人可以是件意義非凡且令人感覺滿足的美事，但若我們無法兼顧到自己的需求，那這就是件讓人無法享受其中的差事。不管我們是否為專業的照護人員、家庭照護人員或是照顧我們的伴侶，給予和接受都必須是公平的，才能持續下去。

單方面的關愛

透過社會化把女性變得溫柔而不剛強，其中一項最可議的後果就是讓女性在過度重視要幫助他人的同時，卻忽略也要適時幫助自己。我們將自己的需要置於他人的需要之下，被視為一種令人欽佩的自我犧牲本性的象徵，也使得女性成為「更崇高的性別」。這樣的描述助長了善意型性別歧視，因為這是將資源分配不平等的現象（像是男性獨占絕大多數資源）歸結於女性美麗、慷慨且善良的天性。

我們經常因為這樣而步步上鉤受騙。就跟所有人一樣，我們希望被愛、獲得認可。當發現別人會因為我們犧牲自己而喜歡我們時，我們就會陷入一種奇怪的處境：我們捨棄自我需求來維繫正向自我意識，即使這麼意味著我們所珍惜的自我會所剩無幾。

卡內基梅隆大學的維琪．海爾格森（Vicki Helgeson）和海蒂．弗利茲（Heidi Fritz）把女性這種關注他人需求而將個人需求屏除在外的行為稱為「失衡的共融性」（unmitigated communion），這是只顧著照顧他人卻沒有照顧自己的一種狀態。我把這稱做「單方面的關愛」（lopsided caring）。這種情況可以是你不斷罔顧自己意願而順從伴侶意願行事（從你們倆的旅行安排、約會餐廳，到定居城市）。這種情況也可能看起來像是花很多時間幫助家人、朋友或是你喜歡的慈善團體，以至於你幾乎沒有時間追求自己的興趣，最後體力透支。不出所料，女性單方面關愛他人的程度比男性還高[11]。雖然照顧他人往往與安適感相關，但以自己為代價來對他人付出會導致心理痛苦，這也解釋了女性比男性更容易憂鬱的原因[12]。

有時候女性無法滿足自己的需求，單純是因為日常生活中沒有機會這麼做。像是一位每天要做兩份工作賺取育兒開銷的單親媽媽，可能就完全沒有自己的時間。但單方面關愛也可能是個人性格或自我認同因素所致。有些女性不斷將他人需求視為重心而罔顧個人需求，是因為她們覺得自己應該這麼做，認為自己不配滿足自己的需求。研究指出單方面照顧他人的女性傾向自我緘默，在別人面前感到拘謹，因為她們會懷疑自己所說的話是否有價值[13]。她們難以表達真實的自我，也無法在他人不替自己著想時強勢為自己的權益挺身而出。這種不擅表達的性格導致她們在親密關係中面臨挑戰[14]。因為當你認為自己要分享的事情不值一提，就很難與伴侶深入談心。因而也就更難開口向他人透露自己的欲望，或是堅持自己的需求須被納入考量。

單方面關愛他人的女性並非總是心甘情願，而是經常感到不滿[15]。她們害怕開口索求自己所需，同時哀怨他人未能給予自己想要的東西。想當然爾，乾等著別人來自動滿足自己的需求，就跟等待我們家裡的青少年自動自發倒垃圾的結果一樣。我只能說，祝你好運。如果我們不開口要求，這樣的好事大概不會發生。

以這種方式失去自我很危險，甚至還可能致命。研究指出，單方面關愛他人者往往會忽略個人生理健康狀況，且這些人當中的糖尿病或乳癌患者就醫機率較低，也較少運動、妥善飲食、按時服藥或適度休息[16]。一項研究對因冠狀動脈相關病症（如心臟病發作）而住院治療的患者進行檢視，結果發現單方面關愛他人者更有可能會出現持續性的心臟病症狀，像是胸痛、頭暈、呼吸急促、疲倦、噁心和心悸等，因為他們沒有花足夠時間好好照顧自己[17]。所以我們是真的有可能會因為忽視自己的需求而「傷心」難過。

你是否在單方面關愛他人？

你可以藉由下面這份由海爾格森和弗利茲所創的「失衡共融量表」(Unmitigated Communion Scale)，來檢測自己是否在關愛他人與自己之間的比重已經失衡[18]。

做法說明

填答前請詳閱以下說明。回答每一題前，請思考你是否同意題目敘述，特別是題目敘述對於你與親近的人、朋友或家人之間關係描述的準確程度。請依照你對敘述內容的同意程度從一到五來給分：一分（非常不同意）、二分（有點不同意）、三分（中等）、四分（有點同意），以及五分（非常同意）。

（　）我把他人需求置於自己需求之前。
（　）我發現自己過度參與別人遇到的問題。
（　）我需要其他人感到高興，好讓我感到開心。
（　）我擔心別人沒有我的陪伴會過得如何。
（　）要是別人心情不好，我當晚就會難以入睡。
（　）如果我的需求和別人的需求相互衝突，我不可能會滿足自己的需求。
（　）我無法在別人請我幫忙時說不。
（　）即使我已經筋疲力盡，我也總是會幫助別人。
（　）我時常擔心別人遇到的問題。

請將分數加總後除以九獲得最終平均分數。高於三分表示你對別人的關愛已經失衡。為了讓你知道典型情況，一項針對三百六十一名大學生所做的研究發現[19]，男性在這份量表獲得的平均分數為三．〇五分，而女性則為三．三二分。

女性的價值

如前所述，驅使我們單方面付出關愛的一股動力是受外界肯定的需求[20]。我們想要別人喜愛並認可我們，我們的自我價值感往往取決於是否合乎社會設定的標準，像是當一位「好」母親（自願為家長會聚餐提供茶點）、「好」妻子（讓自己也投入配偶的愛好），或是「好」女兒（幫年邁雙親整修房子）。這些行為有許多是出於真實的關心表現，但這些善意的行為若是被用作獲得他人認可的手段，就會變得不夠純粹。我們為了討他人歡心，罔顧自己的真實意願，而不是在慷慨付出和自我照顧之間取得平衡。這也是導致如此多女性明明對於別人要求幫忙很想拒絕，卻仍然說好的部分原因，因為害怕不照做的話就無法得到他人喜愛。

這種策略最大的問題就是時常效果不彰。別人可能將我們的關愛視為理所當然而不知感激，這要嘛是他們有意如此，不然就是他們太專注於自己的問題。就算他們確實重視我們，也可能不足以平衡我們心中的缺口。我們的伴侶可能說出許多順耳的話，像是「我覺得你很棒，你對我來說很特別」，但如果我們自己不相信這一點，就很可能不把那些話放心上。若我們不重視自己，就會永遠都覺得自己不夠好。單方面關愛者心中的低自我價值感，直接導致不開心與憂鬱情緒[21]。

比起從他人那裡尋求價值與認同感，我們可以改為以自身內部溫暖與善意泉源作為獲得自我價值的來源。這聽起來可能很艱鉅，但這就是自我關懷的力量。我們擁抱包括缺陷在內的一切真實自我，並正因為自身的不完美而重視自己，而非為了包容自身的不完美才這麼做。我們也尊重自己的長處與短處。我們不需要做任何事來從別人那裡獲取這樣的接納，這是我們與生俱來的權利。歸根究柢，我們身為人的價值取決於什麼？難道是因為我們人有多好、多有用處、多有吸引力，或是別人有多喜歡我們嗎？我們的價值單純是身為人類所擁有的內在本質，並盡可能把人生發給我們的牌給打好。我們的價值源於自身所擁有的能夠完整體驗人類情感的意識，而當我們意識到這點，就能學會給予自己渴望的愛與關注。

這些話不是瞎說，而是有實證研究證實的。研究顯示，根植於自我關懷中的自我價值感並不取決於其他人有多喜歡我們，或我們多有吸引力、多成功[22]。因為自我價值是源自內部，而非外部，它會隨著時間推移而變得更穩固堅定[23]。不管我們被讚美或被責備，我們的自我價值都伴隨在左右。

當我們能夠無條件自我接納時，就可以按照自己的意志來為他人付出，而不是因為我們自認應該這麼做。我們可以在感覺自己能量飽滿時對別人說好，也可以在能量太低時說不。

對別人說不、對自己說好

在關愛他人與關愛自我之間取得正確的平衡，對於一段健康的關係至關重要。儘管我們對別人的愛可能無限，但我們的時間與精力卻是有限的。如果我們的付出已經達到會危害自己的程度，我們就不再對自己關懷。因為關懷的重點在於減輕痛苦，為了減少別人的痛苦而使自己痛苦是行不通的，不管在原則上或實踐上都是如此。如果我們沒有花心思滿足自己的需求，讓自己感到豐足，就會因不斷向外付出關愛而透支。若因此而被榨乾耗盡，無力再付出，那我們對別人來說就會變得沒有用處。

維若妮卡在參加完我辦的一個七天密集式自我關懷工作坊後，了解到關愛自我的重要性。午餐期間，我們一群人講到對於女性照顧者所施加的文化期待。我提到自己曾做研究比較美國的墨西哥裔女性和歐洲裔女性的自我犧牲常態，結果發現墨西哥裔女性在與別人的關係中，特別容易感受到她們要為他人需求而放棄自我需求的壓力[24]。維若妮卡是墨西哥裔女性，當時四十歲左右，她對此表示贊同。事實上，這正是她受到自我關懷這個主題所吸引的原因。我們保持聯繫，後來我得知她的故事。

維若妮卡成長在加州中部一個連結緊密、充滿關愛的大家族。身為六個孩子中的長女，她十歲時就必須負責照顧比她年幼的手足。她的自我意識圍繞著「照顧好別人」這樣的概念而形成，而她也因善盡責任而獲獎勵，這樣的情況持續到她成年。婚後她在一間業務繁忙的會計事務所擔任經理，並育有兩個兒子，現在都已經是青少年了。維若妮卡是家裡最主要的經濟支柱，因為她的丈夫胡安在他們婚後沒多久，就因多發性硬化症而無法工作。每天下班回家，維若妮卡會為小孩煮晚餐，並提供胡安任何所需的協助，同時確保家人之間能夠有充足的歡聚時刻。她也是一位信仰虔誠的女性，週末會到教會當志工、在募捐活動中幫忙煮飯，還有籌組捐款活動。任何人需要幫助時，都會找維若妮卡幫忙。

但在維若妮卡內心，她覺得自己快要溺死了。她每天持續工作到筋疲力盡，並開始對那些仰賴她的人產生不滿情緒。她的生活好像是由一項又一項繁雜瑣事組成，幾乎沒時間做自己喜歡的事，像是畫水彩。她在大學時曾學過水彩，也嚮往成為一名藝術家，但最終還是選擇保險的人生路線，成為會計師。

某個週末，胡安與男孩們要出城探望家人並在那裡待上三天，維若妮卡終於可以放鬆休息，她預計那三天要窩在家裡盡情畫畫。但她教區的牧師臨時打電話來問她能否代班一位生病志工，在那個週末到教會擔任年度夏令營志工。「這對孩子們來說意義重大」他說道。維若妮卡下意識正準備說好，但她遲疑了一下，回覆說她必須考慮看看。在工作坊所學的勇敢自我關懷令她印象深刻，她知道自己需要更多陽剛能量，而這正是練習的好機會。

維若妮卡掛斷牧師的電話後做的第一件事情，就是開始思忖她如果對牧師說不的話會發生什麼事。她意識到自己很害怕。她怎能拒絕？教會的人對她會怎麼想？他們會不會覺得她是一個冷漠、自私、無情，又不虔誠的人？她後來向我描述自己是如何運用工作坊教給她的練習來處理心中的恐懼。首先，她允許自己與憂慮共處，實際感受喉頭收縮的壓迫感，這令她感覺自己彷彿被掐住咽喉，說不出話來。她意識到她很害怕要是自己堅持立場的話，她就不再值得被愛。因此她接著嘗試使用她學到的其他技巧，即使那讓她感覺有些尷尬。她大聲對自己說：「維若妮卡，我很愛妳，也很在乎妳。我希望妳快樂。」她說了一遍又一遍。剛開始她感覺這既尷尬又陌生，自己也不相信，但她堅持說下去。終於，當她讓那些話進入心裡時，她的眼淚開始落下。

接著她運用「供給型自我關懷休息片刻」喚起內心豐足且平衡的的真實力量。首先，她用正念來驗證一件事：她真正想要的是放鬆畫畫，而非去夏令營當志工。然後她進行下一步，平衡。她反覆告訴自己：「我的需求也很重要。」儘管她很愛她的教會，也想要幫忙，但她知道她要開始在關愛他人之餘，也記得關愛自己。於是她進行到最後一步，好好顧及自己的安適感。她雙手掩面，然後以平常對兒子說話的方式對自己說：「寶貝，我不希望妳感覺空虛枯竭，我希望妳感覺幸福美滿。妳值得一些屬於自己的時間。」

簡短練習過後，維若妮卡感覺自己變得強大，於是她打給牧師。「我很樂意幫忙，但我這個週末已經有其他的規劃，抱歉。」他不習慣聽到維若妮卡說不：「你確定不能再重新安排時間嗎？有你幫忙會差很多。」」她以溫暖卻堅定的態度回覆道：「不行，我沒辦法。我需要留一些時間給自己。」她的牧師別無選擇，只能接受她的決定。

世界並沒有毀滅。維若妮卡獨自在家盡情揮灑畫筆，度過了一個非常愉快的週末。事後她告訴我，她對自己感到非常驕傲。在過往人生中，她總是不斷嘗試從別人那裡獲得關愛與認可，但這次她找到勇氣來賦予自己所需的事物。

我現在需要什麼？

有很多方式可以運用自我關懷來滿足自我需求。有時我們需要柔韌能量，有時需要剛強能量，而有時我們則需要做出改變。你可以盤點勇敢與溫柔自我關懷的不同面向，並仔細想想自己當前需要哪一種自我關懷力量來關愛自我（又或許你全都需要）：

- **接納**：你是否覺得自己很糟糕或一文不值？也許你需要用愛與理解來接納自我，

讓自己知道不完美也沒關係。

- **慰藉**：你是否因為一些事情而感到不快，並且需要一些慰藉？試著輕撫自己的身體來讓自己平靜下來。想想看你會用什麼樣的字眼來關愛與你有相同處境的親密好友，以及你會用怎樣的語調來說出那些話語。然後試著以同樣方式對自己說出你想到的話語。
- **肯認**：在你心底某處是否覺得自己沒有資格抱怨，或是你一直專注解決大小事情，而未能完全承認自己當下的困苦掙扎？試著將你的感受，以肯定自己真實想法或情況的方式訴諸言語。你可以嘗試說出：「這真的超級無敵困難」，或是「你當然會覺得困難啦，任何有同樣情況的人都會這樣」。
- **界線**：是否有人越界，提出不合理要求，或是做出讓你感到不舒服的言行舉止？試著抬頭挺胸，運用勇敢的自我關懷勇敢說不。態度無須兇狠，但請堅定表達什麼是可以接受的，而什麼不行。
- **憤怒**：是否有人傷害或虧待了你？你對此感覺憤怒，還是你以不健康的方式壓抑自己的憤怒？允許自己發怒，召喚出你內心渴望保護自己所愛之人的兇猛熊媽媽之力。要明智地表達你的憤怒，這樣它才會為你帶來有建設性的幫助而非破壞。允許自己感受怒氣，並讓它在你體內自由流動。這種力量強大的情緒也是愛的一種面貌。

- **豐足**：你是否問過自己需要什麼才能感覺豐足？第一步要先辨認我們需要什麼，然後採取行動確保自己能確實獲得所需。寫下你覺得自己未妥善滿足的任何需求，像是情感支持、充足睡眠、歡聲笑語之類。告訴自己，你值得感到快樂。並提醒自己，別人可能無法滿足你的需求。想想你可以用哪些方式靠自己來滿足需求？例如可否在需要肌膚觸碰的時候去找人按摩？若需要休息，你能否給自己排出兩天空檔放鬆一下？若需要關愛，你能否允諾溫柔愛護自己？
- **改變**：你是否陷入沮喪困境，例如工作、各類人際關係或生活境況的不順遂？是否發現自己重複做一些會對自己有害的行為，像是抽菸、慣性拖延，或是花太多時間看電視等？你能不能嘗試以善意和理解取代嚴厲自我批評來激勵自己做出改變？又是否能像一個好教練那樣激勵自己，在指出自己應改進之處的同時支持鼓勵自己，並相信自己有能力達成目標？

同理痛苦

女性在照顧他人時所面臨的另一項挑戰，就是感受我們所在乎之人的痛苦。照顧別人也包括對他們的痛苦敏感，而一直以來女性都被證明比男性更有同理心[25]。在看見在乎的人陷入痛苦時，我們可能承擔他們的痛苦直至超出負荷，因而對我們自己的生活能力造成影響。為了要知道這是怎麼發生的，我們需要進一步了解同理機制的運作過程。

卡爾・羅傑斯（Carl Rogers）把同理心（empathy）定義為「一種對他人的世界感同身受的能力」[26]。同理心涉及到讓自己接收他人的情緒狀態，且著重我們與他人建立連結的能力。同理心是基於轉換認知角度來了解他人的想法與感受（也就是設身處地替他人著想），但它也有並非出於自我認知意識運作的前反思（pre-reflective）成分。

我們的大腦天生被設計成可以直接感受他人的情緒，甚至還有一種專門的神經元稱為「鏡像神經元」，它的功用就是讓我們能夠對他人的情緒產生共鳴[27]。這是種前語言（preverbal）能力，意即它無須經由語言發生作用。同理心是指當別人處於困境時，儘管他們沒有明確說出口，我們也能察覺。我們能夠如字面所述，對別人的痛苦「感同身受」。

大腦之所以演化出這種能力，是因為這可以幫助我們適應團體，並在其中生存。儘管「適者生存」概念裡所強調的「贏者全拿」競爭原則，普遍認為是出自查爾斯・達爾文（Charles

Darwin），但實際上他認為合作是物種生存的關鍵[28]。同理心是合作的核心，也能夠促進家長與處於前語言期的嬰兒溝通。這表示鏡像能力較佳的家長較能滿足小孩的需求，並能夠把同理能力透過基因傳承給自己的子女[29]。

然而，同理心並不全然是件好事。首先，人們有時感受到別人的痛苦卻不在乎。例如騙術高超的騙子可能會利用自己從他人那裡感知到的恐懼或痛苦，作為自己行騙時機的信號。此外，我們有時可能會對他人的痛苦感到非常不適而將他們拒於門外，並把他們「非人化」，這樣就不必去感受他們正在經歷的痛苦。許多人會無視街友的困頓處境就是最好的例子。一項神經科學研究指出，當面對痛苦的人時，我們大腦中的痛覺中樞就會被激活[30]。當我們反覆與經歷身心與情感創傷的人相處，可能會帶來嚴重後果。消防員或急救醫療人員等第一線救災人員，可能會單單因為頻繁接觸有生命危險的人，而罹患次級創傷壓力症候群[31]。儘管他們是間接感受創傷，但其症狀與創傷後壓力症候群非常相似，像是對危險過度警覺、難以入眠、感覺麻木、身體緊繃、憂鬱或焦躁易怒。從事輔助型職業的從業人員，像是護理師、教師、社工人員以及治療師等，容易有類似症狀。這也會對需持續照顧傷病子女、配偶或年長親屬的家庭照護者產生影響。

若我們長期經歷這種同理痛苦，我們的精神泉源就會枯竭，進而完全透支。隨之而來便是情感倦怠、自我感喪失（感覺麻木空洞），並失去對他人付出關愛的滿足感等一系列後遺症

[32]。精神透支也是教師、社工人員以及醫護人員離職的主要原因[33]。但家庭照護者幾乎無法中途撒手不幹，他們必須認命咬牙苦撐，導致急性壓力[34]、焦慮與憂鬱纏身。

心理學家查理斯・菲格利（Charles Figley）將這種疲憊稱為照顧者的「關懷疲勞」（compassion fatigue）[35]，但也有些人認為這應該稱作「同理心疲勞」（empathy fatigue）[36]。當同理他人時，我們即是在感受他人的痛苦。而當心懷關懷，我們於感受他人痛苦同時，也用愛來懷抱住那份痛苦。這項區別使一切大不相同。關懷能夠產生溫暖與連結感，能夠緩和感受他人痛苦時的負面情緒。關懷是一種正向、有犒賞性，且能激發內在活力的情緒。我們越能夠關懷，對我們的精神與生理狀態就越有利[37]。研究顯示，關懷能幫助減輕憂鬱與焦慮情緒，促進快樂與希望等正向精神狀態，並增強免疫力。

來自柏林馬克斯普朗克研究院的坦妮雅・辛格（Tania Singer）和日內瓦大學的奧嘉・克林梅奇（Olga Klimecki），兩位神經科學家曾深入研究同理與關懷之間的差異[38]。她們在其中一項實驗中對兩組受試者進行為期數天的同理或關懷感知訓練，然後請受試者觀看呈現痛苦主題的新聞片段，像是有人受傷或因天災而受難。兩組受試者觀看影片時激活的大腦區域截然不同。同理組受試者大腦中的杏仁核被激活，且與悲傷、壓力與恐懼等負面感受連結，而關懷組受試者激活的大腦區域則為犒賞中樞，並產生情感連結與仁慈等正向情緒。

關懷能使我們免於被照顧他人時所感受的同理痛苦給吞噬。對自己盡責的對象抱持關懷固然重要，但也要將關懷的光芒向自我內心照耀。當我們對自己身為照顧者的不適抱以自我關懷，我們就會變得更有韌性。

預防過勞

預防過勞的一個常用方法為劃下界線，是勇敢自我關懷的一種類型。意指限制自己投注在他人身上的精力與時間。要能這樣堅定，需要保護型自我關懷——勇敢且有力的明辨。不管是對跟你要電話號碼好在週末打給你的客戶說不，或是婉拒那位本週已經打第三次電話來要你載她去商店買東西的阿姨，設定界線對於維繫我們的理智與效率至關重要。

劃下界線的另一種形式是保持情感距離，這樣我們就不會對別人的痛苦涉入過多。有時我們不能讓自己感受得太深入，不然會削弱我們的工作能力。當急診醫生或護理師在照顧因重傷而陷入生命危險的傷患時，他們時常需要保持情感距離以便能繼續工作而不被情緒擊垮。而當刑事辯護律師返家，她可能不得不把客戶的麻煩留在辦公室，這樣那些麻煩事才不會侵擾她的個人生活。只要我們心中清楚知道自己在幹嘛，那麼為了工作效率而暫時與他人的痛苦保持距離，就是個有用的策略。但是當人們不自覺地與自己的情感保持距離時，真正的問題就來了。如果我們沒有意識到自己正為了保護自己而封閉自我，就永遠沒機會處理我們所經歷的同理痛苦。例如要是我一下班回家就去倒杯酒，或打開電視來紓解工作壓力，那麼那些感受會就此封存於心中。這可能導致高血壓、憂鬱或藥物濫用等問題[39]。但倘若我們為了關照自己當下的安適狀況而有意識地封閉自己，那我們就可以在等到自己有較多資源時再來處理心中那些困難感受。

我經常使用這項策略。若是在我的課堂或工作坊中，有人分享了一個讓人心碎的故事，我可能沒有辦法在當下處理我的情緒。為了讓我能夠持續教學而不至於情緒潰堤，我可能會暫時把我的同理痛苦分隔出去，好讓我能繼續教學。然而在當天稍晚，我會確認自己的狀態。若我察覺到自己仍擔負白天的負面情緒，我會做一些練習，像是「溫柔自我關懷休息片刻」（第155頁），或「與不適情緒同在」（第169頁），以確保我承認自己的不適，並進行處理。

照顧者最常用以避免過勞的修復方式是自我照顧。這也是勇敢自我關懷的一種形式，旨在透過一些活動來賦予自己能量，像是散步、做瑜珈以及吃美食等。研究顯示，定期自我照顧可有效減少過勞，並提升我們對於幫助他人的正向感受[40]。自我照顧對於我們重新充電再出發至關重要，這樣我們才有足夠能量來照顧別人的需求。研究還指出，較能自我關懷的照顧者較可能投入照顧自己的活動，像是寫日記、運動，或是與朋友聚會[41]。

儘管這些預防過勞的方式相當實用，但仍有一些侷限。當我們在照顧他人時，界線有時不宜劃得太過分明。倘若你照顧的對象是你的小孩、配偶或父母，對他們說不也許不是正確做法。諸如保持情感距離等策略，就算是暫時的，也有其侷限。同理心使我們能夠了解我們所照顧的人，並且是提供有效照顧所必需的。如果一名醫生或治療師為了保護自己，在面對病患時過度封閉自我，會無法有效掌握病患需要什麼來緩解痛苦。

以自我照顧作為一種對應過勞的方式，還有一個最主要的限制。對自我照顧的一個常見比喻是：「緊急狀況時，先戴好自己的氧氣面罩，再去幫助其他人」，就跟你在飛機起飛前聽到的安全須知一樣。然而照顧自己的活動並不是等到飛機要墜落了才來做，而是在起飛前，或是墜毀後。換言之，是在照護場域以外的地方進行。假如你是一名護理師，當你站在新冠肺炎病患床邊的呼吸器旁時，你不能說出像是：「噢，天啊，我快要嚇死了！我要閃人去打個太極平靜一下」這樣的話。在空閒之餘進行自我照顧的活動相當重要，但這還不夠。因為當面對正在受苦的人，且你的鏡像神經元正與他們的痛苦產生共鳴時，照顧自己的活動毫無用武之地。

所以我們在面對他人痛苦之際，要怎麼自我照顧？這時我們就要帶入溫柔的自我關懷。在從事艱困的照顧工作時，我們學會以「愛與連結的存有」與我們的同理痛苦同在。我們承認自己的苦惱：「這真的好難，我覺得混亂又崩潰。」我們也認知到，幫助他人是我們極具挑戰卻收穫頗豐的人生面向：「我並不孤單。」然後像你對朋友的說話方式那樣，以溫暖的內心對話來給予自己支持：「我對你正在經歷的痛苦感到很遺憾，但我會在這裡陪伴你。」付出實際照顧行動時，以關懷來懷抱我們的同理痛苦，能夠給予我們偌大平靜、穩定以及韌性。

有人可能會覺得，當我們照顧的人受到的磨難比我們更多時，對自己關懷是件不恰當的事。我們可能會覺得：「我憑什麼抱怨自己連續工作十二個小時？這個可憐的傢伙很可能連今晚都撐不過去！」儘管這好像感覺挺自私，但其實不然。我們並沒有為了照顧自己而將他人拒於門外，我們只是把自己劃入關懷的保護圈裡而已。意思是，我們需要對自己和我們在乎的人都抱以關懷。關懷並不是什麼限量物品，一旦給了自己三個，就只剩兩個能夠分給別人。當我們敞開心扉，我們就擁有無限供應的關懷可用。注入越多關懷到心裡，就能積蓄越多關懷向外流動。

此外，也需謹記，我們所在乎的人同樣會因我們的精神狀態而受影響。同理心是雙向的，若我們感到灰心疲憊，其他人就會被這些負面感受牽連。但若是我們心中充滿自我關懷，他們就能接收到這些正向感受。就像我們會經歷次級創傷壓力一樣，我們也能夠感受到間接的「愛與連結的存有」。這樣一來，在關愛他人之餘對自己關懷，其實是我們對世界的餽贈。

照顧羅文

關於雙向的同理心，我從羅文身上學到很多。自閉兒童對於周圍人們的情緒極度敏感，這也是他們往往會容易退卻的原因之一。當羅文還在蹣跚學步時，我開始注意到他非常容易被我的情緒狀態影響。要是我被羅文發脾氣時的刺耳尖叫聲給惹毛，他爆發的音量和強度會跟著攀升。然而，當我記得要平靜下來，並因他情緒爆發而帶來的痛苦而關愛自己，他脾氣的強度就會慢慢消退。有時候他就像是一面明鏡，幾乎能立即反映出我的內在精神狀態。我真正親眼目睹這個過程的當時，是在飛機上。

那時羅文四歲左右，正值自閉症症狀發作的高峰期。那時他還沒學會上廁所，也還不會說話，而且對環境極度敏感。我必須帶著他搭乘跨大西洋航班，從奧斯汀飛到倫敦探望他的祖父母。不用說，我很害怕在這漫長旅途中間會出狀況。我們搭的是傍晚起飛的直達班機，所以我暗自希望他能夠一路睡到底。安然度過晚餐時間後，我開始抱有期待，也許整趟旅程都會順利無事。然後機組人員把機艙的燈調暗，好幫助大家入睡。就在那時，出於某種莫名原因，燈光變化讓羅文很不高興，霎時他火力全開，放聲尖叫，且手腳胡亂揮舞大發脾氣。我大為驚駭。因為他製造出的聲響無比巨大且破壞力驚人，我對於打擾到機上所有乘客而感到非常糟糕，此時此刻他們全都朝著我們母子瞪過來。我想像出所有他們心中正在想的可怕責備：「這個小孩是怎麼回事？他早就不是無法溝通的兩歲小孩了！」更糟的是，我想像每個人一定針對我在想：「她是有什麼問題？為什麼不能讓她的小孩安靜下來？」

我驚慌失措，但跳機顯然不在選項之內。然後我想到一個很棒的主意。我抱起羅文，朝位於走道盡頭的洗手間走去，好讓他在裡頭發洩，希望這樣就能隔離他的尖叫聲。那感覺就像遊街示眾懲罰，他一邊嚎啕大哭，一邊瘋狂揮舞手腳，波及我們經過的乘客。我只好打出「特殊兒童牌」，這是自閉兒家長向旁人宣告自家小孩有自閉症時的通關密語，期望藉此獲得更多諒解。「非常抱歉，小孩自閉症，請讓一下。」然而當我好不容易抱著羅文抵達機艙尾端的洗手間，它們全都在使用中。在那個當下，人生給我上了一課：不是如何巧妙逃離困境，而是如何度過難關。

我絕望地癱坐在地板上。我已經別無他法，只剩最後一個選擇：自我關懷。確認羅文處於安全狀態，且不會傷害自己後，我拉回九五%注意力到自己身上。通常當我要在公共場合進行自我關懷練習時，我會偷偷地做——以一種隨意的方式握住自己的手，然後默默在心中與自己對話。當時我已是孤注一擲，無暇顧及他人看法，反正再怎樣也不會更糟了。我將雙手交疊於心窩處，然後開始前後搖晃。我輕聲對自己說：「親愛的，一切都會沒事的。你會度過這一關，你盡力了。」不一會後，我感覺冷靜不少。我被自己觸動，心胸也隨之敞開。沒過多久，羅文開始平靜下來。他的哭聲逐漸停歇，我終於可以好好抱著他，然後輕輕搖晃。「沒事喔，寶貝，沒事的。」我們回到座位，而羅文整晚安然熟睡。

我與羅文之間的關係，持續反映出我對他和對自己懷抱關懷的狀況，以及我們倆情感的互通本質。我在寫這本書時，羅文已經十九歲，他是一個優秀、和善、有愛心、富有魅力、有責任感且討人喜歡的人。他對食物有很大熱忱，且富有幽默感，並時常結合兩者（某次當我聽他喜歡的饒舌歌曲中的「生動」歌詞時感到驚恐大抽口氣，他笑著說道：「媽，妳別擔心，我沒有把那些內容當真。這只是給音樂加料罷了，就像在熱狗上加洋蔥那樣。」還有一次，他突如其來蹦出兩題腦筋急轉彎：「什麼食物可以用腳來吃？炸玉米餅（tostada，諧音 toe 腳趾）。什麼食物在北極最受歡迎？是墨西哥卷餅（burritos，諧音 brrr，發顫的聲音）。」）雖然他仍會因突然襲來的焦慮情緒而苦苦掙扎，但他已不會再大發脾氣或行為失序。

事實上，羅文最近剛考到汽車駕照。幾乎每位曾教自家小孩開車的家長都知道，我們內在精神狀態是如何影響小孩。當羅文在高路公路上要匯入主線車道，或準備在繁忙的道路上左轉時，如果我的身體些微發抖，流露出害怕的神色，他便會感覺到，然後就更加緊張。我處理恐懼（有時驚恐欲絕）的方式，使得情況大為改觀。我會狀似隨意地交叉雙臂，暗中環抱住自己，然後為自己所面臨的壓力處境而自我安慰。我會提醒自己，不是只有我一個人面對這一切，所有家長都經歷過這一關，而且還是都活下來了。這讓我感覺比較安定平靜，因此羅文才能有相同感受。感謝我兒，因為他，我親身體會到自我關懷能讓我們成為更好的照顧者。

平靜

為了能夠在關愛他人同時不迷失自我，平靜（equanimity）也不可或缺。這是一種在混亂狀態中也能維持的精神平衡狀態。所謂平靜，並不是冷漠疏離或缺乏關懷，而是對控制錯覺的深刻洞察。儘管我們希望能夠讓痛苦消失，我們也無法改變當下的現實狀況。但我們可以控制自己的意圖來幫助自我，並對未來的轉機抱以希望。平靜是《寧靜禱文》的核心，而後者又是十二步驟療癒計畫的重心：「主啊，請賜予我們寧靜，好讓我們能夠接受我們無法改變的事情，賜予我們勇氣來改變我們可以改變的事情，並賜予我們能夠辨別差異的智慧[42]。」

平靜也是陰陽能量相互融合的恩賜，是注入關懷之心的存在與行動、接受與改變之舞。作為照顧者，我們能夠借助關懷的力量來舒緩和撫慰痛苦、防止危害、供給所需，並激勵行動。但我們畢竟無法控制事情的發生，且須接受現實。有時我們會掉入陷阱，認為我們應該要能夠讓他人的痛苦消失。我們會變得很好強，然後認為如果我們是優秀的照顧者，就應該要能讓自己所照顧之人狀況好轉。倘若他們沒有好轉，那肯定是我們的錯。醫師特別容易陷入這種狀況，因為旁人會集體陷入這種控制錯覺，覺得醫師擁有令人起死回生的神力。但事實是醫師跟所有照顧者一樣，都只是凡人。我們可以盡全力幫助我們照顧的人，但最終結果是我們無法掌控的。當在充盈平靜的空間中展開照顧工作，我們就能放下對於結果的執念，並專注當下，盡己所能來幫助他人。

平靜的關懷

我們會在基本的 MSC 計畫中傳授這項練習，這也是為了幫助照顧者而特別改編的版本。這項非正式練習是為了在照顧他人的情境中，能夠以自我關懷來應對同理痛苦而設計。不過，在實際將這項練習應用於真實情境之前，先自行練習個一兩次，學習如何使用這項方法會對你很有幫助（FierceSelf-Compassion.org網站上提供這項練習的導引音檔）。

做法說明

- 請找到一個自己舒服的姿勢，然後做幾次深呼吸，讓你的身體沉澱下來，並進入當下。可以把手放在心臟位置，或任何能讓你感覺獲得慰藉與支持的部位，提醒自己要將溫暖注入自我意識。

- 想一個你正在照顧而讓你疲憊、挫敗或擔心的人——某個正在受苦的人。在腦海中清楚還原那個人的樣貌，以及照顧的情境場景，然後感受自己身體的緊繃感。
- 現在，對自己默念以下內容，讓它輕輕滑過你的腦海：「每個人都有自己的人生旅途。我不是造成這個人遭受痛苦的原因，讓他的痛苦消失也不全然是我能力範圍內的事，儘管我很希望我能那麼做。像這樣的時刻讓人難以忍受，但如果我可以的話，還是會試著幫忙。」
- 覺察自己體內所負載的壓力，大口深呼吸，讓自己內心的關懷隨著你的呼吸，用「愛與連結的存有」填滿身體的每個細胞。若你願意，可以想像自己的身體充滿白色或金色光芒。讓自己藉著深呼吸，以及給予自己需要的關懷而舒緩下來。
- 吐氣時，想像你正把關懷傳送給你在乎的人。你也可以想像當你從口中吐氣的時候，那些人的身體就充滿白色或金色光芒。
- 持續吸入與吐出關懷的能量，讓你的身體漸漸找到一個自然的呼吸節奏，讓身體自己呼吸：「這給我，這給你。吸氣，給我；吐氣，給你。」
- 如果你發現自己需要更加專注在自己身上，或是自己的痛苦上，請儘管把注意力放在吸氣上。同樣地，若你更在意你照顧的人的痛苦，那就著重在吐氣上。你可以視自己需求來調整吸氣與吐氣比例，但務必確保你的呼吸裡要包括自己與他人。

- 注意你的身體在呼吸時，是如何從內部獲得舒緩與輕撫的。
- 你可以想像自己正輕鬆漂浮在關懷之海上，這是一片包容接納所有苦難、無邊無際的海洋。對你來說綽綽有餘，對他人來說也是如此。
- 持續吸入與吐出關懷，你想持續多久就多久。
- 當你準備好，再次對自己默念以下內容：「每個人都有自己的人生旅途。我不是造成這個人遭受痛苦的原因，讓他的痛苦消失也不全然是我能力範圍內的事，儘管我很希望我能那麼做。像這樣的時刻讓人難以忍受，但如果我可以的話，還是會試著幫忙。」
- 現在，放掉練習，然後允許自己在這一刻完全做自己。

自我關懷與照顧者韌性

大量研究顯示，天生（或後天訓練）較能自我關懷的照顧者面對壓力來源時韌性更強，且精神健康更佳[43]。其中一項研究檢視自我關懷如何幫助人們來應對伴侶被診斷出肺癌的情境[44]。研究者發現能自我關懷的照顧者對於伴侶的診斷結果壓力較小，且較能敞開來談，而他們的伴侶也較不難受。諸如治療師[45]、護理師、小兒科住院醫師、助產士，以及神職人員等專業照顧者當中，較能自我關懷者較少經歷倦怠或過勞感受。他們晚上睡得較好，即使控制了白天工作所經歷的壓力後也是如此[46]。懂自我關懷的照顧者更能投入工作而感到豐足[47]。他們的「關懷滿足感」較高，這是一種與從事充實的工作有關的美好感受，因能夠在世界上做出改變而產生的愉悅、興奮以及感激之情。他們也對自己安撫並關懷他人的能力更有自信[48]。

我為醫生、護理師以及其他專業醫護人員特別設計了一個簡單的培訓計畫，叫做的「醫護族群的自我關懷」（Self-Compassion for Healthcare Communities, SCHC）。我們與奧斯汀戴爾兒童醫療中心的復健中心共同合作開發出這項計畫。它是由 MSC 計畫改編而來，但是從原來每堂兩個半小時的八週課程濃縮為每次一小時的六週課程，這對工作忙碌的醫護人員來說是比較可行的安排。學員被要求將自己從課程中學到的自我關懷練習運用於工作中，包括「自我關懷休息片刻」、「平靜的關懷」等。他們不用做冥想練習，也沒有任何回家作業，不然這會讓他們早就超負荷的日程增加負擔。這樣的縮減安排確實展現出成效。我們的研究顯示這項 SCHC 計畫顯著提升醫護人員的正念、自我關懷與對他人關懷程度、關懷滿足感，以及自我成就感。此外，也減輕他們感覺壓力、憂鬱、次級創傷壓力、過勞，以及情感倦怠程度[49]。

我們找了幾位全程參與的學員進行訪談，獲得了令人振奮的反饋。一名社工人員表示這幫助她與她的個案保持連結：「我在聽我的個案說話，而我能專注心神在此刻……傾聽他。」一名語言治療師說道：「我覺得這個（自我關懷）幫助我設下更健康的界線。」一名護理師則評論道：「我覺得這真的很有必要，每個人都應該做這些練習。這真的非常、非常、非常有幫助，很有正面效果。但我很訝異我之前工作過的其他醫院，從來沒有舉辦過任何類似這樣的計畫。」但願這種情況不會持續太久，希望未來在健康照護領域能興起一波自我關懷的熱潮。與我們合作的醫院之後持續舉辦 SCHC 培訓，現已納入他們的常規訓練。

醫院員工也請我們把這套課程，提供給院內患有癌症或腦性麻痺等慢性病症的病童家長。事實證明，對於因照顧孩子而感到痛苦的自己抱以關懷的能力，幫助改變這些家長的生活。這給予他們力量，讓他們在面對小孩時能敞開心胸，而不致感覺自己的生命力被榨乾。

試著想像這樣的世界，自我關懷和量體溫、問診及與輔助有行為問題的兒童一樣，是學習成為一名專業照護者的關鍵。如此一來，照顧他人的重擔將變得更容易承受。

還有一類照顧他人的群體特別需要自我關懷，就是為了性別平等、性別表現、種族正義、人權議題或全球暖化等議題奮戰的社運人士。社會運動者往往更容易有過勞感受，因為他們為了改變根深蒂固的權力結構，時常面臨艱鉅又高度緊張的工作任務[50]。若是不公正的後果不會直接對自己造成影響，我們許多人會選擇掉頭離開，而社運者選擇揪出那些不公不義，並與之對抗。對世界各處的苦難敞開自我會造成極大同理痛苦，而低薪、高壓力和長時間的工作又令一切雪上加霜。此外，他們還需應對無情打擊他們的當權者所施加的仇恨反彈。以上種種為過勞創造「完美」條件，使得許多人徹底放棄了他們奮鬥的信念[51]。

不幸的是，社會運動者也可能會抱持關愛只能單向給予的信念。來自渥太華大學的凱瑟琳・羅杰思（Kathleen Rodgers）與五十名國際特赦組織的工作人員進行深度訪談[52]，她發現該組織中瀰漫無私與自我犧牲的文化，直接導致過勞感增加。其中一位工作人員表示：「我的心裡有一種潛在內疚感，覺得自己為那些『值得』、『需要』或『必須要』獲得更多關注的人權侵犯受害者做得還不夠多，包括他們所需要的每一份關注，以及我們可以在他們的案件上投入的每一點能量。所以，如果無法付出這些心力……在某方面就像是對受害者的背叛[53]。」這種觀點沒有認知到，照顧自己實際上是為我們幫助他人的能力充電的能量來源。

自我關懷對於培養力量與韌性相當重要，因為這兩者對於我們應對根深蒂固的貧困、性販運，或配偶虐待等痛苦議題不可或缺。倘若身為女性的我們想要給這個不平等的世界帶來正義，我們需確保自己給予外界與內在的關懷一樣多。好在我們的性別角色讓我們能夠成為充滿力量且能幹的照顧者，我們早已具備舒緩痛苦的技能與資源，只需允許自己在舒緩他人痛苦之餘也要自我照顧。我們可以靠熊媽媽的剛強力量來幫助自己為正確的事情而戰，以及用母性的柔韌力量，讓我們在旅途中獲得滋養。

第十一章：爲了愛的付出

沒有公平正義，就沒有愛[1]。

——貝爾．胡克斯（bell hooks），作家暨民權運動家

陰陽性別劃分最嚴重的一個領域，是我們的戀愛關係。我們太常因為從小到大受到的教化，認為只有一個人的人生是不完整的，因而不惜出賣靈魂來得到伴侶關係。我們開始相信，要幸福快樂，就必須進入到一段關係裡，而女性經常附和這種想法。如果你未婚，一位老朋友打電話來問候近況，她開口第一個問題經常是：「你有交往對象嗎？」或是「你們交往得如何？」彷彿那是我們人生中最重要的部分。

常見用「我的另一半」這樣的用語，強調了「完整」必須奠基於兩個人建立夥伴關係。這是以性別為區分標準，將陰與陽拆開來看而發生的現象（至少在異性戀關係中是如此），因此在社會化下為「陰」的女性，覺得她需要和一名經過社會化為「陽」的男性在一起，以調和陰

陽。傳統上，女性被教導要對外溫柔，而非對內，且需要感覺自己被男性愛、被他接納，才能體驗到這種溫柔。她學到「愛與連結的存有」是來自一名愛她（戀愛面）、與她有連結（情感與心理面），且在她生活（一段作出承諾的關係）中相伴的男性。她也被教導，諸如保護、給予、激勵等剛強特質應來自外部他人，而非由內產生。她需要一名男性來保護她的人身安全，給予她所需的物質生活，並藉由賦予她生活意義來激勵她。雖然這些傳統價值觀的影響力已不像過去那麼強，但仍在一定程度上形塑我們對於一段關係的觀感。

若陰陽相融是發生於伴侶之間而非個人身上，可能造成不健康的影響。比起獨立自主地豐足生活，女性可能變得依賴性強、高需求，或者太過黏人，總是追在男性身後尋求關注，以使自己感覺有價值。她還有可能變得被動、順從，或因獨處而感到不適，無法靠自己獲得力量。在柯列特・道林（Colette Dowling）的著名著作中，她將這種情形稱為「灰姑娘情結」，源自童話故事中，被白馬王子拯救前總是顯得無助而微不足道的女主角[2]。性別社會化告訴我們，必須找到某個王子來讓自己感覺被愛與受到保護——這種理想化的期望阻礙我們學習關愛與保護自我。

所幸，自我關懷能夠讓我們擺脫這種錯覺，讓我們能夠直接滿足自我需求。它幫助我們取得內在陰陽能量之間的平衡，而非借助外部力量。自我關懷也能促進我們愛的生活，無論是否有與人交往。當我們真正珍惜自己，就比較不會仰賴他人來感覺被愛、快樂、有價值或是有安全感。這樣一來，不管我們是否單身、有約會交往對象，或是已有伴侶，都能夠自由自在盡情享受生活，真實表達自我，並在人生中找到意義與滿足感。

戀愛關係中的自我關懷

當我們處於一段穩定承諾的戀愛關係時，自我關懷是能夠幫助伴侶關係變得更加強韌的珍貴資源。這種在自己心情不好，或感覺沒安全感時照顧並支持自己的能力，使得參與彼此生活與做出承諾變得較為容易。如果我們不要求伴侶完全按照我們的意願、我們的時間滿足我們所有的需求（像是擁抱一會，然後抱完又希望對方離開讓自己獨處），就能夠減輕我們施加給伴侶的「一百分情人」壓力。這使得雙方更容易和諧共處。

德國哲學家阿圖爾．叔本華（Arthur Schopenhauer）曾以「刺蝟困境」的故事來比喻人際關係：「在寒冷的冬天裡，一群刺蝟緊緊依偎在一起，靠彼此的體溫來取暖。但牠們隨即就因身上的毛刺扎疼彼此而不得不分開。而當對於溫暖的渴望促使牠們重新聚攏，毛刺帶來的問題又再重演。牠們就這樣不斷重複傷害彼此的過程，直到發現一個能夠忍受彼此的適當距離才停止折騰[3]。」就像故事中的刺蝟，我們不可避免地傷害了我們的戀愛對象，面臨親密關係卡關的障礙，無法更進一步。我們藉由自我關懷獲得的內在溫暖越多，就越能夠與伴侶和諧共處，並於保有個人空間與親密相處之間取得平衡。這與自我中心完全不同，自我關懷是一種內在資源，能夠讓我們擁有穩定性與彈性，提升我們的「伴侶力」。

這種「伴侶力」經研究獲得證明，研究顯示懂得自我關懷者的戀愛關係較為健康[4]。他們較少與伴侶發生爭執，在互動上較為愉快滿足，且親暱相處的時間較多，性事滿意度也較高[5]。這樣的結果就是，他們對於自己在這段關係中的定位感受較佳、較快樂，且較不會沮喪。遇到衝突時，他們較可能雙方各退一步，且能夠誠實對伴侶提出自己的需求與欲求[6]。

在做一項關於關係衝突的研究時，一位自我關懷能力良好的大學生告訴我們，她是如何解決與男友之間的矛盾：「我當時真的非常忙，要同時兼顧課業、啦啦隊練習、運動、音樂還有打工。我在這些事情上面投入大量時間與心力，因為它們對我很重要。我知道男友希望和我有更多相處時間，但一天的時間畢竟有限[7]。」她願多花一些時間與男友相處，但僅止於不會因他而放棄珍愛事物的程度。她說：「我們用這種方式解決矛盾，因為我們尊重彼此。我們都有自己的欲求與需求，而且這段關係對我們彼此都很重要，任何衝突都顯得微不足道了。」這樣的平衡在缺乏自我關懷的大學生中較為罕見，他們通常會為了伴侶而將自己的需求置於次要位置。如同一位年輕女性所說的：「我總是希望取悅他、讓他開心。我也很害怕要是我惹他生氣，他就會不想跟我在一起了。他非常有說服力，時常說服我從他的角度看事情[8]。」勇敢的自我關懷賦予我們面對意見分歧時堅守自己立場的骨氣，溫柔的自我關懷則讓我們的心胸更加開放、親切，以及充滿關愛。

我們針對戀愛關係中的自我關懷所做的另一項研究明顯體現這點[9]。該研究對象涵蓋居住在奧斯汀地區的一百對長期交往成年伴侶。我們評估每位受試者的自我關懷程度、自尊心強度、在關係中真實表現自我的能力，以及他們對於為自我發聲的自在程度。我們也請受試者記錄並回報伴侶的行為。伴侶是溫暖關愛，還是冷漠疏離？他們是接納包容，且在關係中充分給予自由空間，還是愛批評且掌控欲強？伴侶是否曾有語言暴力或言語出現攻擊性？最後，我們問受試者他們對於這段關係的安全感與滿意程度。

研究發現，自我關懷程度較高的人更能真實表現自我，在重要的事情上發表個人意見，也展現出能夠借助內在的剛強力量來為自己挺身而出的能力。整體而言，他們自我照顧的能力似乎也轉化為關愛他人的能力。伴侶對他們的評價是「溫暖且支持的」（如「對我溫柔和善」）、接納包容（「尊重我的意見」），以及會鼓勵伴侶的自主性（「盡情給予我想要的自由」）。他們較少得到來自伴侶的負面評價，像是冷漠疏離（如「表現出一副我礙手礙腳的樣子」）、掌控欲強（「希望我一切都照他的方式來」），或有攻擊性（「大吼著用力跺步離開房間」）。有趣的是，我們發現一個人是否獲得伴侶正面評價是取決於其自我關懷程度，而非其自尊心強弱。也就是說，擁有高自尊的人仍可能獲得伴侶的負面評價；然而，絕大多數情況下，能自我關懷的人被描述為在這段關係中更加關心他人。毫不意外地，懂自我關懷的伴侶對關係的安全感和滿足感更高。這項研究證實，自我關懷並不會導致自我中心或自私的行為。我們給予自己的愛越多，就越能對他人付出更多的愛。

然而，我們的這項研究有一個侷限，那就是所涵蓋的族裔不夠多樣，大部分的受試者為白人。不過根據堪薩斯州立大學一項針對兩百一十對非裔已婚異性戀伴侶進行調查的研究，亦發現自我關懷程度較高的伴侶，對彼此關係的感受較為溫暖、較有意義，且更加快樂[10]。他們較不會做出負面行為，像是互相貶低，或是陷入相互指責、對彼此人身攻擊，或是翻舊帳等對抗局面。研究結果再次表明，對自己報以仁慈能促使我們以對維繫健康關係有益的方式對待伴侶。

自我關懷讓我們接受自己是擁有缺點的人類，且已盡己所能。我們所有人都曾在某個時刻不經意地傷害到伴侶，或是做出日後感到懊悔的行為。我們越是理解並體諒自己的人性缺點，就越能同樣理解體諒伴侶的侷限，而這種無條件的雙向接納有助建立更加強韌的關係。加州柏克萊大學的張家威與陳綺娥檢視自我關懷與接納在戀愛關係中所扮演的角色[11]。他們募集大學生與老年人，並請他們描述一項個人缺點（如「我很邋遢」），以及戀人的一項缺點（如「他做事拖拖拉拉」）。結果發現能自我關懷者較能接受自己與伴侶身上的短處，而他們的伴侶對此予以確認，並表示感受到較少批判與更多接納。這種互相接納使得雙方對關係的整體滿意度提升。

然而，自我關懷並不只是接納自己的缺點而已，也能夠促進健康的變化與成長。田納西大學的研究者所做的三項系列研究發現，在與伴侶的長期交往中，能自我關懷的女性更能夠處理與伴侶之間的矛盾[12]。第一項研究發現自我關懷程度較高的女性有較高機率會積極解決問題（例如「我通常會在當下立刻嘗試與伴侶一起解決問題」）。第二項研究則請受試女性假想自己做出一件會懊悔的事，像是沒有在伴侶需要時給予支持。接著研究者引導受試者對自己做錯的事抱持關懷，結果發現這令她們更有動力彌補懊悔之事。而第三項研究則追蹤受試女性婚後五年的關係滿意度。儘管大多數女性在這段期間對於關係的滿意度皆有所下降，然而能自我關懷的女性結婚五年後對於伴侶關係的感受就跟新婚時一樣快樂，這展現出自我關懷的非凡力量有助建立並維繫一段健康的婚姻。

以自我關懷應對關係挑戰

戀愛關係能帶來歡愉，也能使人痛苦。當關係遭遇問題時，我們可以依據當下所需而同時給予自己勇敢與溫柔的關懷力量。下面這個練習針對正處於戀愛關係的人所設計，可以透過書寫或內在省思方式來進行。

做法說明

- 想一件你與伴侶之間遇到的困難。也許是你不贊同某件事，在某方面不太滿意，或是對於自己或伴侶所做的某件事情感到很糟糕。試著回想當時的狀況與場景，越具體越好。像是誰對誰說了什麼、發生什麼或沒發生什麼？
- 現在，看看你能否先暫時放下剛才想到的情節，檢視一下自己的情緒。你現在的感受是什麼？傷心、挫敗、寂寞、害怕、羞愧，還是生氣？又或者混雜了多種情緒？試著在身體裡定位你的情緒，專注於你對於那個情緒的感官知覺。使用正念來覺察並承認你感受到的痛苦。這很困難，但試試看你能否允許那份感受與自己同在，而不需立即把它處理掉或是讓它消失。
- 接著，記住這情況的普遍人性。你並不孤單，每段關係都會面臨挑戰，也都不是完美無瑕的。試著在當前的挑戰中多對自己仁慈一點。首先，用覺得合適的方式來舒緩、支持性地碰觸自己——也許是將一隻手放在你感受到情緒的身體部位，如雙手置於心臟位置；又或者是擺出帶有力量的手勢，像是一隻手握拳置於胸口，而另一隻手輕柔包覆其上。

- 最後，對自己說一些此刻最需要聽到的善意言語，也許是溫柔的接納寬慰、勇敢的激昂話語，肯認自己的需求，又或者鼓勵自己做出改變。如果你無法找到正確的字眼，可以試著想像你的好朋友面臨相同的關係困難時，你會對他說什麼。有哪些話是你會自然而然對朋友說出口的？你可以試著對自己說出一樣的話嗎？

有許多人告訴過我，自從他們開始做自我關懷練習後，他們的戀愛關係都改善了。蜜雪兒就是其中之一，她是修過我開的自我關懷進階專題課的研究生。她說自己曾經很會自我批判且對自己很嚴苛，她承認自己是「控制狂」，每件事都必須「一百分」，包括她的戀愛關係。蜜雪兒是一名注重養生的馬拉松跑者，她那富有光澤的肌膚與穠纖合度的身材充分顯示了這點。她和她的消防員男友布蘭登已交往兩年左右，雙方都很愛彼此。他們之間有許多共同點：都喜歡聽音樂、登山，以及有相近的人生觀。但他們之間還是有一些問題。

蜜雪兒是個守時的人，她請布蘭登若是會遲到二十分鐘以上的話傳訊息告知她。但他時常忘記，尤其是和一群好哥兒們聚會時。每當她獨自一人在餐廳乾等，總會因他不替她著想而怒火中燒。但一看到他出現，她又會假裝不在意，因為她不想讓他覺得自己很愛碎念抱怨。

還有另一個問題，布蘭登不像她所希望的是個浪漫的人。她希望他能用更熱烈的方式來示愛（她是《異鄉人：古戰場傳奇》（*Outlander*）和《波達克》（*Poldark*）等歷史愛情劇的死忠劇迷，而且內心偷偷希望他們能夠愛得像劇裡的角色一樣濃烈）。但布蘭登比較低調，戲劇化的情感表達會讓他感到不自在。他心目中的英雄強大卻寡言，是以實際行動表示愛意的類型。雖然她很讚賞布蘭登沉穩的個性，卻也因為他不夠熱情而感到失望。

她承認，對布蘭登最大的不滿是他喜歡吃速食，像是麥當勞和墨西哥快餐 Taco Bell。當她在他的後座發現空的速食包裝袋，有時會理智斷線，然後給男友來場枯燥冗長的營養知識課。但她又會立即感到羞愧，批評自己太過霸道。

儘管他們之間有這些矛盾，布蘭登仍很愛蜜雪兒，並提出同居邀請，但她感到猶豫。問題到底是出在這段關係，還是她自己太挑剔、要求太多？蜜雪兒決定要學習自我關懷，雖然主要是為了自己而學，但也希望能對她與布蘭登之間的矛盾有所幫助。她預讀了幾本書後，就來選修我的專題課。

蜜雪兒勤於練習自我關懷（就跟她對每件事的態度一樣），過了一段時間後，她開始看到自己的轉變。她變得比較不焦慮，對生活更有動力，掌控欲也不那麼強了。她與布蘭登的相處也有所改善。蜜雪兒了解到她的許多反應是源於自己的不安全感。舉例來說，當布蘭登遲到，她內心深處某部分立即開始擔心是否他已經不愛她、不在乎她了。而這也是為何她希望布蘭登能以讓她感覺自己像是劇中女主角的方式來表達愛意，她想要百分之百確定自己值得被愛與傾慕。甚至她對於健康的重視，儘管那是對她的生活加分的正向價值，也有部分原因是出於害怕自己體重增加或生病，然後她把那股恐懼投射到布蘭登身上。

她學會用自我關懷來應對這些不安全感後，就不那麼脆弱不安了。首先，她能夠勇於接受這些自我懷疑存在於心中的事實。她之前做過一些心理治療，心裡有數那是從何而來——雙親在她兒時離婚，隨後便是一場激烈的監護權爭奪戰。她知道治癒的過程會很漫長，但仍決心一試。當布蘭登遲到，而她又開始認為他不在乎自己，她變得能夠覺察到自己的恐懼，並即時給予自己支持與仁慈。自己會感到低落沮喪是理所當然的，她溫暖地關懷並安撫自己。而當她想要布蘭登能夠更浪漫點，她意識到自己因失望而感到難過。然後她試著藉由買給自己巨大花束的方式來滿足對於浪漫愛情的需求。而若是她對布蘭登的飲食習慣過度反應，比起自我抨擊，她試著去了解引發這些反應的原因。觸發點是源於她對於身體健康的渴望，這其實是件好事。

當蜜雪兒給予自己越多溫柔的自我關懷，並接納自己原來的面貌，她就能用同樣態度對待布蘭登。而當蜜雪兒卸下壓力並接受沒有一段關係是完美的事實，他們的爭吵次數開始變少了。

但蜜雪兒並未止步於此。她的一些合理抱怨需藉由勇敢的自我關懷來解決。她已了解到教訓布蘭登吃速食的習慣是她的個人問題，她無權過問他吃什麼，畢竟他已是成年人。然而，請對方遲到時傳訊息是很正當的要求。她告訴布蘭登這讓她有多麼難受，尤其是約在公共場所碰面的情況。必要的話或許他可以在手機裡設置提醒，這對她來說真的很重要。她知道布蘭登遲到不代表他不愛她，但這仍然是件很不替人著想的行為，他需要尊重她的時間。

而更難開口談的則是有關布蘭登表達愛意的方式。他說他無法改變自己是誰，且她不應期待他像言情小說裡的人那樣講話或行為。她承認這點，但她對於親密感的需求並未完全獲得滿足。送花給自己是有幫助，但還不夠。他們開始互相對話，討論她可以怎麼做來幫助他更加安全地敞開心扉，像是對他展現出支持與接納，這有助他卸下武裝，並展示自己不設防的一面。他們談到消防隊裡的「男子氣概」文化，以及這如何造成布蘭登對於表現自己的溫柔面感到不適。儘管他會感到不自在，他還是願意做出不同嘗試。她學會如何在不讓布蘭登感覺被評判的情況下說出感受，而他漸漸對此感到更加白在。

他們甚至開始坦誠討論起關係裡的權力平衡問題。布蘭登對她坦白，有時約會會故意讓她等，這樣他的兄弟們才不會覺得他是「馬子狗」，才會繼續把他當老大。他也能夠察覺到，自己對於親密的抗拒其實是另一種獲取權力的手段，這樣她才不會一直想要從他身上獲得更多。

每段對話過程都很艱難，但他們懷抱著相互的愛、尊重與關懷，幫助他們確實聽見彼此的聲音。由於蜜雪兒率先對自己在關係中的矛盾上所扮演的角色給予自我關懷，布蘭登也能夠對自己關懷，且更能承認自己的缺點。蜜雪兒和布蘭登現在已同居兩年，目前看來一切都好。

愛情與父權

性別權力動態（Gendered power dynamics）時常默默對異性戀關係造成影響，這是因為愛情與婚姻的歷史是由父權體制所塑造的[13]。在前工業化時期，婚姻主要被視作家族之間的一種經濟安排，是基於地位與經濟的考量。女性通常不能選擇自己要嫁的人，而是由父母做決定。「出於愛情」被認為是一個糟糕的結婚理由。到十九世紀都還在積極實行的「妻權從夫」（coverture）教條，基本上闡明男性擁有他的妻子，包括她的身體與服務、她的所有財產與工資，以及在罕見的離婚狀況下，男性擁有小孩的監護權[14]。在當時女性基本上被視作一種動產，她需要仰賴男性才能夠生存。

後來，隨著啟蒙時代的到來，「婚姻中的愛情是對於個人自由與追求幸福快樂的表現」，這理念開始變得普及。諸如珍·奧斯汀（Jane Austen）與夏綠蒂·勃朗特（Charlotte Brontë）等作家，於作品中稱頌浪漫的愛情是女性豐足人生與意義的來源，儘管她們仍未擁有投票權以及對於財產的掌控權。女性的理想，不管在小說中還是現實生活中，就是覓得一名關愛她、珍惜她、愛慕且呵護她的男性，共同建立一段快樂且豐足的婚姻。

但丈夫們並不總是能夠愛護妻子且帶來安全感，他們有時無法有情感交流、對妻子漠不關心，甚至還會虐待妻子。一直到一九二〇年為止，打老婆都還是合法的[15]。儘管在戀愛關係裡雙方應相互尊重，但妻子仍被期待要服從丈夫的決定。她必須收斂起自己的才智，以免威脅到丈夫的地位（正如麗塔·魯德納（Rita Rudner）所諷刺的：「當我終於遇見『對的人』，我並不知道『對的人』前面其實還有兩個字——『永遠對的人』[16]。」）不過，嫁給一位能讓自己感到特別且備受重視與呵護的男性，仍是當時社會中女性的浪漫理想，儘管鮮少有婚姻能夠不負期望。迷失在浪漫的夢中，當然比清醒過來發現自己的權力被剝奪來的好受。

女性不得不竭盡全力維護這樣的幻覺，因為她們在經濟上依附於男性，且離開了婚姻，她們在社會上沒有真正的容身之處。女性的權力被侷限在家庭範圍內，她們不得不嘗試在家庭內尋找滿足感。她們經常對丈夫的不忠睜一眼閉一隻眼、忽視他們的粗暴行為，並於遭受嘲弄時默默忍受。在一段不幸福的婚姻中，除了擺出勇敢的面孔堅強面對別無他法，因為離婚並不是選項。這種以浪漫理想維繫的婚姻觀，大致延續到長壽影集《奧茲與哈里特歷險記》（*Ozzie and Harriet*）風靡全美的一九五〇年代。

自一九六〇年代起直至八〇年代，狀況開始出現轉變。離婚與同居變得較為常見，較多女性開始外出工作或上大學。第二波女性主義的浪潮（第一波是英國的婦女參政運動）席捲而來。若干開創先河的女性與書籍刊物紛紛出現。如貝蒂・傅瑞丹（Betty Friedan）與她那本質疑女性以成為妻子暨家庭主婦為理想的暢銷著作《女性的奧祕》（暫譯）（*The Feminine Mystique*），以及由格洛麗亞・史坦納姆（Gloria Steinem）與人共同創辦並取得極大成功的美國第一本女性主義雜誌 *Ms.*，拒絕接受女性地位是取決於其單身（Miss）或已婚（Mrs.）的觀念。而「浪漫愛情」的概念則開始受到質疑，一些激進女權主義者認為：「在男女關係的壓迫脈絡下，愛情變成一種情感接合劑，好將這種支配與被支配關係正當化[17]。」她們也認為，諸如化妝等習慣是為了讓女性對男性具有吸引力而設計出來的，與父權體制沆瀣一氣。在美國小姐選美比賽現場的抗議活動中，抗議者將高跟鞋與胸罩扔進垃圾桶中的舉動，即使沒有實際焚燒情事，卻被記者說成是「燒毀胸罩」之舉，就跟一九六〇年代年輕男性抗議越戰而燒毀徵兵卡的概念類似，也因此當時整個世代勇於發聲的女性都被冠以「燒胸罩的女權分子」之名[18]。

接下來數十年間，女性主義的進程遭到文化上的反挫，而想要終止戀愛關係中女性受壓迫的意圖則被為塑造為「仇男思想」。這段時間保障性別平等的《教育修正案》第九條生效，且女性研究課程開始出現，經歷這兩者的女性主義者已盡了最大努力，但女性主義仍相對缺乏聲量。直到二〇一七年川普上任後，隨著同年發生的 #MeToo 運動和女性大遊行，才再度掀起新一波女性主義的浪潮[19]。諸如性騷擾和女性被排除於掌權位置之外的議題，再度成為頭條焦點。而仍緩慢進行且需要覺醒的，則是我們對於愛情與浪漫在女性人生中所扮演角色的質疑。我認識許多位高權重、參與社會運動或獨立自主的女性，仍認為她們需要一位伴侶以感覺被愛、有意義且受重視。

女性慣於付出真心。問題是，倘若我們認為愛與安全感的來源是在於伴侶關係，而非在於我們與自己的關係，那我們就會把自己的權力連同真心一起交付出去。異性戀女性感覺自己有價值的條件是基於男性是否愛我們，或是對我們做出承諾，以致我們有時會為了進入一段關係而捨棄自我。儘管女性收入豐厚、事業成功且獨立自主，她還是經常認為需要有一名男性伴侶才能感到快樂。這導致我們許多人會在不該待的糟糕處境裡駐足。想想那些我們耳熟能詳的富有女性名人，她們經常在戀愛方面做出糟糕選擇。想想你自己的朋友，還有你自己。雖然，在一開始難以知道自己所進入的是否為一段健康的關係，但我們一旦進入關係後，心中某部分對於自己需要一位伴侶來完整自我的想法，會左右我們做決定的過程。我們時常會忽視一些警訊，因為我們實在太渴望將一段關係順利經營下去。

同性戀愛關係中的女性，不太會遇到異性戀女性遭遇的問題，因為她們較不容易受性別文化腳本（cultural script）框限。德州大學奧斯汀分校的研究人員做了一項研究，針對已登記結婚或同居（平均在一起十五年）的一百五十七對女同性伴侶和一百一十五對異性戀伴侶進行調查，發現異性戀關係中的女性比同性戀女性更容易感覺配偶辜負自己、不體諒自己，或是不認真聽自己說話[20]。而同性戀女性在關係中的心靈安適程度則較高。儘管同性伴侶在社會上所遭受的歧視與外部壓力與日俱增[21]，且這樣的不平遭遇不容忽視，但在她們的關係範圍內，她們往往得以自有害的父權體制動態中解脫[22]。

需要進入戀愛關係才能幸福快樂嗎？

儘管女性已無需藉由婚姻來獲得社會地位，但女性仍熱烈希望能進入一段關係。即便在我們離開一段糟糕的關係後，那種除非我們找到伴不然就不完整的感受，仍會刺激我們過於快速輕率地與另一個人交往。認為沒有伴侶的婦女是「沒有價值的老處女」的這種觀念仍然存在，就算隱諱，我們的文化也在強化這種觀點。男性也許會想進入關係並感覺自己被愛，但那並非他們所需。他們的自我價值與安全感並不像女性那般依附於內心深處的無意識層次。且他們並不像女性一樣，因單身而遭受同情。事實上，媒體反映出許多男性單身、快樂且受人尊重的形象，女性則不然。

溫蒂．朗福德（Wendy Langford）的著作《心的革命》（暫譯）（*Revolutions of the Heart*）雖然出版於二十年前，時至今日仍能引起共鳴。她與十五位女性就戀愛關係在她們生命中的地位進行訪談，一名極度渴望談戀愛的單身女性漢娜說道：「感覺就好像我的生命中有道缺口……那種你對一個人來說非常特別的感覺……我渴望能有個人給我某種感覺，你知道，凌晨三點在他的身邊醒過來，然後會讓我在心裡想，『噢…我們真的很親密』……我確實有在想自己是否還能夠找到一個能夠親密相處的人，我很擔心[23]。」

女性們的另一項共同話題是她們需要找到一位愛她們的男性，好感覺自己有價值。露絲說道：「也許在我腦中某處有這樣的想法，就是，到底我是不是個會讓人想跟我交往的人，你知道，很有吸引力之類，或是個性很好，這樣的話我的身邊就會有男性相伴[24]。」她們還將浪漫的愛情視為讓自己感覺完整的途徑。當黛安形容與前任交往時墜入情網的感覺，她說道：「感覺很美好。感覺我們是一體的，你懂嗎？就好比兩片碎片拼在一起就完整了[25]。」諸如此類對於戀愛關係的態度，在過去二十年來其實並未真的改變。

女性若要真正獲得自由，就必須放下「需要伴侶來完整自我」的想法。我們可以學習如何靠自己來感覺完整。許多四十、五十多歲的女性（包括我在內）仍未婚，或是已離婚，我們想要進入一段關係，卻無法找到一位伴侶足以給予我們所需，像是情商、靈性、自我覺察、尊重以及平等。有些女性會妥協，與一個無法讓她快樂的人在一起，或是保持單身，然後因沒有伴侶而不滿足。我們與這些女性的共同點是，我們都認為自己需要一位伴侶人生才會幸福快樂。但並非如此。幸福快樂的來源有很多，包括友情、家庭、事業以及靈性。最重要的幸福來源，是那些無條件、不受外在環境影響的來源，而其中一項最容易獲得的就是自我關懷。

與自己的愛的關係

自我關懷不僅讓我們在戀愛關係中過得更舒心，也讓我們即使單身也過得快樂。**自我關懷對女性最根本的益處，是使我們了解到並不需要一位伴侶來實現自我**。我們可以在自我關懷的情境中充分開發並使用自己的陰陽能量。有些異性戀女性害怕若是培養出這種自立自強的精神，她們會變成仇男者，其實並不會。我們可以愛男性、享受他們的陪伴、與他們同居、跟他們結婚，或與他們生兒育女，依照自己的決定。重點單純只是我們並沒有非需要他們不可。我們可以借助溫柔的自我關懷來感受被愛與自我價值，並藉由勇敢的自我關懷來感覺安全與支援。

以「愛與連結的存有」來接納自我的能力，是於戀愛關係之外尋找幸福的核心。我們都有希望感覺自己是特別的、被愛慕、有價值、被重視，以及被關愛等深層需求。我們其實可以直接滿足這些需求，因為當我們充分敞開心扉，就會看見自身的美好。這種美並不是取決於完美無瑕的外在條件或是擁有一切，而是作為獨特個體、有著獨特人生過往的一種美好，因獨一無二而美麗特別。我們的價值並非來自我們的成就，亦非來自於找到一位稱讚我們惹人愛的伴侶；而是來自我們身而為人的事實，作為一個有意識、有感覺、有呼吸，無時無刻都在持續開展生命的人類，我們跟其他任何人一樣珍貴。當我們給予自己渴望從他人那裡獲得的關注，我們就會變得格外自立自強。

當我們與勇敢的自我關懷之力建立充分聯繫，我們就能給予自己異性戀女性一直以來被告知只能從男性身上獲得的事物。當「勇敢且有力的明辨」之力流經體內血管，我們就能在需要時喚出內心勇士的力量。擁有為自己挺身而出的能力代表我們不需要依靠男性來保護自己。若有人侮辱我們或是挑戰我們的底線，我們可以抬頭挺胸正面迎擊。在若干需要力氣，或是我們陷入危險的情況下會需要男性協助，但就算沒有與人交往，我們也可以向朋友、家人、鄰居或是有關執法單位尋求幫助。而要是財力足夠的話，我們還可以僱人來幫忙做先前仰賴丈夫或男友完成的事情（舉例來說，你可以在鐘點兼差網上僱人來幫自己搬重物、修理東西、修剪草坪等）。

我們也不需要男性來供給生活所需。首先，我們可以滿足自己的經濟需求。儘管女性的薪資比男性低，而這必須改變，但為了提升自己的物質慰藉而與相處起來不快樂的男性交往很不值得，這是道經常對我們造成不利的計算題。而就情感支持與陪伴等情感層面的需求方面，有許多是親密的好友可以滿足的。越來越多女性選擇將自我歸屬感扎根於朋友圈而非男性身上，她們發現這樣的連結更加深入、豐足且穩定。最重要的是，有了自我關懷，我們就可以對自己付出愛與關照，以及提供情緒上的支持。

我們還可以花時間做能讓自己有成就感或感覺真實的事情。事實上，某方面來看我們沒了伴侶反而能更加自由地學習與成長。女性時常將精力放在與伴侶之間的關係上而放棄自己的興趣，特別是在交往初期。我有個好友，她多年來的心願是寫一本書。她非常有才華，而且我知道那本書對這個世界會是一份很棒的禮物。她還單身時，寫書計畫頗有進展，但當她一有了交往對象，那本書就被擱置了。我們有多少寶貴時間與精力都是消耗在找尋伴侶、墜入愛河、憂慮我們該不該繼續和對方交往、這段關係是否適合自己，以及解決各種問題上？當然，若我們處於一段已確定且穩固的關係中，它也能給予我們很大限度的自由與支持來完成事情。但我們並不想在找尋幸福快樂的結局時，將其他所有事物拋諸腦後。單身時，我們擁有時間與空間來追求自己的夢想。而倘若我們落入了認定唯一重要的人生目標就是找伴侶的陷阱，我們又會錯過什麼？自我關懷可以幫助我們充分發揮出自己的潛力，無論我們的處境為何。

當陰陽之力於體內融合，我們就能從性別角色的許多限制中解放出來。男性與女性的能量在我們體內相互結合。我們不再把屬於自己重要的一部分「外包」給男性來負責，因此我們得以體現真實的自我。當然，這並不表示我們就此停止對他人的渴望或需求。對於浪漫愛情的渴望也是我們的重要天性之一，因而當我們孤身一人時，心中自然會升起悲傷感受。渴望遇到白馬王子的夢想背後，並不只是灰姑娘情結中所呈現的希望有人來照顧自己，還與心中對於藉由兩個靈魂的契合來感受愛、親密與連結的渴望有關。這是一種深具靈性且美麗的經驗。

自一九八一年出版了極具影響力的《我不是個女人嗎？》（暫譯）（*Ain't I a Woman*）這本書後，貝爾・胡克斯就一直是女性主義運動的核心人物。她指出一些浪漫的戀情是如何以愛與關懷為幌子，欺騙女性接受自己居於男性之下的現實，但她也承認渴望與他人結合的重要性。在她的《聯誼交際：女性對愛的追求》（暫譯）（*Communion: The Female Search for Love*）一書中，她寫道：「有力量且愛自己的女性知道，照顧自己情感需求的能力很重要，但這並不會取代戀愛關係和伴侶關係[26]。」當我告訴其他女性，她們可以藉由對自己說想要從他人口中聽到的話，像是「我愛你，你很漂亮，我尊重你，我不會拋棄你」等，以滿足自己對於愛情的需求，她們的第一反應就是：「這跟從伴侶口中聽到的感覺不一樣。」沒錯，這不一樣。我們並不想假裝這就跟愛情一樣。相反地，我們可以完全敞開心扉，接受夢想中的浪漫愛情無法實現的痛苦，並以自己會對待一位孤獨、受到驚嚇的孩子的溫柔方式，以相同的溫柔來懷抱那份痛苦。我們可以景仰那個夢想，並讓希望的火苗繼續燃燒，期盼有一天會美夢成真。

問題是，我們往往會將愛情這一種幸福來源置於其他來源之上。我們相信，這種愛是唯一重要的。儘管當我們聽伴侶說我們值得且惹人愛時，與將這些浪漫情話說給自己聽時，我們是一模一樣的人，但我們卻覺得伴侶口中說出的才是唯一有效的觀點。當這樣想時，我們就放棄了自己的力量，並貶低了自己愛的能力。

我們也為心碎做好了準備，因為即使我們找到「真愛」也無法保證關係能夠長長久久。我們可能有幸經歷一段熱戀，但人生很難一帆風順，事情會發生變化，相愛的人會分道揚鑣。試著想想你認識的女性裡面，有誰是擁有一段美滿且恆久不變的戀愛關係的。這樣的女性是有，但不是常態。只有半數婚姻能夠維繫二十年以上，且當中有許多婚姻是不美滿的[27]。我們真的想要把我們的幸福奠基在如此脆弱且難以掌控的事物上嗎？

雖然愛自己並不能取代一段戀愛關係，但這其實更加重要，因為愛自己並不受環境條件影響。我們是唯一百分百確定會與自己相伴終生的人，而自我關懷的愛並非源自我們的微小自我，而是來自我們與其他更宏大事物之間的連結。當我們在快樂或悲傷的時刻確實對自己展現出關愛，那種孑然一身的感受就會逐漸消散。我們體認到，自我意識是一扇窗，通往我們獨特、不斷變化且不斷展開的人生經驗，但穿透這扇窗向內窺探的意識之光與穿透其他扇窗的光是一體的。身為人類，我們的經歷各不相同，有些人受的苦比較多，但照亮我們的光基本上都是一樣的。相愛兩個人的結合之所以如此美好，是因為我們能感受意識的融合。但我們並不需要與他人在一起才能感受到那種感覺。我們可以從自身覓得融合、結合與完整。

我的自我完整之旅

在經歷數段失敗的關係後，我已經開始接受獨處。我曾經感到寂寞，害怕自己若是不與男性交往就會「無足輕重」。但我也體悟到，自我關懷是幫助我打破這個桎梏的關鍵。現在我可以自豪地說，我的幸福快樂並不取決於自己是否有交往對象。儘管我會想要和某個人在一起，但我已不再願意妥協。我一個人也可以很快樂，而且我已經明瞭，只有我才能讓自己感到被愛、受重視、完滿以及安適，不過這一路走來並不容易。

有些讀者可能對於我第一本書《寬容，讓自己更好》中曾說過的這段故事感到熟悉，關於我搬去德州前與丈夫魯伯特於印度相遇的過往，那時羅文還未出生。他是一名人權運動者兼旅遊作家，也是我遇過最風趣的人。魯伯特是我的白馬王子，一位金髮碧眼，身穿閃亮盔甲的英國騎士。他令我神魂顛倒，感覺好像實現了我小時候被灌輸渴望的浪漫愛情夢想。在羅文被診斷出自閉症後，熱衷於騎馬的魯伯特發現，羅文和馬兒之間有著某種神祕的連結，他的自閉症症狀在他與馬兒相處時人大緩解。在一次為了提升對於喀拉哈里沙漠布希曼人之困境的關注度而舉辦的原住民治療師聚會上，羅文也樂於和那些薩滿接觸。因此我們全家展開一段奇幻旅程，前往以薩滿教為國教的馬文化起源地蒙古。我們騎馬穿越草原，最後終於找到了馴鹿部落的薩滿來為我們的兒子治療。這段故事被拍攝為紀錄片，並出版成為暢銷書《馬背上的男孩》（*The Horse Boy*），童話故事般的內容。但正如同越來越多人開始體認到的，這些童話故事並不會為我們服務並成為助力，反而更常削弱我們的能力。

魯伯特是我的第二任丈夫。我的第一段婚姻之所以結束是因為我與他人產生情愫，這是一件完全違背我所珍視的所有價值觀的事情。正是那段處理對於自己行為感到羞愧與自我指責的過程，在很大程度上幫助我了解自我關懷的力量，使我得以痊癒並重新出發。在決定再婚時，我希望把一切事情做好。誠實對我來說很重要，而且我對自己鄭重承諾，無論如何都要在這段關係中誠實。我再也不想體驗自己內心的天人交戰了，我以為魯伯特也有類似的承諾。

然而，就在羅文的診斷結果出來不久後，我開始有種魯伯特對我有所隱瞞的感覺。我無法明確告訴你原因，就是有種直覺。然而因為我們那時正為了應付羅文的自閉症而焦頭爛額，我就將心中的不安暫且擱置一旁。羅文的自閉症診斷是我所經歷過最艱難的事情之一，我沒有餘力來處理自己對於這段婚姻的懷疑。就不贅述細節了，這麼說吧，最後我終於發現魯伯特一直重複欺騙我，隱瞞他與其他女性偷偷發生關係。當我找他對質，他看起來滿是羞愧與悔意。他對我說他是多麼抱歉，以及他有多希望能夠挽救我們的關係。

我受到非常大的打擊。那次激烈衝突就發生在我前往參加冥想靜修營之前，因此靜修營期間我一直在哭。然而，我的正念與自我關懷練習相當強大，使我得以撐過去。我試著以「愛與連結的存有」狀態來靜坐，使我得以懷抱住痛苦而不致崩潰。由於我們的孩子還小又有特殊需求，我覺得最好的選擇就是試著讓婚姻維持下去。我們一起去做伴侶諮商，希望情況會好轉。

於此同時，我的自我關懷事業正在起步。當在寫我的第一本書時，我都在重新細數與魯伯特這段關係中的美好部分，我成功說服自己他沒有再欺騙我了。事後看來，我意識到有些跡象和問題徵兆被我忽略了。坦白說，假設一切都沒事比面對「其實大有問題」的真相來的容易。

二〇一一年，我的書出版沒多久後，我發現更多「祕密聯絡人」，事實上，有好幾位。我知道我必須結束這段婚姻，無庸置疑。儘管我還愛著他，儘管我們患有自閉症的兒子還年幼，我無法容忍自己被這樣對待。我獲得朋友們的支持，是他們幫助我找到了力量。那時我對於勇敢的自我關懷還一無所知，但我知道離開需要極大毅力。熊媽媽在我體內甦醒，儘管那時我還沒為那股力量命名。我在皮夾中放入一個小鐵塊以象徵我所需的剛毅決心。

當我跟魯伯特說我要離婚時，他又再一次告訴我他有多抱歉、多羞愧，並承認他也許有性成癮症問題。儘管我能同理他，但我的內在保護機制跳出來說不。我並不打算等著看他是否能夠改變，我受夠了。因為我們必須共同撫養羅文，並教導他在家自學的課業，我們仍維持友好關係，且雙方都嘗試確保離婚不會為羅文帶來不好的影響。

儘管我對於自己決心離開感到自豪，但我仍對擁有一段完滿的戀愛關係抱持期待。我的心靈伴侶或許仍在某處等候。約莫一年後，我認識了一位巴西男性。他為人善良、睿智，是一位嚴肅認真的冥想者，而且長相俊美。只有一個問題：他一開始就明確表示自己並不想要在關係中給出承諾。而因為我們在許多層面建立緊密連結——情感上、精神上，以及肉體上——我對他死心塌地數年，希望他最終會想通而安定下來。但他從來沒有。他對我總是很誠實，但每當他感到我們之間的關係變得認真起來後，就會抽身離開。我曾試著將這種情況的原因歸咎到他身上，像是他一定有某種依附障礙、他肯定是哪裡有問題等。但事實是，我們只是有不同的人生追求。這很合理。我的自我關懷練習幫助我擁抱面對這項事實的痛苦與悲傷，但對於關係的渴望仍在我心中強烈燃燒。

不久之前，我與另一名男性有過一段短暫而濃烈的關係，他似乎給了我所想要的一切——誠實、熱情、愛情、友情、支持，以及最重要的，承諾。他告訴我，我是他夢寐以求的女人，想要與我一起共度餘生。他也和羅文相處甚歡，就像是羅文生活中一個正向的男性角色。由於魯伯特那時已另組新家庭，並移居至德國，我需要有人幫忙。我的新男友是位音樂家，他向我透露自己以前是位癮君子，但他已戒毒而且神智清明，甚至還在我們認識之前就在匿名戒酒會裡讀過我的書。雖然對他的過往有所顧慮，但我還是試著不帶批判地接納他。我們愛得難分難捨，然後他搬過來住。

但最後他還是變了，會連續好幾個小時打電動，表現得像是個喜怒無常的青少年。有時我跟他講話，他會講到一半就開始打瞌睡。我知道這不正常，但我也知道他有失眠問題。當我問他這件事，他發誓說那是因為睡眠不足所致。再一次地，我忽略心底隱約的不安並且不去想它，因為某部分的我重視對於愛情的幻想多於真相。大概三個月後，我上網搜尋「當一個人打瞌睡代表什麼」，跳出來的第一個搜尋結果就是這代表鴉片成癮的跡象。我找上他，要求他去做藥物檢測。他發怒表示無法和不信任自己的女人在一起，收拾了衣服後就怒氣沖沖地離開我家。好在羅文那時正到歐洲找父親，我立刻就把家裡所有的鎖都換了。

隔天他回來找我，說想要我再給他一次機會。我眼睛連眨都沒眨一下。熊媽媽之力升起，儘管我對他有著我曾對魯伯特一樣的強烈情感，我絕不可能讓他靠近我兒子半步。但我不得不面對一個事實，鑒於他過往的歷史，我應該要更加謹慎的，而且我讓他搬進來住的決定把羅文置於風險中。我為了追求自己對於愛情的夢想而出賣自己，不願正視事實。再一次地，我需要用溫柔的自我關懷來覆蓋自己，好原諒自己犯的錯誤，並擁抱當中的痛苦。我擅於信任並接納他人的天性其實是項美麗的品格，但是卻在強烈的自我保護中失去平衡。

我做了許多心理治療後體認到，我是被心中受到創傷、渴望透過伴侶關係來獲得完整人生的幼小女孩所驅使。這個創傷的根源很明顯是來自父親在我兩歲時與母親離婚的回憶，我在成長過程中見到他的次數寥寥可數。與那位音樂家分手後，我去丹麥拜訪我的父親（他與一位丹麥女性再婚後遷居丹麥，即使後來離婚後也繼續待在那裡）。

那次拜訪儘管痛苦，卻也讓我重新洞察自己孩提時期的經歷。我鼓起勇氣告訴父親自己所做過的所有內在練習，並跟他說我已經原諒他的離開，無論如何我都愛他。我猜自己大概期待能夠聽到他說：「親愛的，我很抱歉傷害了你，我也愛你。」

與預期相反，他低頭露出奇怪的痛苦表情。「我答應過自己絕對不會跟你說這件事。我答應過自己的！」他喃喃自語地說道。

「到底怎麼回事？」我驚訝問道。

他接著開口說道：「當你還是個嬰兒的時候，你討厭我！」

「什麼？」我極度震驚地問道。

「你討厭我。你出生後整整兩年都不跟我說話。你希望我消失，這樣你才能獨占你的母親。我覺得離開是我所能做的最好的事。」

所幸我並沒有讓那些話往心裡去。我唯一的念頭就是：「這男的瘋了。他需要把仇恨投射到無辜的嬰兒身上好為自己的出走開脫？這真的有病。」我並沒有與他爭論，儘管我極度想要回說：「嬰兒不會討厭人。而且你難道不知道嬰兒在兩歲前都不會跟任何人說話嗎？」但我只說我累了，然後上床休息。我體認到他年事已高，而且已盡他所能地愛我。我能夠撫慰自己的傷口，並接受他原來的樣子。有問題的人是他，不是我。

後來，當我跟母親問及此事，她說我的父親在我剛出生那時，因她在我身上投注的關愛與關注而感到嫉妒，那是他之所以出走的部分原因。我可以看得出來，這又是一個陰陽能量分離的例子。我父親與他溫柔的自我關懷之間的聯繫被切斷了（他與雙親之間的關係很糟糕），因此他很依賴我母親對他的關懷照顧。當母親施予呵護能量的對象變成我時，他感到失落、被拋棄，於是選擇離開。他的離開在我心裡留下一個缺口，使我至今仍嘗試透過戀愛關係來填補缺口。

現在，我已徹底不再買單自己不夠完整的這套謬論。我不再出賣自我，就算那表示我可能再也不會找到伴侶也一樣。儘管我對於愛情仍抱持開放心態，但我更加專注於透過與自我的內在連結尋找快樂。我體認到，當我們對於親密的認知建立在對於分離的認知上時——**當我們的陰柔能量與陽剛能量相互分離時，我們永遠不會成為一個完整的自我**。當我們認為親密的感受必須是與除了自己以外的人之間才會產生，我們就會因獨處而感到寂寞。認為連結只產生於兩個獨立個體之間的概念是一種錯覺。連結是在內部找到的，來自陰陽交匯融合，也源自於我們對於自我本質、對於自己與所有生命之間固有關聯性的體認。你可以把這喚作上帝之力、宇宙意識、愛、天性，或是聖靈，叫什麼都無所謂。當我們放下自己心中那股促使我們認為自己孤立於他人的意識，我們就能感受到那股力量的存在。

在過去一年中，我明確地練習看清這種孤立的錯覺。當寂寞或是對男人的渴望在心底湧現時，我藉心中的正念注意到那些感受。我並沒有忽視或輕視那種渴望，而是尊重並肯認它的神聖性。我問自己最想要的是什麼。通常是希望獲得肯定，肯定自己身為女性的價值，像是被他人渴望、美麗、被愛以及受重視。還有，自己很安全，不會被拋棄。然後我大聲地肯定自己（當然，是在私密場所中進行）。一旦我不再想著：「我想要從別人那裡聽到這些」，並以真實的方式對自己說出這些肯定話語，它們會帶來令人意想不到的滿足感。我能夠謹記自己已經是完整的個體，不需要任何人來完整自己。我也早就建立了連結——與自己、與這個世界、與意識、與愛，以及與存有本身。

我渴望的是什麼？

以下這項練習是從 MSC 計畫的若干練習汲取而來，旨在幫助我們接觸到自己最深層的需求，並藉由自我關懷的力量來滿足它們。它可以單純作為一種內在反思或是書寫練習，只要你覺得恰當就行。

做法說明

- 首先，問自己幾個問題：你對於關係的渴望是什麼？倘若你正處於一段戀愛關係中，也許你渴望著一些缺少的東西，像是更多親密接觸、熱情、確信感或是承諾？如果你沒有交往對象，你是否渴望在生活中擁有一位伴侶？
- 看看自己是否能夠感知到那股渴望的身體感受。它可能是你心中的燃燒感、胃裡的空洞感，或是前額感受的壓力，抑或是整體的疼痛感。是什麼身體感受讓你察覺到心中渴望的存在？要是你無法清楚定位任何特定感受也沒關係，只要關注自己身體的感覺就好。
- 現在，將一隻手輕輕放在你感受到渴望的身體部位（若你無法定位出身體部位，那就把手放在心臟位置，或是任何感覺能獲得慰藉的地方）。
- 如果你的渴望能被滿足，你覺得自己在生活上會獲得什麼（像是更多連結、刺激、支持或是穩定）？
- 倘若你的渴望能獲滿足，你認為這對於你作為一個人的感受如何（特別的、受重視的、有價值的、漂亮的、被愛的、重要的、幸福快樂的）？

- 有沒有什麼話是你渴望伴侶在你耳邊輕聲對你說的（像是你好棒、我愛你、我尊重你、我永遠不會離開你）？
- 現在，大聲對自己說出你渴望從伴侶那裡聽到的話。雖然聽起來可能有點彆扭，但請順其自然。如果你產生一種這些話聽起來很徒勞無功或自我中心的想法，試試能否讓那些想法離開。這是你渴望聽到的字句，而這些渴望本身也是有其根據的。你能夠用帶出意義的方式對自己說出那些話嗎？
- 深呼吸幾次，想像自己於吸氣時激活勇敢的自我關懷之力，而吐氣時則隨著溫柔的自我關懷之力而放鬆。感受這兩股力量在體內交匯融合。
- 請知道一件事，你對於關係與連結的渴望是合理的。這份渴望可以藉由體內陰陽能量的相互融合來填補，並藉由容許自己感受與更大整體之間的連結來進一步擴展。借用任何對你來說足以代表「一體」的象徵。如果你有宗教信仰，這或許可以是上帝、阿拉，或是任何神聖的象徵；如果你沒有宗教信仰，那可以單純是地球或者宇宙。事實是，你並不是孤單一人。試著感知到與此種大於自己的事物之間的連結，並盡可能維繫這種感知意識。
- 最後，試著對生命中給予你愛與連結的所有對象說出感謝話語，包括你自己。

我固定會做這項練習，這為我帶來很大轉變。在寫這本書的當下，我可以老實地說，我已覓得我從未想過的愛、快樂以及豐盛人生。雖然我仍未放棄尋找一起共享人生的男性，但事實上我的幸福並不取決於此，這是我給自己的珍貴禮物。

後記：就算亂成一團仍要保持關懷

經過多年以後我們可能仍會是一團亂，多年以後我們可能仍會感到憤怒……
重點不在於捨棄自我並變成某種更好的樣子，而是要與本來的自己當朋友[1]。
——佩瑪．丘卓（Pema Chödrön），作家暨冥想導師

我每天進行自我關懷練習已持續近二十五年。儘管我確實因此而變得比較強大、平靜與快樂，而且我內心的鬥牛犬爆衝吠叫的次數也比以前少了，但我還是會感到掙扎。我依然不是完美的人，而且本應如此。身而為人無關乎事事完美，而是不管自己對錯都要敞開心扉。經由過往一個個錯誤和痛苦的經歷，我漸漸學會做到這點。

通常我表現出的剛強面貌比陰柔更多，但當這令我陷入困境時，我會溫柔對待自己，好讓自己再度恢復平衡。我學會喜愛自己剛強、勇敢，且時而暴躁又反應激烈的那一面，因為我知道那是造就了我今日所擁有的許多成就的部分原因，包括寫書、做研究、開發訓練課程、講授工作坊，以及最重要的，養育我的兒子羅文。促成這些成就所投入的剛強力量就跟柔韌力量一

樣多。但是即便我沒有完成這些事情，即便我在做的事情明天都會終止，我知道我也不會因此變得較無價值。

我曾經聽一位冥想導師說道：「修練的目標，只是為了在亂成一團時保有關懷[2]。」想想看，如果你的目標只是無論發生什麼事情都要支持自己、幫助自己，並對自己報以關懷，那你永遠可以達成你的目標。你學會擁抱混亂，作為一種充分體會人類生活的表現。這種感覺不太像是達到平衡狀態，然後就此持續保持。我們經常會一再失去平衡，而能幫助不慎絆倒的自己重新恢復平衡的，就是自我關懷。當我一察覺（通常在幾秒內）自己對意見相左的人太過直白時，我就會向對方道歉，並對自己仁慈。我知道我的過度反應背後所隱含的火花，是美好的剛強自我，只是那部分的自我暫時沒有考慮到別人的感受。當我對（自己或別人的）行為放任不管而最終導致有害結果，很快我便體認到，這種過度接納源自於一個祥和且充滿愛、擁有充沛共存力量的自我，但我也因此需要做出更多剛強行動來矯正這點。

藉由對混亂的自己敞開心扉，我已找到遠比自己預期還巨大的挫敗承受力，而且我不會去改變它，因為它讓我成為現在的我。

我相信這個過程普遍發生在更多女性身上。當我們重新找回長久以來被壓制的剛強之力時，我們就是在重建自己的平衡，並尊重自己的真實天性。當我們學會對人關愛撫育而不屈服順從，展露怒氣而不表現出攻擊性，我們不單只是在自己內在，亦在整個社會中整合陰陽之力。這趟旅程充滿挑戰，我們也肯定會在途中犯錯。當我們在指認侵犯者時，在保護個人隱私與無罪推定方面，我們可能會出錯。當我們朝著性別正義大步邁進時，我們可能會忘記關注其他受壓迫族群的需求。而當我們嘗試想在工作與家庭，或個人自我實現與社會正義之間找到適當平衡，可能會應對不來。在達成目標，亦即實現平等政治代表權、同等工資，以及平等待遇的路途上，我們會無可避免地重複跌倒犯錯。然後我們會把自己扶起，調整自我平衡，然後再試一次。女性主義運動就如同所有運動一般，無論在過去或未來都會是一團持續進行的混亂。但因為我們嫻熟照顧技巧，因此很有機會在混亂的同時保有關懷。若在整個女性賦權運動的過程中注入勇敢與溫柔的自我關懷之力，我們就可以專注於我們的終極目標——減輕痛苦。若我們在進行改革工作時持續讓自己的心胸保持開放，我們將會成功。

這須在個人與社會層面同時發生。每個人都是自己人生故事裡最核心的主角，但同時我們的故事也是相互交錯的。當勇敢與溫柔的自我關懷流淌在我們的血管裡，且同時朝內外雙向流動，我們便同時幫助了自己與這個社會。絆倒及摔跤並不只是一個學習和成長的機會，它讓我們能夠對其他受苦的人感同身受，強化彼此之間的連結。在個人、政治與世界層面所展開的心碎戲碼，或許正是令我們覺醒所需的重要教訓。誰知道哪些事件儘管可能帶來困難，卻會是促成我們個人或群體昇華進化不可或缺的力量呢？最起碼，我們的掙扎能讓我們更加深入洞察受苦的本質。以愛與關懷向這一切敞開自己的心扉，我們就更能夠擁抱挑戰並有效加以克服。

羅文終於接受這樣的想法，並將之融入自己的生活態度中。在與不完美、痛苦的現實僵持對抗數年後，他現在已意識到關懷對自己的轉變是多麼有必要。有一天，他忘記做一項重要例行公事，這在過去會引發他內心的自我鞭笞，但他只是很自然地開口說道：「沒有犯錯的人生就像是寡淡無味的一餐，無聊又可預測。不完美是讓這一餐變得可口的辣醬。」他需要按照自己的方式和步調才逐漸了解這點，但這樣的領悟確實已開始帶來改變。當他在應對疫情所帶來的變化時，不管是居家隔離、在Zoom上面進行線上課程，到現在去上只有寥寥幾位同學的實體課程，他所展現的彈性與韌性讓我刮目相看。儘管他的焦慮症狀仍然是項挑戰，現在他可能會在焦慮來襲時將手放在自己的心口處，然後對自己說：「沒關係，羅文。你很安全，我在這兒陪著你。」這對他幫助極大。他在年紀很小時就學到，**一個人的健康與快樂並不取決於自己身上發生的事情，而是如何帶著關懷看待所發生的一切**。

至於我的話，我正進入一個人生的新階段——智慧女性[3]，或「歐巴桑」時期，這把歲數的女性經常被這樣稱呼。更年期過後，女性就獲得解放，無須再擔心自己懷孕（或不孕）。如果有生小孩，小孩此時通常已長大，而我們的事業已奠定下來。這正是一個累積智慧並回饋給社會的時刻。儘管有一些我們可能難以接受的部分伴隨年歲增長而來，像是皮膚鬆弛與視力衰退，但只要我們不抗拒改變並心甘情願地擁抱這些改變，這也可以是很美好的人生階段。這是我們真正夠以女性身分發揮力量的時期，因為此時我們已蛻去年輕時期的諸多不安與錯誤想像。社會經常貶低年長女性的價值，因為性吸引力已不再是我們身上最主要的特質。但這是一種由父權體制所施加的價值體系，而針對這種扭曲的觀點，可以輕易地以勇敢的自我關懷來瓦解。事實是，我們會隨著年歲增長而變得更加美麗，因為我們的靈魂得以全面盛綻。這是一個令人振奮且徹底轉變的階段——我知道對我來說是如此。

首先，我已不再試圖了解自己的行為模式並治癒傷口。我體認到我的人格和自我已運作得夠好，我無需再去徹底全面搞懂自己——儘管我很感激過去數年來的心理治療幫助我走到今天這一步。我已能夠了解並感激自己的每個面向：當我察覺到有人違背事實時，劍拔弩張、表現得像是個戰士的自己；說出真實想法，儘管有時可能不夠圓融的自己；即便面對生活中的困難處境仍持續努力前進的自己；以及能夠以愛懷抱所有痛苦的自己。

現在我的工作重心在於放下那些讓我的陰陽能量無法自由流動的阻礙。當我靜坐冥想時，我甚至不知道自己放下了什麼。沒有任何預設腳本台詞，我只是簡單地對自己重複說：「願我能夠放下不再對我有益的事物」，然後感覺到體內的能量變化。因為我在工作中要很密集地運用智識，所以我練習對未知感到安適。我不知道自己執著於什麼，不知道事情為什麼是那樣，也不知道未來會發生什麼——像是我還會不會再與人交往、從奧斯汀大學退休後會發生什麼事，及我們的社會或地球上又會發生什麼等。我致力讓自己以平靜心態對待未明確掌握的事情，相信自己會接受需要接受的事情，並在時機成熟時對需要改變的事情做出改變。就像是我不再控制並決定生活中的所有事情，而是時時刻刻支持並幫助自己。藉由放下「了解並掌控一切」的自我概念，我感覺內心「亮」了起來——既覺得脫離泥淖而心情明亮，也感覺自己身上充滿更多光芒。

身為女性，我們也要放下對於「女性身分」的自我概念，並在這個過程解放自我。我們要放下性別角色的概念，這些概念多年來在我們自己的生活，以及我們母親的生活中對我們造成侷限，世世代代。**當我們的自我價值感不再由基於性別的社會認同所決定，當我們不再那麼仰賴男性來獲得安全感，我們每個人就能以獨有的方式展現自己的陰陽能量**。這對男性、跨性別者、非二元性別者，以及性別流動者來說也是一樣。試想一下，若我們摒棄了對於自己「應該是什麼樣子」的狹隘刻板印象，我們每個人，無論性別為何，會成為什麼樣的人；如果我們放下不再對自己有益的事物，像是自我批判、孤立感，以及恐懼與匱乏感等會阻礙自我發展的事物；如果我們能尊重這樣一個事實，即反覆被打倒再爬起並不是一個問題，而是讓我們通往他方的道路；以及如果我們頌揚自己是不斷進化發展並散發光芒的一團混亂。藉由將勇敢與溫柔的自我關懷作為人生的指導原則與主張，我們也許因此而有機會導正這個世界的錯誤現狀。

致謝詞

這本書是團隊合作的成果，對此我要感謝許多人。首先，我想要向我長久以來的同事、好友暨MSC計畫的共同創辦人格默致上謝意。我們一起發展出許多關於勇敢與溫柔自我關懷的想法，這本書所收錄的練習有絕大部分都是我們的共同成果。我喜歡開玩笑說格默代表了我最正常運作的成年男性往來關係，這真的是驚喜美好又帶來許多收穫的夥伴情誼。

還有許多MSC的老師提供協助，像是蜜雪兒・貝克（Michelle Becker）和卡珊卓・葛拉夫（Cassondra Graf）對於如何在自我關懷中彰顯剛強一面提供了想法與見解。我真的非常感謝他們，也很感謝整個MSC計畫中心團隊同仁的支持，包括我們優秀的執行董事史提夫・希克曼（Steve Hickman），他協助將自我關懷的實踐推廣到世界各地。

我的第一編輯凱文・康利（Kevin Conley），在寫書過程提供許多寶貴協助並和我一起完成稿件，本書幾乎每一頁都有他的付出。我很感激他在我們腦力激盪以及一來一往修改稿件過程所展現的絕佳耐心與好脾氣，也要向我在哈潑威芙（Harper Wave）出版社的編輯凱倫・瑞納迪（Karen Rinalidi）致上深深謝意。她在各個方面協助這本書逐步成形，並且從頭到尾「罩住」這本書，這種有人懂我的感覺真的很棒。我也非常感謝海莉・史旺森（Haley Swanson）的細心編修，以及哈潑威芙出版社團隊的協助，使我感覺自己備受關照。

我還要感謝我的經紀人伊莉莎白・申克曼（Elizabeth Sheinkman），她看了我的出書計畫後說服我這是一本我需要寫出來的書。她以自身作為女性所提供的意見，就跟她對本書的行銷所提出的專業意見一樣有幫助，她對我的信心對我來說意義非凡。

我還欠傳授我勇敢自我關懷概念的冥想導師們一個大大感謝，特別是薩爾茲堡和布萊克。這兩位熊媽媽示範了將勇敢與溫柔關懷完美融合的樣貌，在此感謝她們的無價指引和輔導。

我也想向另一位心靈導師致謝，那就是卡洛琳・希爾孚（Caralyn Silver）。我跟著她靈修多年，她在我展開自我的過程提供實際協助，這份餽贈讓我無以為報，且她總在我偏離中心時確保我回到正軌，我非常敬愛她。

我想要感謝我的好友兼同事夏皮洛，她是除了我之外第一個在研究中應用自我關懷量表的人，多年來她已成為我信賴的親密知己。

這本書的誕生也有賴我好閨密凱莉・雷恩沃特（Kelley Rainwater）的愛與友誼。她引領我接觸到神聖女性的奧祕，並在我最需要的時候幫助我喚醒這方面的導引。我們每次深入交流女性身分、父權和歷史的想法，對我發展自己所書寫的多項觀點起了關鍵作用。她是我一直以來的好夥伴，和我一起慶祝許多開心時刻，也幫助我度過若干人生中最艱難的日子。若沒有她的陪伴，我的人生將大不相同。

當然，如果不是我的母親，根本就不會有我。我不僅感謝她完成拉拔我和帕克長大這項不可思議的任務，也很感謝她多年來與我情同好友的母女情。她個性剛烈而從不接受任何胡扯，教導我成為一名剛強的女性。

最深的謝意要獻給我的兒子羅文。我每天都因為他的勇敢與堅韌而深受鼓舞。他教了我許多事情，我深深慶幸自己能夠擁有這樣一個善良、充滿愛心並且帶給我許多歡樂的兒子。

最後，我想要感謝所有曾經因「喬治事件」而經歷集體創傷，並且在彼此需要時聚集在一起相互扶持的勇敢女性。希望我們能因此而變得更堅強，並透過發聲來防止未來再次發生類似事件。

注釋

前言：關愛的力量

1 | A. Gorman, "The Hill We Climb," poem, read at the presidential inauguration of Joseph Biden on January 20, 2021, https://www.cnbc.com/2021/01/20/amanda-gormans-inaugural-poem-the-hill-we-climb-full-text.html.

2 | J. L. Goetz, D. Keltner, and E. Simon-Thomas, "Compassion: An Evolutionary Analysis and Empirical Review," *Psychological Bulletin* 136, no. 3 (2010): 351–74.

3 | C. Germer and K. D. Neff, "Mindful Self-Compassion (MSC)," in I. Ivtzan, ed., *The Handbook of Mindfulness-Based Programs: Every Established Intervention, from Medicine to Education* (London: Routledge, 2019), 55–74.

4 | G. Groth, Jack Kirby Interview, Part 6, *Comics Journal* #134, May 23, 2011.

5 | "Beyond Vietnam: A Time to Break Silence," speech delivered by Dr. Martin Luther King Jr. on April 4, 1967, at a meeting of Clergy and Laity Concerned at Riverside Church in New York City.

6 | K. D. Neff, "Self- Compassion: An Alternative Conceptualization of a Healthy Attitude toward Oneself," *Self and Identity* 2, no. 2 (2003): 85–102.

7 | K. D. Neff, "Development and Validation of a Scale to Measure Self-Compassion," *Self and Identity* 2 (2003): 223–50.

8 | K. D. Neff, K. Kirkpatrick, and S. S. Rude, "Self-Compassion and Adaptive Psychological Functioning," *Journal of Research in Personality* 41 (2007): 139–54.

9 | Based on a Google Scholar search of entries with "self-compassion" in the title conducted November 2020.

10 | L. Kohlberg and R. H. Hersh, "Moral Development: A Review of the Theory," *Theory into Practice* 16, no. 2 (1977): 53–59.

11 | E. Turiel, *The Culture of Morality: Social Development, Context, and Conflict* (Cambridge, UK: Cambridge University Press, 2002).

12 | C. Wainryb and E. Turiel, "Dominance, Subordination, and Concepts of Personal Entitlements in Cultural Contexts," *Child Development* 65, no. 6 (1994): 1701–22.

13 | A. C. Wilson et al., "Effectiveness of Self-Compassion Related Therapies: A Systematic Review and Meta- Analysis," *Mindfulness* 10, no. 6 (2018): 979–95.

14 | K. D. Neff and C. K. Germer, "A Pilot Study and Randomized Controlled Trial of the Mindful Self-Compassion Program," *Journal of Clinical Psychology* 69, no. 1 (2013): 28–44.

15 | F. Raes et al., "Construction and Factorial Validation of a Short Form of the Self- Compassion Scale," *Clinical Psychology and Psychotherapy* 18 (2011): 250–55.

第一章：自我關懷的基礎

1 | Commencement address given by Kavita Ramdas on May 19, 2013, to the graduates of Mount Holyoke College.

2 | J. Kornfield (2017), "Freedom of the Heart," *Heart Wisdom*, Episode 11, https://_ackkornfield.com/freedom-heart-heart-wisdom-episode-11, accessed November 13, 2020.

3 | According to my model: K. D. Neff, "Self-Compassion: An Alternative Conceptualization of a Healthy Attitude toward Oneself," *Self and Identity* 2 (2003): 85–101.

4 | L. Mak et al., "The Default Mode Network in Healthy Individuals: A Systematic Review and Meta-analysis," *Brain Connectivity* 7, no. 1 (2017): 25–33.

5 | J. A. Brewer, "Meditation Experience Is Associated with Differences in Default Mode Network Activity and Connectivity," *Proceedings of the National Academy of Sciences* 108, no. 50 (2011): 20254–59.

6 | M. Ferrari et al., "Self- Compassion Interventions and Psychosocial Outcomes: A Meta- Analysis of RCTs," *Mindfulness* 10, no. 8 (2019): 1455–73.

7 | For a good review of the research literature on self-compassion, see chapters 3 and 4 of C. K. Germer and K. D. Neff, *Teaching the Mindful Self-Compassion Program: A Guide for Professionals* (New York: Guilford Press, 2019).

8 | K. D. Neff, S. S. Rude, andK. L. Kirkpatrick, "An Examination of Self-Compassion in Relation to Positive Psychological Functioning and Personality Traits," *Journal of Research in Personality* 41 (2007): 908–16.

9 | A. MacBeth and A. Gumley, "Exploring Compassion: A Meta-Analysis of the Association between Self-Compassion and Psychopathology," *Clinical Psychology Review* 32 (2012): 545–52.

10 | S. Cleare, A. Gumley, and R. C. O' Connor, "Self-Compassion, Self-Forgiveness, Suicidal Ideation, and Self- Harm: A Systematic Review," *Clinical Psychology and Psychotherapy* 26, no. 5 (2019): 511–30.

11 | C. L. Phelps et al., "The Relationship between Self-Compassion and the Risk for Substance Use Disorder," *Drug and Alcohol Dependence* 183 (2018): 78–81.

12 | K. D. Neff et al., "The Forest and the Trees: Examining the Association of Self-Compassion and Its Positive and Negative Components with Psychological Functioning," *Self and Identity* 17, no. 6 (2018): 627–45.

13 | T. D. Braun, C. L. Park, and A. Gorin, "Self-Compassion, Body Image, and Disordered Eating: A Review of the Literature," *Body Image* 17 (2016): 117–31.

14 | D. D. Biber and R. Ellis, "The Effect of Self-Compassion on the Self-Regulation of Health Behaviors: A Systematic Review," *Journal of Health Psychology* 24, no. 14 (2019): 2060–71.

15 | W. J. Phillips and D. W. Hine, "Self- Compassion, Physical Health, and Health Behaviour: A Meta- Analysis," *Health Psychology Review* (2019): 1–27.

16 | J. G. Breines and S. Chen, "Self- Compassion Increases Self-Improvement Motivation," *Personality and Social Psychology Bulletin* 38, no. 9 (2012): 1133–43.

17 | J. W. Zhang and S. Chen, "Self-Compassion Promotes Personal Improvement from Regret Experiences Via Acceptance," *Personality and Social Psychology Bulletin* 42, no. 2 (2016): 244–58.

18 | A. A. Scoglio et al., "Self-Compassion and Responses to Trauma: The Role of Emotion Regulation," *Journal of Interpersonal Violence* 33, no. 13 (2018): 2016–36.
19 | L. M. Yarnell and K. D. Neff, "Self-Compassion, Interpersonal Conflict Resolutions, and Well-Being," *Self and Identity* 12, no. 2 (2013): 146–59.
20 | J. S. Ferreira, R. A. Rigby, and R. J. Cobb, "Self-Compassion Moderates Associations between Distress about Sexual Problems and Sexual Satisfaction in a Daily Diary Study of Married Couples," *Canadian Journal of Human Sexuality* 29, no. 2 (2020): 182–96.
21 | K. D. Neff and E. Pommier, "The Relationship between Self-Compassion and Other-Focused Concern among College Undergraduates, Community Adults, and Practicing Meditators," *Self and Identity* 12, no. 2 (2013): 160–76.
22 | Z. Hashem and P. Zeinoun, "Self-Compassion Explains Less Burnout among Healthcare Professionals," *Mindfulness* 11, no. 11 (2020): 2542–51.
23 | K. D. Neff and R. Vonk, "Self-Compassion Versus Global Self-Esteem: Two Different Ways of Relating to Oneself," *Journal of Personality* 77 (2009): 23–50.
24 | P. Gilbert, "Social Mentalities: Internal 'Social' Conflicts and the Role of Inner Warmth and Compassion in Cognitive Therapy," in P. Gilbert and K. G. Bailey, eds., *Genes on the Couch: Explorations in Evolutionary Psychotherapy* (Hove, UK: Psychology Press, 2000), 118–50.
25 | S. W. Porges, *The Polyvagal Theory: Neurophysiological Foundations of Emotions, Attachment, Communication, and Self-Regulation* (New York: Norton, 2011).
26 | R. J. Gruen et al., "Vulnerability to Stress: Self-Criticism and Stress-Induced Changes in Biochemistry," *Journal of Personality* 65, no. 1 (1997): 33–47.
27 | S. Herculano-Houzel, *The Human Advantage: A New Understanding of How Our Brain Became Remarkable* (Cambridge, MA: MIT Press, 2016).
28 | S. E. Taylor, "Tend and Befriend: Biobehavioral Bases of Affiliation Under Stress," *Current Directions in Psychological Science* 15, no. 6 (2006): 273–77.
29 | C. S. Carter, "Oxytocin Pathways and the Evolution of Human Behavior," *Annual Review of Psychology* 65 (2014): 17–39.
30 | S. W. Porges, "The Polyvagal Theory: Phylogenetic Contributions to Social Behavior," *Physiology and Behavior* 79, no. 3 (2003): 503–13.
31 | T. Field, *Touch* (Cambridge, MA: MIT Press, 2014).
32 | P. R. Shaver et al., "Attachment Security as a Foundation for Kindness toward Self and Others," in K. W. Brown and M. R. Leary, eds., *The Oxford Handbook of Hypo- egoic Phenomena* (Oxford: Oxford University Press, 2017), 223–42.
33 | N. D. Ross, P. L. Kaminski, and R. Herrington, "From Childhood Emotional Maltreatment to Depressive Symptoms in Adulthood: The Roles of Self-Compassion and Shame," *Child Abuse and Neglect* 92 (2019): 32–42.
34 | R. C. Fraley and N. W. Hudson, "The Development of Attachment Styles," in J. Specht, ed., *Personality Development across the Lifespan* (Cambridge, MA: Elsevier Academic Press, 2017), 275–92.
35 | M. Navarro-Gil et al., "Effects of Attachment-Based Compassion Therapy (ABCT) on Self-Compassion and Attachment Style in Healthy People," *Mindfulness* 1, no. 1 (2018): 51–62.
36 | L. R. Miron et al., "The Potential Indirect Effect of Childhood Abuse on Posttrauma Pathology through Self-Compassion and Fear of Self- Compassion," *Mindfulness* 7, no. 3 (2016): 596–605.
37 | C. Germer, *The Mindful Path to Self-Compassion: Freeing Yourself from Destructive Thoughts and Emotions* (New York: Guilford Press, 2009).
38 | A. Lutz et al., "Attention Regulation and Monitoring in Meditation," *Trends in Cognitive Sciences* 12, no. 4 (2008): 163–69.
39 | N. N. Singh et al., "Soles of the Feet: A Mindfulness-Based Self-Control Intervention for Aggression by an Individual with Mild Mental Retardation and Mental Illness," *Research in Developmental Disabilities* 24, no. 3 (2003): 158–69.

40 | T. Parker-Pope, "Go Easy on Yourself, a New Wave of Research Shows," *New York Times*, February 29, 2011, https://well.blogs.nytimes.com/2011/02/28/go-easy-on-yourself-a-new-wave-of-research-urges/.
41 | S. Salzberg, "Fierce Compassion," Omega, 2012, https://www.eomega.org/article/fierce-compassion.
42 | "Sharon Salzberg + Robert Thurman: Meeting Our Enemies and Our Suffering," *On Being with Krista Tippett*, October 31, 2013, https://onbeing.org/programs/sharon-salzberg-robert-thurman-meeting-our-enemies-and-our-suffering.
43 | M. Palmer, *Yin & Yang: Understanding the Chinese Philosophy of Opposites* (London: Piatkus Books, 1997).
44 | E. Olson, "The Buddhist Female Deities," in S. Nicholson, ed., *The Goddess Re-Awakening: The Feminine Principle Today* (Wheaton, IL: Quest Books, 1989), 80–90.
45 | J. Kornfield, *Bringing Home the Dharma: Awakening Right Where You Are* (Boston: Shambala, 2012).

第二章：自我關懷與性別的關連

1 | B. White, *If You Ask Me (And of Course You Won't)* (New York: Putnam, 2011).
2 | A. H. Eagly and V. J. Steffen, "Gender Stereotypes Stem from the Distribution of Women and Men into Social Role," *Journal of Personality and Social Psychology* 46, no. 4 (1984): 735–54.
3 | T. A. Kupers, "Toxic Masculinity as a Barrier to Mental Health Treatment in Prison," *Journal of Clinical Psychology* 61, no. 6 (2005): 713–24.
4 | Y. J. Wong and A. B. Rochlen, "Demystifying Men' s Emotional Behavior: New Directions and Implications for Counseling and Research," *Psychology of Men and Masculinity* 6, no. 1 (2005): 62–72.
5 | D. D. Rucker, A. D. Galinsky, and J. C. Mage, "The Agentic–Communal Model of Advantage and Disadvantage: How Inequality Produces Similarities in the Psychology of Power, Social Class, Gender, and Race," *Advances in Experimental Social Psychology* 58 (2018): 71–125.
6 | J. K. Swim and B. Campbell, "Sexism: Attitudes, Beliefs, and Behaviors," in R. Brown and S. Gaertner, eds., *The Handbook of Social Psychology: Intergroup Relations,* vol. 4 (Oxford: Blackwell Publishers, 2001), 218–37.
7 | P. Glick and S. T. Fiske, "An Ambivalent Alliance: Hostile and Benevolent Sexism as Complementary Justifications for Gender Inequality," *American Psychologist* 56, no. 2 (2001): 109–18.
8 | Associated Press, "Robertson Letter Attacks Feminists," *New York Times*, August 26, 1992, https://www.nytimes.com/1992/08/26/us/robertson-letter-attacks-feminists.html.
9 | M. K. Roach, *Six Women of Salem: The Untold Story of the Accused and Their Accusers in the Salem Witch Trials* (Boston: Da Capo Press, 2013).
10 | The 22 Convention, October 2020, https://22convention.com.
11 | K. Fleming, "Mansplaining Conference Hopes to 'Make Women Great Again,' " *New York Post*, January 2, 2020, https://nypost.com/2020/01/02/mansplaining-conference-hopes-to-make-women-great-again/.
12 | D. Ging, "Alphas, Betas, and Incels: Theorizing the Masculinities of the Manosphere," *Men and Masculinities* 22, no. 4 (2019): 638–57.
13 | A. J. Kelly, S. L. Dubbs, and F. K. Barlow, "Social Dominance Orientation Predicts Heterosexual Men' s Adverse Reactions to Romantic Rejection,"

Archives of Sexual Behavior 44, no. 4 (2015): 903–19.

14 | J. T. Jost and A. C. Kay, "Exposure to Benevolent Sexism and Complementary Gender Stereotypes: Consequences for Specific and Diffuse Forms of System Justification," *Journal of Personality and Social Psychology* 88, no. 3 (2005): 498–509.

15 | J. K. Swim, "Sexism and Racism: Old-Fashioned and Modern Prejudices," *Journal of Personality and Social Psychology* 68, no. 2 (1995): 199–214.

16 | J. E. Cameron, "Social Identity, Modern Sexism, and Perceptions of Personal and Group Discrimination by Women and Men," *Sex Roles* 45, nos. 11–12 (2001): 743–66.

17 | N. Bowles, "Jordan Peterson, Custodian of the Patriarchy," *New York Times,* May 18, 2018, https:// www.nytimes.com/2018/05/18/style/jordan-peterson-12-rules-for-life.html.

18 | K. D. Locke, "Agentic and Communal Social Motives," *Social and Personality Psychology Compass* 9, no. 10 (2015): 525–38.

19 | M. Schulte-Rüther et al., "Gender Differences in Brain Networks Supporting Empathy," *Neuroimage* 42, no. 1 (2008): 393–403.

20 | M. L. Batrinos, "Testosterone and Aggressive Behavior in Man," *International Journal of Endocrinology and Metabolism* 10, no. 3 (2012): 563–68.

21 | S. M. Van Anders, J. Steiger, and K. L. Goldey, "Effects of Gendered Behavior on Testosterone in Women and Men," *Proceedings of the National Academy of Sciences* 112, no. 45 (2015): 13805–10.

22 | I. Gordon et al., "Oxytocin and the Development of Parenting in Humans," *Biological Psychiatry* 68, no. 4 (2010): 377–82.

23 | A. H. Eagly and W. Wood, "The Nature- Nurture Debates: 25 Years of Challenges in Understanding the Psychology of Gender," *Perspectives on Psychological Science* 8, no. 3 (2013): 340–57.

24 | E. W. Lindsey and J. Mize, "Contextual Differences in Parent–Child Play: Implications for Children' s Gender Role Development," *Sex Roles* 44, nos. 3–4 (2001): 155–76.

25 | J. S. Hyde, "Gender Similarities and Differences," *Annual Review of Psychology* 65 (2014): 373–98.

26 | K. Bussey and A. Bandura, "Social Cognitive Theory of Gender Development and Differentiation," *Psychological Review* 106, no. 4 (1999): 676–713.

27 | S. Damaske, *For the Family? How Class and Gender Shape Women's Work* (Oxford: Oxford University Press, 2011).

28 | S. L. Bem, "Gender Schema Theory: A Cognitive Account of Sex Typing," *Psychological Review* 88, no. 4 (1981): 354–64.

29 | J. Piaget, *The Language and Thought of the Child*, trans. M. Gabain (London: Lund Humphries, 1959; original work published 1926).

30 | L. Festinger, "Cognitive Dissonance," *Scientific American* 207, no. 4 (1962): 93–106.

31 | C. L. Martin and C. F. Halverson Jr., "The Effects of Sex-Typing Schemas on Young Children' s Memory," *Child Development* 54, no. 3 (1983): 563–74.

32 | F. Hill et al., "Maths Anxiety in Primary and Secondary School Students: Gender Differences, Developmental Changes and Anxiety Specificity," *Learning and Individual Differences* 48 (2016): 45–53.

33 | D. Z. Grunspan et al., "Males Under- Estimate Academic Performance of Their Female Peers in Undergraduate Biology Classrooms," *PLOS ONE* 11, no. 2 (2016): e0148405.

34 | J. Herbert and D. Stipek, "The Emergence of Gender Differences in Children' s Perceptions of Their Academic Competence," *Journal of Applied Developmental Psychology* 26, no. 3 (2005): 276–95.

35 | L. A. Rudman, A. G. Greenwald, and D. E. McGhee, "Implicit Self-Concept and Evaluative Implicit Gender Stereotypes: Self and Ingroup Share Desirable Traits," *Personality and Social Psychology Bulletin* 27, no. 9 (2001): 1164–78.

36 | L. A. Rudman, "Sources of Implicit Attitudes," *Current Directions in Psychological Science* 13 (2004): 79–82.

37 | D. Proudfoot, A. C. Kay, and C. Z. Koval, "A Gender Bias in the Attribution of Creativity: Archival and Experimental Evidence for the Perceived Association between Masculinity and Creative Thinking," *Psychological Science* 26, no. 11 (2015): 1751–61.

38 | M. E. Heilman and M. C. Haynes, "No Credit Where Credit Is Due: Attributional Rationalization of Women' s Success in Male-Female Teams," *Journal of Applied Psychology* 90, no. 5 (2005): 905–16.

39 | E. L. Haines, K. Deaux, and N. Lofaro, "The Times They Are a-Changing . . . or Are They Not? A Comparison of Gender Stereotypes, 1983–2014," *Psychology of Women Quarterly* 40, no. 3 (2016): 353–63.

40 | K. D. Neff and L. N. Terry-Schmitt, "Youths' Attributions for Power- Related Gender Differences: Nature, Nurture, or God?," *Cognitive Development* 17 (2002): 1185–1203.

41 | D. D. Tobin et al., "The Intrapsychics of Gender: A Model of Self-Socialization," *Psychological Review* 117, no. 2 (2010): 601.

42 | M. E. Kite, K. Deaux, and E. L. Haines, "Gender Stereotypes," in F. L. Denmark and M. A. Paludi, eds., *Psychology of Women: A Handbook of Issues and Theories*, 2nd ed. (Westport, CT: Praeger, 2007), 205–36.

43 | C. Leaper and C. K. Friedman, "The Socialization of Gender," in J. E. Grusec and P. D. Hastings, eds., *Handbook of Socialization: Theory and Research* (New York: Guilford Press, 2007), 561–87.

44 | E. F. Coyle, M. Fulcher, and D. Trübutschek, "Sissies, Mama' s Boys, and Tomboys: Is Children' s Gender Nonconformity More Acceptable When Nonconforming Traits Are Positive?," *Archives of Sexual Behavior* 45, no. 7 (2016): 1827–38.

45 | J. P. Hill and M. E. Lynch, "The Intensification of Gender-Related Role Expectations during Early Adolescence," in J. Brooks-Gunn and A. C. Petersen, eds., *Girls at Puberty* (New York: Springer, 1983), 201–28.

46 | A. A. Nelson and C. S. Brown, "Too Pretty for Homework: Sexualized Gender Stereotypes Predict Academic Attitudes for Gender-Typical Early Adolescent Girls," *Journal of Early Adolescence* 39, no. 4 (2019): 603–17.

47 | L. A. Rudman and P. Glick, "Prescriptive Gender Stereotypes and Backlash toward Agentic Women," *Journal of Social Issues* 57, no. 4 (2001): 743–62.

48 | B. E. Whitley, "Sex-Role Orientation and Psychological Well-Being: Two Meta-Analyses," *Sex Roles* 12, nos. 1–2 (1985): 207–25.

49 | E. C. Price et al., "Masculine Traits and Depressive Symptoms in Older and Younger Men and Women," *American Journal of Men's Health* 12 (2018): 19–29.

50 | J. Taylor, "Gender Orientation and the Cost of Caring for Others," *Society and Mental Health* 5 (2015): 49–65.

51 | B. Thornton and R. Leo, "Gender Typing, Importance of Multiple Roles, and Mental Health Consequences for Women," *Sex Roles* 27, no. 5 (1992): 307–17.

52 | J. S. Nevid and S. A. Rathus, *Psychology and the Challenges of Life*, 13th ed. (New York: Wiley, 2016).

53 | C. Cheng, "Processes Underlying Gender-Role Flexibility: Do Androgynous Individuals Know More or Know How to Cope?," *Journal of Personality* 73 (2005): 645–73.

54 | S. Harter et al., "Level of Voice among High School Women and Men: Relational Context, Support, and Gender Orientation," *Developmental Psychology* 34 (1998): 1–10.

55 | J. T. Spence and R. L. Helmreich, *Masculinity and Femininity: Their Psychological Dimensions, Correlates, and Antecedents* (Austin, TX: University of Texas Press, 1978). Note that only the masculine and feminine items of the PAQ are included, and the order and wording of some items have been modified to facilitate scoring. Also, the scoring system differs slightly from the original. This adapted version of the scale should not be used for research purposes.

56 | L. M. Yarnell et al., “Meta- Analysis of Gender Differences in Self-Compassion,” *Self and Identity* 14, no. 5 (2015): 499–520.
57 | P. Luyten et al., “Dependency and Self-Criticism: Relationship with Major Depressive Disorder, Severity of Depression, and Clinical Presentation,” *Depression and Anxiety* 24, no. 8 (2007): 586–96.
58 | R. Lennon and N. Eisenberg, “Gender and Age Differences in Empathy and Sympathy,” in N. Eisenberg and J. Strayer, eds., *Empathy and Its Development* (Cambridge, UK: Cambridge University Press, 1987), 195–217.
59 | K. D. Neff, M. Knox, and O. Davidson, “A Comparison of Self-Compassion and Compassion for Others as They Relate to Personal and Interpersonal Wellbeing among Community Adults” (manuscript in preparation).
60 | E. Pommier, K. D. Neff, and I. Tóth- Király, “The Development and Validation of the Compassion Scale,” *Assessment* 27, no. 1 (2019): 21–39.
61 | L. M. Yarnell et al., “Gender Differences in Self-Compassion: Examining the Role of Gender Role Orientation,” *Mindfulness* 10, no. 6 (2019): 1136–52.
62 | P. Gilbert et al., “Fears of Compassion: Development of Three Self-Report Measures,” *Psychology and Psychotherapy: Theory, Research and Practice* 84, no. 3 (2011): 239–55.

第三章・憤怒的女性

1 | G. Steinem, *The Truth Will Set You Free, But First It Will Piss You Off!: Thoughts on Life, Love, and Rebellion* (New York: Random House, 2019).
2 | R. L. Buntaine and V. K. Costenbader, “Self-Reported Differences in the Experience and Expression of Anger between Girls and Boys,” *Sex Roles* 36 (1997): 625–37.
3 | A. H. Eagly and V. Steffen, “Gender and Aggressive Behavior: A Meta-Analytic Review of the Social Psychological Literature,” *Psychological Bulletin* 100 (1986): 309–30.
4 | R. S. Mills and K. H. Rubin, “A Longitudinal Study of Maternal Beliefs about Children’ s Social Behaviors,” *Merrill-Palmer Quarterly* 38, no. 4 (1992): 494–512.
5 | K. A. Martin, “Becoming a Gendered Body: Practices of Preschools,” *American Sociological Review* 63, no. 4 (1998): 494–511.
6 | J. B. Miller, “The Development of Women’ s Sense of Self,” in J. Jordan et al., eds., *Women’s Growth in Connection: Writings from the Stone Center* (New York: Guilford Press, 1991), 11–26.
7 | R. Fivush, “Exploring Differences in the Emotional Content of Mother-Child Conversations about the Past,” *Sex Roles* 20 (1989): 675–91.
8 | T. M. Chaplin, P. M. Cole, and C. Zahn-Waxler, “Parental Socialization of Emotion Expression: Gender Differences and Relations to Child Adjustment,” *Emotion* 5, no. 1 (2005): 80–88.
9 | S. P. Thomas, ed., *Women and Anger* (New York: Springer, 1993).
10 | S. P. Thomas, “Women’ s Anger: Causes, Manifestations, and Correlates,” in C. D. Spielberger and I. G. Sarason, eds., *Stress and Emotion*, vol. 15 (Washington, DC: Taylor and Francis, 1995), 53–74.
11 | S. P. Thomas, C. Smucker, and P. Droppleman, “It Hurts Most around the Heart: A Phenomenological Exploration of Women’ s Anger,” *Journal of Advanced Nursing* 28 (1998): 311–22.

12 L. Brody, *Gender, Emotion, and the Family* (Cambridge, MA: Harvard University Press, 2009).
13 S. P. Thomas, "Women' s Anger, Aggression, and Violence," *Health Care for Women International* 26, no. 6 (2005): 504–22.
14 J. C. Walley-Jean, "Debunking the Myth of the 'Angry Black Woman' : An Exploration of Anger in Young African American Women," *Black Women, Gender and Families* 3, no. 2 (2009): 68–86.
15 D. C. Allison et al., eds., *Black Women's Portrayals on Reality Television: The New Sapphire* (Lanham, MD: Rowman and Littlefield, 2016).
16 M. V. Harris-Perry, *Sister Citizen: Shame, Stereotypes, and Black Women in America* (New Haven, CT: Yale University Press, 2011).
17 C. W. Esqueda and L. A. Harrison, "The Influence of Gender Role Stereotypes, the Woman' s Race, and Level of Provocation and Resistance on Domestic Violence Culpability Attributions," *Sex Roles* 53, nos. 11–12 (2005): 821–34.
18 S. Shernock and B. Russell, "Gender and Racial/Ethnic Differences in Criminal Justice Decision Making in Intimate Partner Violence Cases," *Partner Abuse* 3, no. 4 (2012): 501–30.
19 J. M. Salerno and L. C. Peter-Hagene, "One Angry Woman: Anger Expression Increases Influence for Men, but Decreases Influence for Women, during Group Deliberation," *Law and Human Behavior* 39, no. 6 (2015): 581–92.
20 A. Campbell and S. Muncer, "Sex Differences in Aggression: Social Representation and Social Roles," *British Journal of Social Psychology* 33 (1994): 233–40.
21 L. M. Yarnell et al., "Gender Differences in Self-Compassion: Examining the Role of Gender Role Orientation," *Mindfulness* 10, no. 6 (2019): 1136–52.
22 G. Parker and H. Brotchie, "Gender Differences in Depression," *International Review of Psychiatry* 22, no. 5 (2010): 429–36.
23 E. Won and Y. K. Kim, "Stress, the Autonomic Nervous System, and the Immune- Kynurenine Pathway in the Etiology of Depression," *Current Neuropharmacology* 14, no. 7 (2016): 665–73.
24 I. Jalnapurkar, M. Allen, and T. Pigott, "Sex Differences in Anxiety Disorders: A Review," *Journal of Psychiatry, Depression and Anxiety* 4 (2018): 1–9.
25 C. A. Timko, L. DeFilipp, and A. Dakanalis, "Sex Differences in Adolescent Anorexia and Bulimia Nervosa: Beyond the Signs and Symptoms," *Current Psychiatry Reports* 21, no. 1 (2019): 1–8.
26 P. Gilbert et al., "An Exploration into Depression-Focused and Anger-Focused Rumination in Relation to Depression in a Student Population," *Behavioural and Cognitive Psychotherapy* 33, no. 3 (2005): 273–83.
27 R. W. Simon and K. Lively, "Sex, Anger and Depression," *Social Forces* 88, no 4 (2010): 1543–68.
28 S. Nolen-Hoeksema, "Emotion Regulation and Psychopathology: The Role of Gender," *Annual Review of Clinical Psychology* 8 (2012): 161–87.
29 R. W. Novaco, "Anger and Psychopathology," in M. Potegal, G. Stemmler, and C. Spielberger, eds., *International Handbook of Anger* (New York: Springer, 2010), 465–97.
30 R. Stephens, J. Atkins, and A. Kingston, "Swearing as a Response to Pain," *Neuroreport* 20, no. 12 (2009): 1056–60.
31 J. P. Tangney et al., "Relation of Shame and Guilt to Constructive Versus Destructive Responses to Anger across the Lifespan," *Journal of Personality and Social Psychology* 70, no. 4 (1996): 797–809.
32 T. A. Cavell and K. T. Malcolm, eds., *Anger, Aggression, and Interventions for Interpersonal Violence* (Mahwah, NJ: Lawrence Erlbaum, 2007).
33 S. A. Everson et al., "Anger Expression and Incident Hypertension," *Psychosomatic Medicine* 60, no. 6 (1998): 730–35.
34 R. M. Suinn, "The Terrible Twos— Anger and Anxiety: Hazardous to Your Health," *American Psychologist* 56, no. 1 (2001): 27–36.
35 T. W. Smith et al., "Hostility, Anger, Aggressiveness, and Coronary Heart Disease: An Interpersonal Perspective on Personality, Emotion, and Health,"

Journal of Personality 72 (2004): 1217–70.

36 | A. Pascual- Leone, et al., "Problem Anger in Psychotherapy: An Emotion- Focused Perspective on Hate, Rage and Rejecting Anger," *Journal of Contemporary Psychotherapy* 43, no. 2 (2013): 83–92.

37 | K. Davidson et al., "Constructive Anger Verbal Behavior Predicts Blood Pressure in a Population-Based Sample," *Health Psychology* 19, no. 1 (2000): 55–64.

38 | E. Halperin, "Group-Based Hatred in Intractable Conflict in Israel," *Journal of Conflict Resolution* 52 (2008): 713–36.

39 | M. R. Tagar, C. M. Federico, and E. Halperin, "The Positive Effect of Negative Emotions in Protracted Conflict: The Case of Anger," *Journal of Experimental Social Psychology* 47, no. 1 (2011): 157–64.

40 | E. Halperin et al., "Anger, Hatred, and the Quest for Peace: Anger Can Be Constructive in the Absence of Hatred," *Journal of Conflict Resolution* 55, no. 2 (2011): 274–91.

41 | S. Chemaly, *Rage Becomes Her: The Power of Women's Anger* (New York: Simon and Schuster, 2018), xxiii.

42 | D. J. Leonard et al., "We' re Mad as Hell and We' re Not Going to Take It Anymore: Anger Self-Stereotyping and Collective Action," *Group Processes and Intergroup Relations* 14, no. 1 (2011): 99–111.

43 | D. M. Taylor et al., "Disadvantaged Group Responses to Perceived Inequity: From Passive Acceptance to Collective Action," *Journal of Social Psychology* 127 (1987): 259–72.

44 | L. Lerer and J. Medina, "The 'Rage Moms' Democrats Are Counting On," *New York Times*, August 17, 2020, https://www.nytimes.com/2020/08/17/us/politics/democrats-women-voters-anger.html.

45 | "About MomsRising," MomsRising, https://www.momsrising.org/about.

46 | "Our Story," Moms Demand Action, https://momsdemandaction.org/about/.

47 | Black Lives Matter movement: "Herstory," Black Lives Matter, https://blacklivesmatter.com/herstory/.

48 | A. Fresnics and A. Borders, "Angry Rumination Mediates the Unique Associations between Self-Compassion and Anger and Aggression," *Mindfulness* 8, no. 3 (2016): 554–64.

49 | R. C. Schwartz and M. Sweezy, *Internal Family Systems Therapy* (New York: Guilford Press, 2019).

50 | N. A. Shadick et al., "A Randomized Controlled Trial of an Internal Family Systems-Based Psychotherapeutic Intervention on Outcomes in Rheumatoid Arthritis: A Proof-of-Concept Study," *Journal of Rheumatology* 30, no. 11 (2013): 1831–41.

51 | S. Kempton, *Awakening Shakti: The Transformative Power of the Goddesses of Yoga* (Boulder, CO: Sounds True, 2013).

52 | D. Whyte, *Consolations: The Solace, Nourishment and Underlying Meaning of Everyday Words* (Edinburgh: Canongate Books, 2019).

53 | "What Is Qi? (and Other Concepts)," Taking Charge of Your Health and Wellbeing, University of Minnesota, https://www.takingcharge.csh.umn.edu/explore-healing-practices/traditional-chinese-medicine/what-qi-and-other-concepts.

54 | B. Glassman and R. Fields, "Instructions to the Cook," *Tricycle Magazine*, Spring 1996.

55 | P. Muris, "A Protective Factor against Mental Health Problems in Youths? A Critical Note on the Assessment of Self-Compassion," *Journal of Child and Family Studies* 25, no. 5 (2015): 1461–65.

56 | K. D. Neff et al., "Examining the Factor Structure of the Self-Compassion Scale Using Exploratory SEM Bifactor Analysis in 20 Diverse Samples: Support for Use of a Total Score and Six Subscale Scores," *Psychological Assessment* 31, no. 1 (2019): 27–45.

57 | P. Muris and H. Otgaar, "The Process of Science: A Critical Evaluation of More Than 15 Years of Research on Self-Compassion with the Self-Compassion Scale," *Mindfulness* 11, no. 6 (2020): 1469–82.

58 | K. D. Neff, "Commentary on Muris and Otgaar: Let the Empirical Evidence Speak on the Self- Compassion Scale," *Mindfulness* 11, no. 6 (May 23, 2020): 1900–9.

第四章・・#MeToo

1 | E. Brockes, "#MeToo Founder Tarana Burke: 'You Have to Use Your Privilege to Serve Other People,' " *Guardian*, January 15, 2018, https://www.theguardian.com/world/2018/jan/15/me-too-founder-tarana-burke-women-sexual-assault.

2 | A National Study on Sexual Harassment and Assault," conducted by Stop Street Harassment, February 2018, http://www.stopstreet harassment.org/wp-content/uploads/2018/01/Full-Report-2018-National-Study-on-Sexual-Harassment-and-Assault.pdf.

3 | ABC News/*Washington Post* poll on sexual harassment released October 17, 2017.

4 | According to one study: H. McLaughlin, C. Uggen, andA. Blackstone, "Sexual Harassment, Workplace Authority, and the Paradox of Power," *American Sociological Review* 77, no. 4 (2012): 625–47.

5 | "Statistics," National Sexual Violence Resource Center, https://www.nsvrc.org/statistics, accessed November 14, 2020.

6 | M. C. Black et al., *National Intimate Partner and Sexual Violence Survey: 2010 Summary Report,* retrieved from the Centers for Disease Control and Prevention, National Center for Injury Prevention and Control, 2011, http://www.cdc.gov/ViolencePrevention/pdf/NISVS_Report2010-a.pdf.

7 | Department of Justice, Office of Justice Programs, Bureau of Justice Statistics, "National Crime Victimization Survey, 2010–2016," 2017.

8 | D. K. Chan et al., "Examining the Job- Related, Psychological, and Physical Outcomes of Workplace Sexual Harassment: A Meta-Analytic Review," *Psychology of Women Quarterly* 32, no. 4 (2008): 362–76.

9 | C. R. Willness, P. Steel, and K. Lee, "A Meta-Analysis of the Antecedents and Consequences of Workplace Sexual Harassment," *Personnel Psychology* 60, no. 1 (2007): 127–62.

10 | E. R. Dworkin et al., "Sexual Assault Victimization and Psychopathology: A Review and Meta-Analysis," *Clinical Psychology Review* 56 (2017): 65–81.

11 | A. O' Neil et al., "The #MeToo Movement: An Opportunity in Public Health?," *Lancet* 391, no. 10140 (2018): 2587–89.

12 | L. M. Ward et al., "Sexuality and Entertainment Media," in D. Tolman et al., eds., *APA Handbook of Sexuality and Psychology*, 2nd ed. (Washington, DC: American Psychological Association, 2014): 373–423.

13 | D. L. Mosher and S. S. Tomkins, "Scripting the Macho Man: Hypermasculine Socialization and Enculturation," *Journal of Sex Research* 25, no. 1 (1988): 60–84.

14 | R. C. Seabrook, L. Ward, and S. Giaccardi, "Why Is Fraternity Membership Associated with Sexual Assault? Exploring the Roles of Conformity to Masculine Norms, Pressure to Uphold Masculinity, and Objectification of Women," *Psychology of Men and Masculinity* 19, no. 1 (2018): 3–13.

15 | S. K. Murnen, C. Wright, and G. Kaluzny, "If 'Boys Will Be Boys,' Then Girls Will Be Victims? A Meta-Analytic Review of the Research That Relates Masculine Ideology to Sexual Aggression," *Sex Roles* 46, nos. 11–12 (2002): 359–75.

16 | S. K. Huprich et al., "Are Malignant Self- Regard and Vulnerable Narcissism Different Constructs?," *Journal of Clinical Psychology* 74, no. 9 (2018): 1556–69.
17 | A. Arabi, *Becoming the Narcissists' Nightmare: How to Devalue and Discard the Narcissist While Supplying Yourself* (New York: SCW Archer Publishing, 2016).
18 | "Facts About Sexual Harassment," US Equal Employment Opportunity Commission, https://www.eeoc.gov/fact-sheet/facts-about-sexual-harassment, accessed February 18, 2021.
19 | L. McLean, M. Bambling, and S. R. Steindl, "Perspectives on Self-Compassion from Adult Female Survivors of Sexual Abuse and the Counselors Who Work with Them," *Journal of Interpersonal Violence* (2018): 1–24, advance online publication, DOI: 0886260518793975.
20 | A. A. Scoglio et al., "Self-Compassion and Responses to Trauma: The Role of Emotion Regulation," *Journal of Interpersonal Violence* 33, no. 13 (2015): 2016–36.
21 | J. M. Dicks, "Sexual Assault Survivors' Experiences of Self-Compassion" (unpublished doctoral dissertation, University of Alberta, 2014).
22 | Dicks, "Sexual Assault Survivors' Experiences of Self-Compassion," 75.
23 | L. B. Shapira and M. Mongrain, "The Benefits of Self-Compassion and Optimism Exercises for Individuals Vulnerable to Depression," *Journal of Positive Psychology* 5 (2010): 377–89.
24 | "Child Sexual Abuse Statistics," Darkness to Light, https://www.d2l.org/the-issue/statistics/, accessed October 15, 2020.

第五章：溫柔擁抱自己

1 | T. Brach, *Radical Acceptance: Embracing Your Life with the Heart of a Buddha* (New York: Bantam, 2004).
2 | A. Blasi et al., "Early Specialization for Voice and Emotion Processing in the Infant Brain," *Current Biology* 21, no. 14 (2011): 1220–24.
3 | D. Büring, *Intonation and Meaning* (Oxford: Oxford University Press, 2016).
4 | F. J. Ruiz, "A Review of Acceptance and Commitment Therapy (ACT) Empirical Evidence: Correlational, Experimental Psychopathology, Component and Outcome Studies," *International Journal of Psychology and Psychological Therapy* 10, no. 1 (2010): 125–62.
5 | S. Young, "Break through Pain," 2017, https://www.shinzen.org/wp-content/uploads/2016/12/art_painprocessingalg.pdf, accessed January 8, 2021.
6 | K. D. Neff, "Self-Compassion, Self-Esteem, and Well-Being," *Social and Personality Compass* 5 (2011): 1–12.
7 | J. D. Brown, "Evaluations of Self and Others: Self-Enhancement Biases in Social Judgments," *Social Cognition* 4, no. 4 (1986): 353–76.
8 | S. M. Garcia, A. Tor, and T. M. Schiff, "The Psychology of Competition: A Social Comparison Perspective," *Perspectives on Psychological Science* 8, no. 6 (2013): 634–50.
9 | M. R. Di Stasio, R. Savage, and G. Burgos, "Social Comparison, Competition and Teacher–Student Relationships in Junior High School Classrooms Predicts Bullying and Victimization," *Journal of Adolescence* 53 (2016): 207–16.
10 | S. M. Coyne and J. M. Ostrov, eds., *The Development of Relational Aggression* (Oxford: Oxford University Press, 2018).
11 | J. Crocker et al., "Downward Comparison, Prejudice, and Evaluations of Others: Effects of Self-Esteem and Threat," *Journal of Personality and Social*

Psychology 52, no. 5 (1987): 907–16.

12 | J. Crocker and K. M. Knight, "Contingencies of Self-Worth," *Current Directions in Psychological Science* 14, no. 4 (2005): 200–3.

13 | J. Crocker and L. E. Park, "The Costly Pursuit of Self-Esteem," *Psychological Bulletin* 130 (2004): 392–414.

14 | M. H. Kernis and B. M. Goldman "Assessing Stability of Self-Esteem and Contingent Self-Esteem," in M. H. Kernis, ed., *Self-Esteem Issues and Answers: A Sourcebook of Current Perspectives* (Hove, UK: Psychology Press, 2006), 77–85.

15 | K. D. Neff and R. Vonk, "Self-Compassion versus Global Self- Esteem: Two Different Ways of Relating to Oneself," *Journal of Personality* 77 (2009): 23–50.

16 | For an overview of the research, see chapter 2 of C. K. Germer and K. D. Neff, *Teaching the Mindful Self-Compassion Program: A Guide for Professionals* (New York: Guilford Press, 2019).

17 | H. Rockliff et al., "A Pilot Exploration of Heart Rate Variability and Salivary Cortisol Responses to Compassion-Focused Imagery," *Clinical Neuropsychiatry: Journal of Treatment Evaluation* 5, no. 3 (2008): 132–39.

18 | recruited participants on Facebook: L. B. Shapira and M. Mongrain, "The Benefits of Self-Compassion and Optimism Exercises for Individuals Vulnerable to Depression," *Journal of Positive Psychology* 5 (2010): 377–89.

19 | J. P. Tangney and R. L. Dearing, *Shame and Guilt* (New York: Guilford Press, 2003).

20 | E. A. Johnson and K. A. O' Brien, "Self- Compassion Soothes the Savage Ego-Threat System: Effects on Negative Affect, Shame, Rumination, and Depressive Symptoms," *Journal of Social and Clinical Psychology* 32, no. 9 (2013): 939–63.

21 | A. Allen and M. R. Leary, "Self- Compassion, Stress, and Coping," *Social and Personality Psychology Compass* 4, no. 2 (2010): 107–18.

22 | D. A. Sbarra, H. L. Smith, and M. R. Mehl, "When Leaving Your Ex, Love Yourself: Observational Ratings of Self-Compassion Predict the Course of Emotional Recovery Following Marital Separation," *Psychological Science* 23 (2012): 261–69.

23 | A. M. Friis, N. S. Consedine, and M. H. Johnson, "Does Kindness Matter? Diabetes, Depression, and Self-Compassion: A Selective Review and Research Agenda," *Diabetes Spectrum* 28, no. 4 (2015): 252–57.

24 | M. R. Hayter and D. S. Dorstyn, "Resilience, Self- Esteem and Self-Compassion in Adults with Spina Bifida," *Spinal Cord* 52, no. 2 (2013): 167–71.

25 | M. Nery-Hurwit, J. Yun, and V. Ebbeck, "Examining the Roles of Self-Compassion and Resilience on Health- Related Quality of Life for Individuals with Multiple Sclerosis," *Disability and Health Journal* 11, no. 2 (2017): 256–61.

26 | A. Barnes et al., "Exploring the Emotional Experiences of Young Women with Chronic Pain: The Potential Role of Self-Compassion," *Journal of Health Psychology* (2018): 1–11, advance online publication, DOI: 1359105318816509.

27 | L. Zhu et al., "The Predictive Role of Self-Compassion in Cancer Patients' Symptoms of Depression, Anxiety, and Fatigue: A Longitudinal Study," *Psycho-Oncology* 28, no. 9 (2019): 1918–25.

28 | J. M. Brion, M. R. Leary, and A. S. Drabkin, "Self- Compassion and Reactions to Serious Illness: The Case of HIV," *Journal of Health Psychology* 19, no. 2 (2014): 218–29.

29 | K. D. Neff and D. J. Faso, "Self- Compassion and Well-Being in Parents of Children with Autism," *Mindfulness* 6, no. 4 (2014): 938–47.

30 | C. L. Phelps et al., "The Relationship between Self-Compassion and the Risk for Substance Use Disorder," *Drug and Alcohol Dependence* 183 (2018): 78–81.

31 | Basharpoor et al., "The Role of Self-Compassion, Cognitive Self-Control, and Illness Perception in Predicting Craving in People with Substance

Dependency," *Practice in Clinical Psychology* 2, no. 3 (2014): 155–64.
32 | J. C. Rainey, C. R. Furman, and A. N. Gearhardt, "Food Addiction among Sexual Minorities," *Appetite* 120 (2018): 16–22.
33 | Y. Kotera and C. Rhodes, "Pathways to Sex Addiction: Relationships with Adverse Childhood Experience, Attachment, Narcissism, Self-Compassion and Motivation in a Gender-Balanced Sample," *Sexual Addiction and Compulsivity* 26, 1–2 (2019): 54–76.
34 | A. E. Diac et al., "Self-Compassion, Well- Being and Chocolate Addiction," *Romanian Journal of Cognitive Behavioral Therapy and Hypnosis* 4, no. 1–2 (2017): 1–12.
35 | M. Brooks et al., "Self-Compassion amongst Clients with Problematic Alcohol Use," *Mindfulness* 3, no. 4 (2012): 308–17.
36 | S. R. Newcombe, "Shame and Self- Compassion in Members of Alcoholics Anonymous" (unpublished doctoral dissertation, Wright Institute, 2015).
37 | Y. Jiang et al., "Buffering the Effects of Peer Victimization on Adolescent Non-suicidal Self-Injury: The Role of Self-Compassion and Family Cohesion," *Journal of Adolescence* 53 (2016): 107–15.
38 | P. Wilkinson and Goodyer, "Non-suicidal Self-Injury," *European Child & Adolescent Psychiatry* 20, no. 2 (2011): 103–8.
39 | D. LoParo et al., "The Efficacy of Cognitively-Based Compassion Training for African American Suicide Attempters," *Mindfulness* 9, no. 6 (2018): 1941–54.
40 | J. G. Breines and S. Chen, "Self- Compassion Increases Self-Improvement Motivation," *Personality and Social Psychology Bulletin* 38, no. 9 (2012): 1133–43.
41 | A. Vazeou-Nieuwenhuis and K. Schumann, "Self-Compassionate and Apologetic? How and Why Having Compassion toward the Self Relates to a Willingness to Apologize," *Personality and Individual Differences* 124 (2018): 71–6.
42 | K. D. Neff et al., "Caring for Others without Losing Yourself: An Adaptation of the Mindful Self-Compassion Program for Healthcare Communities," *Journal of Clinical Psychology* 76 (2020): 1543–62.

第六章．堅強起來

1 | O. Stevenson and A. B. Allen, "Women' s Empowerment: Finding Strength in Self- Compassion," *Women and Health* 57, no. 3 (2017): 295–310.
2 | J. A. Christman, "Examining the Interplay of Rejection Sensitivity, Self-Compassion, and Communication in Romantic Relationships" (unpublished doctoral dissertation, University of Tennessee, 2012).
3 | B. L. Mah et al., "Oxytocin Promotes Protective Behavior in Depressed Mothers: A Pilot Study with the Enthusiastic Stranger Paradigm," *Depression and Anxiety* 32, no. 2 (2015): 76–81.
4 | C. K. De Dreu et al., "The Neuropeptide Oxytocin Regulates Parochial Altruism in Intergroup Conflict among Humans," *Science* 328, no. 5984 (2010): 1408–11.
5 | S. R. Kaler and B. J. Freeman, "Analysis of Environmental Deprivation: Cognitive and Social Development in Romanian Orphans," *Journal of Child Psychology and Psychiatry* 35, no. 4 (1994): 769–81.
6 | M. Yousafzai, *I Am Malala: The Girl Who Stood Up for Education and Was Shot by the Taliban* (New York: Little, Brown, 2013).

7 J. S. Turner, "Explaining the Nature of Power: A Three-Process Theory," *European Journal of Social Psychology* 35, no. 1 (2005): 1–22.
8 E. R. Cole, "Intersectionality and Research in Psychology," *American Psychologist* 64, no. 3 (2009): 170–80.
9 G. Fuochi, C. A. Veneziani, and A. Voci, "Exploring the Social Side of Self-Compassion: Relations with Empathy and Outgroup Attitudes," *European Journal of Social Psychology* 48, no. 6 (2018): 769–83.
10 Interview with Rosa Parks, *Scholastic*, January/February 1997 http://teacher.scholastic.com/rosa/interview.htm.
11 J. Halifax, *Being with Dying: Cultivating Compassion and Fearlessness in the Presence of Death* (Boulder, CO: Shambhala Publications, 2009).
12 W. Wood and A. H. Eagly, "Gender Identity," in M. R. Leary and R. H. Hoyle, eds., *Handbook of Individual Differences in Social Behavior* (New York: Guilford Press, 2009), 109–25.
13 J. de Azevedo Hanks, *The Assertiveness Guide for Women: How to Communicate Your Needs, Set Healthy Boundaries, and Transform Your Relationships* (Oakland, CA: New Harbinger, 2016).
14 J. C. Campbell et al., "Intimate Partner Homicide: Review and Implications of Research and Policy," *Trauma, Violence and Abuse* 8 (2007): 246–69.
15 A. B. Allen, E. Robertson, and G. A. Patin, "Improving Emotional and Cognitive Outcomes for Domestic Violence Survivors: The Impact of Shelter Stay and Self-Compassion Support Groups," *Journal of Interpersonal Violence* (2017), advance online publication, DOI: 0886260517734858.
16 C. Braehler and K. D. Neff, "Self- Compassion for PTSD," in N. Kimbrel and M. Tull, eds., *Emotion in PTSD* (Cambridge, MA: Elsevier Academic Press, 2020). 567–596.
17 R. Yehuda, "Post-Traumatic Stress Disorder," *New England Journal of Medicine* 346, no. 2 (2002): 108–14.
18 B. L. Thompson and J. Waltz, "Self- Compassion and PTSD Symptom Severity," *Journal of Traumatic Stress* 21 (2008): 556–58.
19 K. Dahm et al., "Mindfulness, Self- Compassion, Posttraumatic Stress Disorder Symptoms, and Functional Disability in US Iraq and Afghanistan War Veterans," *Journal of Traumatic Stress* 28, no. 5 (2015): 460–64.
20 J. K. Rabon et al., "Self-Compassion and Suicide Risk in Veterans: When the Going Gets Tough, Do the Tough Benefit More from Self-Kindness?" *Mindfulness* 10, no. 12 (2019): 2544–54.
21 R. Hiraoka et al., "Self-Compassion as a Prospective Predictor of PTSD Symptom Severity among Trauma-Exposed US Iraq and Afghanistan War Veterans," *Journal of Traumatic Stress* 28 (2015): 1–7.
22 M. A. Cherry and M. M. Wilcox, "Sexist Microaggressions: Traumatic Stressors Mediated by Self-Compassion," *The Counseling Psychologist* 49, no. 1 (2021), 106–137.
23 J. P. Robinson and D. L. Espelage, "Bullying Explains Only Part of LGBTQ–Heterosexual Risk Disparities: Implications for Policy and Practice," *Educational Researcher* 41, no. 8 (2012): 309–19.
24 A. J. Vigna, J. Poehlmann- Tynan, and B. W. Koenig, "Does Self-Compassion Facilitate Resilience to Stigma? A School-based Study of Sexual and Gender Minority Youth," *Mindfulness* 9, no. 3 (2017): 914–24.
25 A. J. Vigna, J. Poehlmann-Tynan, and B. W. Koenig, "Is Self-Compassion Protective among Sexual- and Gender-Minority Adolescents across Racial Groups?," *Mindfulness* 11, no. 3 (2020): 800–15.
26 C. C. Y. Wong and N. C. Yeung, "Self- Compassion and Posttraumatic Growth: Cognitive Processes as Mediators," *Mindfulness* 8, no. 4 (2017): 1078–87.
27 M. Navarro-Gil et al., "Effects of Attachment-Based Compassion Therapy (ABCT) on Self-Compassion and Attachment Style in Healthy People," *Mindfulness* 11, no. 1 (2020): 51–62.

28 | A. A. Scoglio et al., "Self-Compassion and Responses to Trauma: The Role of Emotion Regulation," *Journal of Interpersonal Violence* 33, no. 13 (2015): 2016–36.

29 | P. Gilbert, "The Origins and Nature of Compassion Focused Therapy," *British Journal of Clinical Psychology* 53, no. 1 (2014): 6–41.

30 | P. Gilbert and S. Procter, "Compassionate Mind Training for People with High Shame and Self-Criticism: Overview and Pilot Study of a Group Therapy Approach," *Clinical Psychology and Psychotherapy: An International Journal of Theory and Practice* 13, no. 6 (2006): 353–79.

31 | E. Ashfield, C. Chan, and D. Lee, "Building 'A Compassionate Armour' : The Journey to Develop Strength and Self-Compassion in a Group Treatment for Complex Post-traumatic Stress Disorder," *Psychology and Psychotherapy: Theory, Research and Practice* (2020), advance online publication, DOI: 10.1111/papt.12275/.

32 | C. Craig, S. Hiskey, and A. Spector, "Compassion Focused Therapy: A Systematic Review of Its Effectiveness and Acceptability in Clinical Populations," *Expert Review of Neurotherapeutics* 20, no. 4 (2020), 385–400.

33 | M. L. King Jr., *Where Do We Go from Here: Chaos or Community?,* vol. 2 (Boston: Beacon Press, 2010).

34 | M. A. Mattaini, *Strategic Nonviolent Power: The Science of Satyagraha* (Athabasca, Canada: Athabasca University Press, 2013).

35 | M. K. Gandhi, "Letter to Mr.– (25 January 1920)," *The Collected Works of Mahatma Gandhi*, vol. 19 (Delhi, India: Publications Division, Ministry of Information and Broadcasting, Government of India, 1958).

36 | M. K. Gandhi, *My Experiments with the Truth* (New York: Simon and Schuster, 2014; original work published 1928).

37 | P. Valera and T. Taylor, "Hating the Sin but Not the Sinner: A Study about Heterosexism and Religious Experiences among Black Men," *Journal of Black Studies* 42, no. 1 (2011): 106–22.

38 | D. A. Fahrenthold, "Trump Recorded Having Extremely Lewd Conversation about Women in 2005," *Washington Post*, October 8, 2016, https://www.washingtonpost.com/politics/trump-recorded-having-extremely-lewd-conversation-about-women-in-2005/2016/10/07/3b9ce776-8cb4-11e6-bf8a-3d26847eeed4_story.html.

39 | A. Jamieson, "Women' s March on Washington: A Guide to the Post-inaugural Social Justice Event," *Guardian*, December 27, 2016, https://www.theguardian.com/us-news/2016/dec/27/womens-march-on-washington-dc-guide.

40 | M. Broomfield "Women' s March against Donald Trump Is the Largest Day of Protests in US History, Say Political Scientists," *Independent*, January 23, 2017, https://www.independent.co.uk/news/world/americas/womens-march-anti-donald-trump-womens-rights-largest-protest-demonstration-us-history-political-scientists-a7541081.html.

41 | K. Capps, "Millions of Marchers, Zero Arrests," *Citylab*, https://www.bloomberg.com/news/articles/2017-01-22/millions-gather-for-women-s-march-none-arrested.

42 | N. Caraway, *Segregated Sisterhood: Racism and the Politics of American Feminism* (Knoxville, TN: University of Tennessee Press, 1991).

43 | V. Ware, *Beyond the Pale: White Women, Racism, and History* (London: Verso Books, 2015).

44 | G. E. Gilmore, *Gender and Jim Crow: Women and the Politics of White Supremacy in North Carolina, 1896–1920*, 2nd ed. (Chapel Hill, NC: UNC Press Books, 2019).

45 | T. Closson, "Amy Cooper' s 911 Call, and What' s Happened Since," *New York Times*, July 8, 2020, https://www.nytimes.com/2020/07/08/nyregion/amy-cooper-false-report-charge.html.

46 | b. hooks, *Black Women and Feminism* (London: Routledge, 1981).

47 | V. Purdie-Vaughns and R. P. Eibach, "Intersectional Invisibility: The Distinctive Advantages and Disadvantages of Multiple Subordinate-Group Identities," *Sex Roles* 59, nos. 5–6 (2008): 377–91.

第七章：滿足自己的需求

1 | H. Grant, *Pocket Frida Kahlo Wisdom* (London: Hardie Grant Publishing, 2018).
2 | "Global Gender Gap Report," World Economic Forum, 2018.
3 | J. H. Shih and N. K. Eberhart, "Gender Differences in the Associations between Interpersonal Behaviors and Stress Generation," *Journal of Social and Clinical Psychology* 29, no. 3 (2010) 243–55.
4 | M. J. Mattingly and S. M. Blanchi, "Gender Differences in the Quantity and Quality of Free Time: The US Experience," *Social Forces* 81, no. 3 (2003): 999–1030.
5 | W. J. Phillips and S. J. Ferguson, "Self-Compassion: A Resource for Positive Aging," *Journals of Gerontology Series B: Psychological Sciences and Social Sciences* 68, no. 4 (2012): 529–39.
6 | B. J. Schellenberg, D. S. Bailis, and A. D. Mosewich, "You Have Passion, but Do You Have Self-Compassion? Harmonious Passion, Obsessive Passion, and Responses to Passion-related Failure," *Personality and Individual Differences* 99 (2016): 278–85.
7 | L. M. Yarnell and K. D. Neff, "Self-Compassion, Interpersonal Conflict Resolutions, and Well-being," *Self and Identity* 12, no. 2 (2013): 146–59.
8 | J. W. Zhang et al., "A Compassionate Self Is a True Self? Self-Compassion Promotes Subjective Authenticity," *Personality and Social Psychology Bulletin* 45, no. 9 (2019): 1323–37.
9 | A. H. Maslow, *A Theory of Human Motivation* (New York: Simon and Schuster, 2013).
10 | R. M. Ryan and E. L. Deci, *Self-Determination Theory: Basic Psychological Needs in Motivation, Development, and Wellness* (New York: Guilford Press, 2017).
11 | E. L. Deci and R. M. Ryan, "The 'What' and 'Why' of Goal Pursuits: Human Needs and the Self-Determination of Behavior," *Psychological Inquiry* 11, no. 4 (2000): 227–68.
12 | E. L. Deci and R. M. Ryan, eds., *Handbook of Self-Determination Research* (Rochester, NY: University Rochester Press, 2004).
13 | K. D. Neff, "Development and Validation of a Scale to Measure Self-Compassion," *Self and Identity* 2 (2003): 223–50.
14 | K. E. Gunnell et al., "Don' t Be So Hard on Yourself! Changes in Self-Compassion during the First Year of University Are Associated with Changes in Well- Being," *Personality and Individual Differences* 107 (2017): 43–8.
15 | R. A. Shweder, M. Mahapatra, and J. G. Miller, "Culture and Moral Development," in J. Kagan and S. Lamb, eds., *The Emergence of Morality in Young Children* (Chicago: University of Chicago Press, 1987), 1–83.
16 | E. Turiel, *The Culture of Morality: Social Development, Context, and Conflict* (Cambridge, UK: Cambridge University Press, 2002).
17 | N. Desai and M. Krishnaraj, *Women and Society in India* (Delhi, India: Ajanta Press, 1987).
18 | R. Batra and T. G. Reio Jr., "Gender Inequality Issues in India," *Advances in Developing Human Resources* 18, no. 1 (2016): 88–101.

19 | I. Malhotra, *Indira Gandhi: A Personal and Political Biography* (Carlsbad, CA: Hay House, 2014).

20 | K. D. Neff, "Judgments of Personal Autonomy and Interpersonal Responsibility in the Context of Indian Spousal Relationships: An Examination of Young People' s Reasoning in Mysore, India," *British Journal of Developmental Psychology* 19, no. 2 (2001): 233–57.

21 | K. D. Neff, "Reasoning about Rights and Duties in the Context of Indian Family Life," (unpublished doctoral dissertation, University of California, Berkeley, 1998), 128.

22 | C. Clarke, "Texas Bar Owner Prohibits Customers from Wearing Masks," CBS News, May 28, 2020, https://www.cbsnews.com/news/texas-bar-liberty-tree-tavern-bans-masks-customers/.

23 | T. Merton, *My Argument with the Gestapo: A Macaronic Journal* (New York: New Directions Books, 1969), 160–61.

24 | S. C. Hayes, K. D. Strosahl, and K. G. Wilson, *Acceptance and Commitment Therapy: The Process and Practice of Mindful Change* (New York: Guilford Press, 2011).

25 | K. J. Homan and F. M. Sirois, "Self-Compassion and Physical Health: Exploring the Roles of Perceived Stress and Health-Promoting Behaviors," *Health Psychology Open* 4, no. 2 (2017): 1–9.

26 | A. B. Allen, E. R. Goldwasser, and M. R. Leary, "Self-Compassion and Well-Being among Older Adults," *Self and Identity* 11, no. 4 (2012): 428–53.

27 | C. Dawson Rose et al., "Self-Compassion and Risk Behavior Among People Living with HIV/ AIDS," *Research in Nursing and Health* 37, no. 2 (2014): 98–106.

28 | M. L. Terry et al., "Self- Compassionate Reactions to Health Threats," *Personality and Social Psychology Bulletin* 39, no. 7 (2013): 911–26.

29 | J. Crocker and A. Canevello, "Creating and Undermining Social Support in Communal Relationships: The Role of Compassionate and Self- Image Goals," *Journal of Personality and Social Psychology* 95, no. 3 (2008): 555–75.

30 | K. D. Neff and S. N. Beretvas, "The Role of Self-Compassion in Romantic Relationships," *Self and Identity* 12, no. 1 (2013): 78–98.

31 | J. W. Zhang, S. Chen, and T. K. Tomova, "From Me to You: Self-Compassion Predicts Acceptance of Own and Others' Imperfections," *Personality and Social Psychology Bulletin* 46, no. 2 (2020): 228–41.

32 | K. D. Neff and E. Pommier, "The Relationship between Self-Compassion and Other-Focused Concern among College Undergraduates, Community Adults, and Practicing Meditators," *Self and Identity* 12, no. 2 (2013): 160–76.

33 | K. D. Neff and C. K. Germer, "A Pilot Study and Randomized Controlled Trial of the Mindful Self-Compassion Program," *Journal of Clinical Psychology* 69, no. 1 (2013): 28–44.

34 | M. C. Delaney, "Caring for the Caregivers: Evaluation of the Effect of an Eight-Week Pilot Mindful Self-Compassion (MSC) Training Program on Nurses' Compassion Fatigue and Resilience," *PLOS ONE* 13, no. 11 (2018): e0207261.

35 | K. Miller and A. Kelly, "Is Self-Compassion Contagious? An Examination of Whether Hearing a Display of Self- Compassion Impacts Self-Compassion in the Listener," *Canadian Journal of Behavioural Science/Revue Canadienne des Sciences du Comportement* 52, no. 2 (2020): 159–70.

第八章：成為最好的自己

1 | Megan Rapinoe, "Why I Am Kneeling" (blog), *Players Tribune*, October 2016, https://www.the playerstribune.com/articles/megan-rapinoe-why-i-am-kneeling.

2 | K. J. Robinson et al., "Resisting Self-Compassion: Why Are Some People Opposed to Being Kind to Themselves?" *Self and Identity* 15, no. 5 (2016): 505–24.

3 | J. V. Wood, W. Q. Perunovic, and J. W. Lee, "Positive Self-Statements: Power for Some, Peril for Others," *Psychological Science* 20, no. 7 (2009): 860–66.

4 | K. D. Neff, S. S. Rude, and K. Kirkpatrick, "An Examination of Self-Compassion in Relation to Positive Psychological Functioning and Personality Traits," *Journal of Research in Personality* 41 (2007): 908–16.

5 | Y. Miyagawa, Y. Niiya, and J. Taniguchi, "When Life Gives You Lemons, Make Lemonade: Self- Compassion Increases Adaptive Beliefs about Failure," *Journal of Happiness Studies* 21, no. 6 (2020): 2051–68.

6 | K. D. Neff, Y-P Hsieh, and K. Dejitthirat, "Self-Compassion, Achievement Goals, and Coping with Academic Failure," *Self and Identity* 4 (2005): 263–87.

7 | M. E. Neely et al., "Self-Kindness When Facing Stress: The Role of Self-Compassion, Goal Regulation, and Support in College Students' Well-Being," *Motivation and Emotion* 33 (2009): 88–97.

8 | Y. Miyagawa, J. Taniguchi, and Y. Niiya, "Can Self-Compassion Help People Regulate Unattained Goals and Emotional Reactions toward Setbacks?" *Personality and Individual Differences* 134 (2018): 239–44.

9 | J. Goldstein and J. Kornfield, *Seeking the Heart of Wisdom: The Path of Insight Meditation* (Boston: Shambhala, 1987).

10 | A. Duckworth and J. J. Gross, "Self-Control and Grit: Related but Separable Determinants of Success," *Current Directions in Psychological Science* 23, no. 5 (2014): 319–25.

11 | K. D. Neff et al., "The Forest and the Trees: Examining the Association of Self-Compassion and Its Positive and Negative Components with Psychological Functioning," *Self and Identity* 17, no. 6 (2018): 627–45.

12 | Robinson, "Resisting Self- Compassion," 505–24.

13 | T. A. Powers, R. Koestner, and D. C Zuroff, "Self-Criticism, Goal Motivation and Goal Progress," *Journal of Social and Clinical Psychology* 26 (2007): 814–28.

14 | B. E. Gibb, "Childhood Maltreatment and Negative Cognitive Styles: A Quantitative and Qualitative Review," *Clinical Psychology Review* 22, no. 2 (2002): 223–46.

15 | P. Gilbert, "Social Mentalities: Internal 'Social' Conflicts and the Role of Inner Warmth and Compassion in Cognitive Therapy," in P. Gilbert and K. G. Bailey, eds., *Genes on the Couch: Explorations in Evolutionary Psychotherapy* (Hove, UK: Psychology Press, 2000), 118–50.

16 | D. Hering, K. Lachowska, and M. Schlaich, "Role of the Sympathetic Nervous System in Stress-Mediated Cardiovascular Disease," *Current Hypertension Reports* 17, no. 10 (2015): 80–90.

17 | U. Dinger et al., "Interpersonal Problems, Dependency, and Self-Criticism in Major Depressive Disorder," *Journal of Clinical Psychology* 71, no. 1 (2015): 93–104.

18 | H. Kirschner et al., "Soothing Your Heart and Feeling Connected: A New Experimental Paradigm to Study the Benefits of Self-Compassion," *Clinical Psychological Science* 7, no. 3 (2019): 545–65.

19 | W. J. Phillips and D. W. Hine, "Self-Compassion, Physical Health, and Health Behaviour: A Meta- Analysis," *Health Psychology Review* (2019): 1–27.

20 | A. M. Ehret, J. Joormann, and M. Berking, "Examining Risk and Resilience Factors for Depression: The Role of Self-Criticism and Self-Compassion," *Cognition and Emotion* 29, no. 8 (2015): 1496–504.

21 | L. D. Eron, "Spare the Rod and Spoil the Child?" *Aggression and Violent Behavior* 2, no. 4 (1997): 309–11.

22 | E. T. Gershoff, "Corporal Punishment by Parents and Associated Child Behaviors and Experiences: A Meta-Analytic and Theoretical Review," *Psychological Bulletin* 128, no. 4 (2002): 539–79.

23 | M. Shimizu, Y. Niiya, and E. Shigemasu, "Achievement Goals and Improvement Following Failure: Moderating Roles of Self-Compassion and Contingency of Self-Worth," *Self and Identity* 15, no. 1 (2015): 107–15.

24 | N. Hope, R. Koestner, and M. Milyavskaya, "The Role of Self-Compassion in Goal Pursuit and Well-Being among University Freshmen," *Self and Identity* 13, no. 5 (2014): 579–93.

25 | R. Chu, "The Relations of Self-Compassion, Implicit Theories of Intelligence, and Mental Health Outcomes among Chinese Adolescents" (unpublished doctoral dissertation, San Francisco State University, 2016).

26 | C. W. Dweck, *Self-Theories: Their Role in Motivation, Personality, and Development* (Hove, UK: Psychology Press, 2000).

27 | J. G. Breines and S. Chen, "Self- Compassion Increases Self-Improvement Motivation," *Personality and Social Psychology Bulletin* 38, no. 9 (2012): 1133–43.

28 | I. Dundas et al., "Does a Short Self- Compassion Intervention for Students Increase Healthy Self- Regulation? A Randomized Control Trial," *Scandinavian Journal of Psychology* 58, no. 5 (2017): 443–50.

29 | J. G. Breines and S. Chen, "Self- Compassion Increases Self-Improvement Motivation," *Personality and Social Psychology Bulletin* 38, no. 9 (2012): 1133–43.

30 | D. M. Tice and R. F. Baumeister, "Longitudinal Study of Procrastination, Performance, Stress, and Health: The Costs and Benefits of Dawdling," *Psychological Science* 8, no. 6 (1997): 454–58.

31 | F. M. Sirois, "Procrastination and Stress: Exploring the Role of Self-Compassion," *Self and Identity* 13, no. 2 (2014): 128–45.

32 | L. M. Sutherland et al., "Narratives of Young Women Athletes' Experiences of Emotional Pain and Self-Compassion," *Qualitative Research in Sport, Exercise and Health* 6, no. 4 (2014): 499–516.

33 | N. A. Reis et al., "Self-Compassion and Women Athletes' Responses to Emotionally Difficult Sport Situations: An Evaluation of a Brief Induction," *Psychology of Sport and Exercise* 16 (2015): 18–25.

34 | L. J. Ferguson et al., "Self- Compassion and Eudaimonic Well-Being during Emotionally Difficult Times in Sport," *Journal of Happiness Studies* 16, no. 5 (2015): 1263–80.

35 | Z. Huysmans and D. Clement, "A Preliminary Exploration of the Application of Self-Compassion within the Context of Sport Injury," *Journal of Sport and Exercise Psychology* 39, no. 1 (2017): 56–66.

36 | L. Ceccarelli et al., "Self-Compassion and Psycho-Physiological Recovery from Recalled Sport Failure," *Frontiers in Psychology* 10 (2019): 1564.

37 | J. Stoeber and K. Otto, "Positive Conceptions of Perfectionism: Approaches, Evidence, Challenges," *Personality and Social Psychology Review* 10 (2006):

295–319.
38 | S. B. Sherry et al., "Self- Critical Perfectionism Confers Vulnerability to Depression after Controlling for Neuroticism: A Longitudinal Study of Middle-aged, Community-Dwelling Women," *Personality and Individual Differences* 69 (2014): 1–4.
39 | K. D. Neff, "Development and Validation of a Scale to Measure Self-Compassion," *Self and Identity* 2 (2003): 223–50.
40 | M. Ferrari et al., "Self- Compassion Moderates the Perfectionism and Depression Link in Both Adolescence and Adulthood," *PLOS ONE* 13, no. 2 (2018): e0192022.
41 | C. M. Richardson et al., "Trainee Wellness: Self-Critical Perfectionism, Self-Compassion, Depression, and Burnout among Doctoral Trainees in Psychology," *Counselling Psychology Quarterly* 33, no. 2 (2018): 1–12.
42 | C. Rogers, *On Becoming a Person: A Therapist's View of Psychotherapy* (Boston: Houghton Mifflin, 1995; original work published 1960), 17.
43 | Francis Gage's version of Sojourner Truth's "Ain't I a Woman" speech, April 23, 1863, https://www.the sojournertruthproject.com/compare-the-speeches/.

第九章：職場上的平衡與平等

1 | "Transcript of the Keynote Address by Ann Richards, the Texas Treasurer," July 1988 Democratic Convention, *New York Times*, July 19, 1988, https://www.nytimes.com/1988/07/19/us/transcript-of-the-keynote-address-by-ann-richards-the-texas-treasurer.html.
2 | National Center for Education Statistics, "Table 318.30. Bachelor's, Master's, and Doctor's Degrees Conferred by Postsecondary Institutions, by Sex of Student and Discipline: 2015–16," *Digest of Education Statistics* (2017), https://nces.ed.gov/programs/digest/d17/tables/dt17_318.30.asp?current=yes.
3 | A. R. Amparo, G. Smith, and A. Friedman, "Gender and Persistent Grade Performance Differences between Online and Face to Face Undergraduate Classes," in *EdMedia+ Innovate Learning* (Amsterdam: Association for the Advancement of Computing in Education, June 2018): 1935–39.
4 | M. DeWold, "12 Stats About Working Women," *US Department of Labor Blog*, March 6, 2017, https://www.ishn.com/articles/105943-stats-about-working-women.
5 | US Bureau of Labor Statistics, March 2017, https://www.bls.gov/careeroutlook/2017/data-on-display/women-managers.htm.
6 | group differences within that figure: R. Bleiweis, "Quick Facts about the Gender Wage Gap," Center for American Progress, March 24, 2020, https://www.americanprogress.org/issues/women/reports/2020/03/24/482141/quick-facts-gender-wage-gap/.
7 | N. Graf, A. Brown, and E. Patten, "The Narrowing, but Persistent, Gender Gap in Pay," Pew Research Center, March 22, 2019, https://www.pewresearch.org/fact-tank/2019/03/22/gender-pay-gap-facts/.
8 | G. Livingston, "Stay-at-Home Moms and Dads Account for About One-in-Five US Parents," Pew Research Center, September 24, 2018, https://www.pewresearch.org/fact-tank/2018/09/24/stay-at-home-moms-and-dads-account-for-about-one-in-five-u-s-parents/.
9 | "Global Gender Gap Report," World Economic Forum, 2018.
10 | D. Kanal and J. T. Kornegay, "Accounting for Household Production in the National Accounts," *Survey of Current Business* 99, no. 6 (June 2019), https://apps.bea.gov/scb/2019/06-june/0619-household-production.htm.

11 | Y. van Osch and J. Schaveling, "The Effects of Part-time Employment and Gender on Organizational Career Growth," *Journal of Career Development* 47, no. 3 (2020): 328–43.

12 | Alliance for Board Diversity, "Missing Pieces Report: The 2018 Board Diversity Census of Women and Minorities on Fortune 500 Boards," 2018, https://www2.deloitte.com/us/en/pages/center-for-board-effectiveness/articles/missing-pieces-fortune-500-board-diversity-study-2018.html.

13 | C. C. Miller, K. Quealy, and M. Sanger-Katz, "The Top Jobs Where Women are Outnumbered by Men Named John," April 24, 2018, *New York Times*, https://www.nytimes.com/interactive/2018/04/24/upshot/women-and-men-named-john.html.

14 | M. E. Heilman and E. J. Parks-Stamm, "Gender Stereotypes in the Workplace: Obstacles to Women' s Career Progress," *Advances in Group Processes* 24 (2007): 47–77.

15 | E. L. Haines, K. Deaux, and N. Lofaro, "The Times They Are a-Changing… or Are They Not? A Comparison of Gender Stereotypes, 1983–2014," *Psychology of Women Quarterly* 40, no. 3 (2016): 353–63.

16 | M. E. Heilman and E. J. Parks-Stamm, "Gender Stereotypes in the Workplace: Obstacles to Women' s Career Progress," in S. J. Correll, ed., *Social Psychology of Gender: Advances in Group Processes*, vol. 24 (Bingley, UK: Emerald Group Publishing, 2007), 47–77.

17 | J. P. Walsh, K. Weber, and J. D. Margolis, "Social Issues and Management: Our Lost Cause Found," *Journal of Management* 29, no. 6 (2003): 859–81.

18 | D. Salin, "Bullying and Organisational Politics in Competitive and Rapidly Changing Work Environments," *International Journal of Management and Decision Making* 4, no. 1 (2003): 35–46.

19 | A. K. Samnani and P. Singh, "20 Years of Workplace Bullying Research: A Review of the Antecedents and Consequences of Bullying in the Workplace," *Aggression and Violent Behavior* 17, no. 6 (2012): 581–89.

20 | M. R. Reiff., "The Just Price, Exploitation, and Prescription Drugs: Why Free Marketeers Should Object to Profiteering by the Pharmaceutical Industry," *Review of Social Economy* 77, no. 2 (2019): 108–42.

21 | A. Keown, "Price of Teva' s Generic Drug to Treat Wilson' s Disease Sparks Outrage," BioSpace, February 26, 2018, https://www.biospace.com/article/price-of-teva-s-generic-drug-to-treat-wilson-s-disease-sparks-outrage/.

22 | M. C. Worline and J. E. Dutton, *Awakening Compassion at Work: The Quiet Power that Elevates People and Organizations* (Oakland, CA: Berrett-Koehler, 2017).

23 | P. J. Rosch, "The Quandary of Job Stress Compensation," *Health and Stress* 3, no. 1 (2001): 1–4.

24 | J. E. Dutton et al., "Leading in Times of Trauma," *Harvard Business Review* 80, no. 1 (2002): 54–61.

25 | K. Cameron et al., "Effects of Positive Practices on Organizational Effectiveness," *Journal of Applied Behavioral Science* 47, no. 3 (2011): 266–308.

26 | J. A. Kennedy and L. J. Kray, "Who Is Willing to Sacrifice Ethical Values for Money and Social Status? Gender Differences in Reactions to Ethical Compromises," *Social Psychological and Personality Science* 5, no. 1 (2014): 52–59.

27 | K. McLaughlin, O. T. Muldoon, and M. Moutray, "Gender, Gender Roles and Completion of Nursing Education: A Longitudinal Study," *Nurse Education Today* 30, no. 4 (2010): 303–7.

28 | P. England, M. Budig, and N. Folbre, "Wages of Virtue: The Relative Pay of Care Work," *Social Problems* 49, no. 4 (2002): 455–73.

29 | Pew Research Center, "Raising Kids and Running a Household: How Working Parents Share the Load," November 4, 2015, https://www.pewsocialtrends.org/2015/11/04/raising-kids-and-running-a-household-how-working-parents-share-the-load/.

30 | J. Halpin, K. Agne, and M. Omero, "Affordable Child Care and Early Learning for All Families," Center for American Progress, September 2018, https://

cdn.american progress.org/content/uploads/2018/09/12074422/ChildCarePolling-report.pdf.

31 | J. L. Borelli et al., "Bringing Work Home: Gender and Parenting Correlates of Work-Family Guilt among Parents of Toddlers," *Journal of Child and Family Studies* 26, no. 6 (2017): 1734–45.

32 | A. H. Eagly, C. Nater, D. L. Miller, M. Kaufmann and S. Sczesny, "Gender Stereotypes Have Changed: A Cross-Temporal Meta-Analysis of US Public Opinion Polls from 1946 to 2018," *American Psychologist* 75, no. 3 (2020): 301.

33 | C. P. Ernst and N. Herm-Stapelberg, "Gender Stereotyping' s Influence on the Perceived Competence of Siri and Co.," *Proceedings of the 53rd Hawaii International Conference on System Sciences* (January 2020).

34 | M. E. Heilman, "Gender Stereotypes and Workplace Bias," *Research in Organizational Behavior* 32 (2012): 113–35.

35 | Heilman, "Gender Stereotypes and Workplace Bias," 113–35.

36 | C. A. Moss-Racusin et al., "Science Faculty' s Subtle Gender Biases Favor Male Students," *Proceedings of the National Academy of Sciences* 109, no. 41 (2012): 16474–79.

37 | L. J. Treviño et al., "Meritocracies or Masculinities? The Differential Allocation of Named Professorships by Gender in the Academy," *Journal of Management* 44, no. 3 (2018): 972–1000.

38 | H. K. Davison and M. J. Burke, "Sex Discrimination in Simulated Employment Contexts: A Meta-Analytic Investigation," *Journal of Vocational Behavior* 56, no. 2 (2000): 225–48.

39 | V. L. Brescoll and E. L. Uhlmann, "Can an Angry Woman Get Ahead? Status Conferral, Gender, and Expression of Emotion in the Workplace," *Psychological Science* 19, no. 3 (2008): 268–75.

40 | J. L. Cundiff and T. K. Vescio, "Gender Stereotypes Influence How People Explain Gender Disparities in the Workplace," *Sex Roles* 75, nos. 3–4 (2016): 126–38.

41 | A. Joshi, J. Son, and H. Roh, "When Can Women Close the Gap? A Meta-Analytic Test of Sex Differences in Performance and Rewards," *Academy of Management Journal* 58, no. 5 (2015): 1516–45.

42 | C. Buffington et al., "STEM Training and Early Career Outcomes of Female and Male Graduate Students: Evidence from UMETRICS Data Linked to the 2010 Census," *American Economic Review* 106, no. 5 (2016): 333–38.

43 | K. Parker and C. Funk, "Gender Discrimination Comes in Many Forms for Today' s Working Women," Pew Research Center, December 14, 2017, https://www.pewresearch.org/fact-tank/2017/12/14/gender-discrimination-comes-in-many-forms-for-todays-working-women/.

44 | L. A. Rudman and P. Glick, "Feminized Management and Backlash toward Agentic Women: The Hidden Costs to Women of a Kinder, Gentler Image of Middle Managers," *Journal of Personality and Social Psychology* 77, no. 5 (1999): 1004–10.

45 | democratic primary debate in December 2019: A. Linskey, "The Women Asked for Forgiveness. The Men Tried to Sell Their Books: How a Democratic Debate Moment Put a Spotlight on Gender," *Washington Post*, December 20, 2019, https://www.washingtonpost.com/politics/seek-forgiveness-or-give-a-gift-how-a-democratic-debate-moment-put-gender-in-the-spotlight/2019/12/20/6b77450c-22db-11ea-a153-dce4b94e4249_story.html.

46 | M. E. Heilman, C. J. Block, and R. Martell, "Sex Stereotypes: Do They Influence Perceptions of Managers?," *Journal of Social Behavior and Personality* 10 (1995): 237–52.

47 | L. A. Rudman, "Self- Promotion as a Risk Factor for Women: The Costs and Benefits of Counter-Stereotypical Impression Management," *Journal of Personality and Social Psychology* 74, no. 3 (1998): 629–45.

48 | E. T. Amanatullah and M. W. Morris, "Negotiating Gender Roles: Gender Differences in Assertive Negotiating Are Mediated by Women' s Fear of Backlash and Attenuated When Negotiating on Behalf of Others," *Journal of Personality and Social Psychology* 98, no. 2 (2010): 256–67.

49 | A. Joshi, J. Son, and H. Roh, "When Can Women Close the Gap? A Meta-Analytic Test of Sex Differences in Performance and Rewards," *Academy of Management Journal* 58, no. 5 (2015): 1516–45.

50 | L. A. Rudman and P. Glick, "Prescriptive Gender Stereotypes and Backlash toward Agentic Women," *Journal of Social Issues* 57, no. 4 (2001): 743–62.

51 | R. Kark, R. Waismel-Manor, and B. Shamir, "Does Valuing Androgyny and Femininity Lead to a Female Advantage? The Relationship between Gender-Role, Transformational Leadership and Identification," *Leadership Quarterly* 23, no. 3 (2012): 620–40.

52 | J. C. Williams, "Women, Work and the Art of Gender Judo," *Washington Post*, January 24, 2014, https://www.washingtonpost.com/opinions/women-work-and-the-art-of-gender-judo/2014/01/24/29e209b2–82b2–11e3–8099–9181471f7aaf_story.html.

53 | J. C. Williams and R. Dempsey, *What Works for Women at Work: Four Patterns Working Women Need to Know* (New York: NYU Press, 2018).

54 | J. L. Howell and K. A. Ratliff, "Not Your Average Bigot: The Better-Than-Average Effect and Defensive Responding to Implicit Association Test Feedback," *British Journal of Social Psychology* 56 (2017): 125–45.

55 | K. McCormick - Huhn, L. M. Kim, and S. A. Shields, "Unconscious Bias Interventions for Business: An Initial Test of WAGES - Business (Workshop Activity for Gender Equity Simulation) and Google' s 're:Work' Trainings," *Analyses of Social Issues and Public Policy* 20, no. 1 (2020): 26–65.

56 | M. E. Heilman and M. C. Haynes, "No Credit Where Credit Is Due: Attributional Rationalization of Women' s Success in Male-Female Teams," *Journal of Applied Psychology* 90, no. 5 (2005): 905–16.

57 | K. J. Anderson and C. Leaper, "Meta-Analyses of Gender Effects on Conversational Interruption: Who, What, When, Where, and How," *Sex Roles* 39, nos. 3–4 (1998): 225–52.

58 | C. A. Moss-Racusin and L. A. Rudman, "Disruptions in Women' s Self-Promotion: The Backlash Avoidance Model," *Psychology of Women Quarterly* 34, no. 2 (2010): 186–202.

59 | J. M. Nicklin, K. Seguin, and S. Flaherty, "Positive Work-Life Outcomes: Exploring Self-Compassion and Balance," *European Journal of Applied Positive Psychology* 3, no. 6 (2019): 1–13.

60 | A. Reizer, "Bringing Self- Kindness into the Workplace: Exploring the Mediating Role of Self-Compassion in the Associations between Attachment and Organizational Outcomes," *Frontiers in Psychology* 10 (2019): 1148.

61 | P. R. Clance and S. A. Imes, "The Imposter Phenomenon in High Achieving Women: Dynamics and Therapeutic Intervention," *Psychotherapy: Theory, Research and Practice* 15, no. 3 (1978): 241–49.

62 | A. Patzak, M. Kollmayer, and B. Schober, "Buffering Impostor Feelings with Kindness: The Mediating Role of Self-Compassion between Gender-Role Orientation and the Impostor Phenomenon," *Frontiers in Psychology* 8 (2017): 1289.

63 | L. M. Kreemers, E. A. van Hooft, and A. E. van Vianen, "Dealing with Negative Job Search Experiences: The Beneficial Role of Self-Compassion for Job Seekers' Affective Responses," *Journal of Vocational Behavior* 106 (2018): 165–79.

64 | Y. Kotera, M. Van Laethem, and R. Ohshima, "Cross-cultural Comparison of Mental Health between Japanese and Dutch Workers: Relationships with Mental Health Shame, Self-Compassion, Work Engagement and Motivation," *Cross Cultural and Strategic Management* 27, no. 3 (2020): 511–30.

65 | Y. Engel et al., "Self-Compassion When Coping with Venture Obstacles: Loving-Kindness Meditation and Entrepreneurial Fear of Failure," *Entrepreneurship Theory and Practice* (2019): 1–27, advance online publication, DOI: 1042258719890991.

66 | S. Chen, "Give Yourself a Break: The Power of Self-Compassion," *Harvard Business Review* 96, no. 5 (2018): 116–23.

第十章：照顧他人的同時不失去自己

1 | A. Lorde, *A Burst of Light: And Other Essays* (Mineola, NY: IXIA Press, 2017), 130.

2 | T. A. Evans, E. J. Wallis, and M. A. Elgar, "Making a Meal of Mother," *Nature* 376, no. 6538 (1995): 299.

3 | T. Grall, "Custodial Mothers and Fathers and Their Child Support: 2015," US Census Bureau, February 2020, original work published January 2018, https://www.census.gov/library/publications/2018/demo/p60-262.html

4 | S. M. Bianchiet al., "Housework: Who Did, Does or Will Do It, and How Much Does It Matter?," *Social Forces* 91, no. 1 (2012): 55.

5 | M. Bittman et al., "When Does Gender Trump Money? Bargaining and Time in Household Work," *American Journal of Sociology* 109, no. 1 (2003): 186–214.

6 | Pew Research Center, "Who' s Feeling Rushed?," February 28, 2016, https://www.pewsocialtrends.org/2006/02/28/whos-feeling-rushed/.

7 | AARP Public Policy Institute, "Caregiving in the US 2015," June 2015, https://www.aarp.org/content/dam/aarp/ppi/2015/caregiving-in-the-us-research-report-2015.pdf.

8 | Q. P. Li, Y. W. Mak, and A. Y. Loke, "Spouses' Experience of Caregiving for Cancer Patients: A Literature Review," *International Nursing Review* 60, no. 2 (2013): 178–87.

9 | K. J. Lively, L. C. Steelman, and B. Powell, "Equity, Emotion, and Household Division of Labor Response," *Social Psychology Quarterly* 73, no. 4 (2010): 358–79.

10 | L. Lieke et al., "Positive and Negative Effects of Family Involvement on Work-Related Burnout," *Journal of Vocational Behavior* 73, no. 3 (2008): 387–96. 250 "unmitigated communion" : V. S. Helgeson and H. Fritz, "A Theory of Unmitigated Communion," *Personality and Social Psychology Review* 2 (1998): 173–83.

11 | D. M. Buss, " Unmitigated Agency and Unmitigated Communion: An Analysis of the Negative Components of Masculinity and Femininity," *Sex Roles* 22, no. 9 (1990): 555–68.

12 | L. Jin et al., "Depressive Symptoms and Unmitigated Communion in Support Providers," *European Journal of Personality: Published for the European Association of Personality Psychology* 24, no. 1 (2010): 56–70.

13 | H. L. Fritz and V. S. Helgeson, "Distinctions of Unmitigated Communion from Communion: Self-Neglect and Overinvolvement with Others," *Journal of Personality and Social Psychology* 75, no. 1 (1998): 121–40.

14 | V. S. Helgeson, "Relation of Agency and Communion to Well-Being: Evidence and Potential Explanations," *Psychological Bulletin* 116 (1994): 412–28.

15 | S. G. Ghaed and L. C. Gallo, "Distinctions among Agency, Communion, and Unmitigated Agency and Communion According to the Interpersonal Circumplex, Five-Factor Model, and Social-Emotional Correlates," *Journal of Personality Assessment* 86, no. 1 (2006): 77–88.

16 | V. S. Helgeson and H. L. Fritz, "The Implications of Unmitigated Agency and Unmitigated Communion for Domains of Problem Behavior," *Journal of Personality* 68, no. 6 (2000): 1031–57.

17 H. L. Fritz, "Gender-linked Personality Traits Predict Mental Health and Functional Status Following a First Coronary Event," *Health Psychology* 19, no. 5 (2000): 420–28.

18 H. L. Fritz and V. S. Helgeson, "Distinctions of Unmitigated Communion from Communion: Self- Neglect and Overinvolvement with Others," *Journal of Personality and Social Psychology* 75, no. 1 (1998): 121–40. Note that a few of the items were changed for this book so that reverse coding would be unnecessary.

19 V. Thornton and A. Nagurney, "What Is Infidelity? Perceptions Based on Biological Sex and Personality," *Psychology Research and Behavior Management* 4 (2011): 51–58.

20 D. C. Jack and D. Dill, "The Silencing the Self Scale: Schemas of Intimacy Associated with Depression in Women," *Psychology of Women Quarterly* 16 (1992): 97–106.

21 L. Jin et al., "Depressive Symptoms and Unmitigated Communion in Support Providers," *European Journal of Personality* 24, no. 1 (2010): 56–70.

22 K. D. Neff et al., "The Forest and the Trees: Examining the Association of Self-Compassion and Its Positive and Negative Components with Psychological Functioning," *Self and Identity* 17, no. 6 (2018): 627–45.

23 K. D. Neff and R. Vonk, "Self-Compassion Versus Global Self-Esteem: Two Different Ways of Relating to Oneself," *Journal of Personality* 77 (2009): 23–50.

24 K. D. Neff and M. A. Suizzo, "Culture, Power, Authenticity and Psychological Well- Being within Romantic Relationships: A Comparison of European American and Mexican Americans," *Cognitive Development* 21, no. 4 (2006): 441–57.

25 A. E. Thompson and D. Voyer, "Sex Differences in the Ability to Recognise Non-verbal Displays of Emotion: A Meta-Analysis," *Cognition and Emotion* 28, no. 7 (2014): 1164–95.

26 C. Rogers, *On Becoming a Person: A Therapist's View of Psychotherapy* (Boston: Houghton Mifflin, 1995; original work published 1961), 248.

27 M. Iacoboni, "Imitation, Empathy, and Mirror Neurons," *Annual Review of Psychology* 60 (2009): 653–70.

28 Keltner, *Born to Be Good* (New York: W. W. Norton, 2009).

29 F. B. De Waal, "Putting the Altruism Back into Altruism: The Evolution of Empathy," *Annual Review of Psychology* 59 (2008): 279–300.

30 P. L. Jackson, P. Rainville, and J. Decety, "To What Extent Do We Share the Pain of Others? Insight from the Neural Bases of Pain Empathy," *Pain* 125 (2006): 5–9.

31 M. Ludick and C. R. Figley, "Toward a Mechanism for Secondary Trauma Induction and Reduction: Reimagining a Theory of Secondary Traumatic Stress," *Traumatology* 23, no. 1 (2017): 112–23.

32 C. Maslach, "Burnout: A Multidimensional Perspective," in W. B. Schaufeli, C. Maslach, and T. Marek, eds., *Series in Applied Psychology: Social Issues and Questions. Professional Burnout: Recent Developments in Theory and Research* (Philadelphia: Taylor and Francis, 1993), 19–32.

33 S. E. Showalter, "Compassion Fatigue: What Is It? Why Does It Matter? Recognizing the Symptoms, Acknowledging the Impact, Developing the Tools to Prevent Compassion Fatigue, and Strengthen the Professional Already Suffering from the Effects," *American Journal of Hospice and Palliative Medicine* 27, no. 4 (2010): 239–42.

34 M. Ferrara et al., "Prevalence of Stress, Anxiety and Depression in with Alzheimer Caregivers," *Health and Quality of Life Outcomes* 6, no. 1 (2008): 93.

35 C. R. Figley, ed., *Treating Compassion Fatigue* (London: Routledge, 2002).

36 O. Klimecki and T. Singer, "Empathic Distress Fatigue Rather Than Compassion Fatigue? Integrating Findings from Empathy Research in Psychology and

Social Neuroscience," in B. Oakley et al., eds., *Pathological Altruism* (Oxford: Oxford University Press, 2012), 368–83.

37 | E. M. Seppälä et al., eds., *The Oxford Handbook of Compassion Science* (Oxford: Oxford University Press, 2017).

38 | T. Singer and O. M. Klimecki, "Empathy and Compassion," *Current Biology* 24, no. 18 (2014): R875–78.

39 | M. R. Oreskovich et al., "The Prevalence of Substance Use Disorders in American Physicians," *American Journal on Addictions* 24, no. 1 (2015): 30–38.

40 | A. Salloum et al., "The Role of Self-Care on Compassion Satisfaction, Burnout and Secondary Trauma among Child Welfare Workers," *Children and Youth Services Review* 49 (2015): 54–61.

41 | J. Mills, T. Wand, and J. A. Fraser, "Examining Self-Care, Self-Compassion and Compassion for Others: A Cross-sectional Survey of Palliative Care Nurses and Doctors," *International Journal of Palliative Nursing* 24, no. 1 (2018): 4–11.

42 | J. G. Littleton and J. S. Bell, *Living the Serenity Prayer: True Stories of Acceptance, Courage, and Wisdom* (Avon, MA: Adams Media, 2008), 14.

43 | C. Conversano et al., "Mindfulness, Compassion, and Self-Compassion Among Health Care Professionals: What's New? A Systematic Review," *Frontiers in Psychology* 11 (2020): 1–21.

44 | M. P. Schellekens et al., "Are Mindfulness and Self-Compassion Related to Psychological Distress and Communication in Couples Facing Lung Cancer? A Dyadic Approach," *Mindfulness* 8, no. 2 (2017): 325–36.

45 | K. Raab, "Mindfulness, Self-Compassion, and Empathy among Health Care Professionals: A Review of the Literature," *Journal of Health Care Chaplaincy* 20, no. 3 (2014): 95–108.

46 | K. J. Kemper, X. Mo, and R. Khayat, "Are Mindfulness and Self-Compassion Associated with Sleep and Resilience in Health Professionals?," *Journal of Alternative and Complementary Medicine* 21, no. 8 (2015): 496–503.

47 | J. Duarte, J. Pinto-Gouveia, and B. Cruz, "Relationships between Nurses' Empathy, Self-Compassion and Dimensions of Professional Quality of Life: A Cross-sectional Study," *International Journal of Nursing Studies* 60 (2016): 1–11.

48 | K. Olson and K. J. Kemper, "Factors Associated with Well-Being and Confidence in Providing Compassionate Care," *Journal of Evidence-Based Complementary and Alternative Medicine* 19, no. 4 (2014): 292–96.

49 | K. D. Neff et al., "Caring for Others without Losing Yourself: An Adaptation of the Mindful Self-Compassion Program for Healthcare Communities," *Journal of Clinical Psychology* 76 (2020): 1543–62.

50 | C. Maslach and M. Gomes, "Overcoming Burnout," in R. MacNair and Psychologists for Social Responsibility, eds., *Working for Peace: A Handbook of Practical Psychology and Other Tools* (Atascadero, CA: Impact Publishers, 2006), 43–59.

51 | H. Rettig, *The Lifelong Activist: How to Change the World without Losing Your Way* (New York: Lantern, 2006).

52 | K. Rodgers, "Anger Is Why We're All Here: Mobilizing and Managing Emotions in a Professional Activist Organization," *Social Movement Studies* 9, no. 3 (2010): 273–91.

53 | Rodgers, "Anger Is Why We're All Here," 280.

第十一章：為了愛的付出

1 | "There can be no love" : b. hooks, *Communion: The Female Search for Love* (New York: Perennial, 2003), 66.
2 | C. Dowling, *The Cinderella Complex: Women's Hidden Fear of Independence* (New York: Pocket Books, 1981).
3 | A. Schopenhauer, *Parerga and Paralipomena: Short Philosophical Essays*, volume 2 (Oxford: Oxford University Press, 1851), 651.
4 | E.H.K. Jacobson et al., "Examining Self-Compassion in Romantic Relationships," *Journal of Contextual Behavioral Science* 8 (2018): 69–73.
5 | J. S. Ferreira, R. A. Rigby, and R. J. Cobb, "Self-Compassion Moderates Associations between Distress about Sexual Problems and Sexual Satisfaction in a Daily Diary Study of Married Couples," *Canadian Journal of Human Sexuality* 29, no. 2 (2020): 182–196.
6 | L. M. Yarnell and K. D. Neff, "Self- Compassion, Interpersonal Conflict Resolutions, and Well-being," *Self and Identity* 2, no. 2 (2013): 146–59.
7 | Yarnell and Neff, "Self- Compassion," 156.
8 | Yarnell and Neff, "Self-Compassion," 156.
9 | K. D. Neff and S. N. Beretvas, "The Role of Self-Compassion in Romantic Relationships," *Self and Identity* 12, no. 1 (2013): 78–98.
10 | Z. Williams, "Relationship Satisfaction in Black Couples: The Role of Self-Compassion and Openness" (unpublished doctoral dissertation, Kansas State University 2019).
11 | J. W. Zhang, S. Chen, and T. K. Tomova Shakur, "From Me to You: Self-Compassion Predicts Acceptance of Own and Others' Imperfections," *Personality and Social Psychology Bulletin* 46, no. 2 (2020): 228–42.
12 | L. R. Baker and J. K. McNulty, "Self- Compassion and Relationship Maintenance: The Moderating Roles of Conscientiousness and Gender," *Journal of Personality and Social Psychology* 100, no. 5 (2011): 853.
13 | S. Coontz, "The World Historical Transformation of Marriage," *Journal of Marriage and Family* 66, no. 4 (2004): 974–79.
14 | R. Geddes and D. Lueck, "The Gains from Self-Ownership and the Expansion of Women' s Rights," *American Economic Review* 92, no. 4 (2002): 1079–92.
15 | "Domestic Violence Facts, Information, Pictures-Encyclopedia.com articles about Domestic violence," *Encyclopedia.com*, retrieved September 6, 2020.
16 | "When I eventually met Mr. Right" : K. Luppi, "Comedian-Actress Rita Rudner Brings a Bit of Real Life to Laguna Playhouse' s 'Act 3' …" , *Los Angeles Times*, January 8, 2016, https://www.latimes.com/socal/coastline-pilot/entertainment/tn-cpt-et-0108-rita-rudner-20160108-story.html.
17 | A. Koedt, E. Levine, and A. Rapone, "Politics of the Ego: A Manifesto for New York Radical Feminists," in A. Koedt, E. Levine, and A. Rapone, eds., *Radical Feminism* (New York: Times Books, 1970), 379–83.
18 | N. Greenfieldboyce, " Pageant Protest Sparked Bra-Burning Myth," NPR, September 5, 2008, https://www.npr.org/templates/story/story.php?storyId=94240375, accessed February 6, 2012.
19 | K. Boyle, *#MeToo, Weinstein and Feminism* (London: Palgrave Pivot, 2019).
20 | M. A. Garcia and D. Umberson, "Marital Strain and Psychological Distress in Same-Sex and Different-Sex Couples," *Journal of Marriage and Family* 81, no. 5 (October 2019): 1253–68.
21 | A. K. Randall et al., "Associations between Sexual Orientation Discrimination and Depression among Same-Sex Couples: Moderating Effects of Dyadic

Coping," *Journal of Couple and Relationship Therapy* 16, no. 4 (2017): 325–45.
22 | A. M. Pollitt, B. A. Robinson, and D. Umberson, "Gender Conformity, Perceptions of Shared Power, and Marital Quality in Same-and Different-Sex Marriages, *Gender and Society* 32, no. 1 (2018): 109–31.
23 | W. Langford, *Revolutions of the Heart: Gender, Power and the Delusions of Love* (Hove, UK: Psychology Press, 1999), 27.
24 | Langford, *Revolutions of the Heart*, 29.
25 | Langford, *Revolutions of the Heart*, 39.
26 | hooks, *Communion*, 152.
27 | C. E. Copen et al., "First Marriages in the United States," National Health Statistics Reports, March 22, 2012, https://www.cdc.gov/nchs/data/nhsr/nhsr049.pdf.

後記：就算亂成一團仍要保持關懷

1 | P. Chödrön, *The Wisdom of No Escape and the Path of Loving-Kindness* (Boston: Shambhala, 1991), 4.
2 | R. Nairn, lecture presented at Kagyu Samye Ling Monastery, Dumfriesshire, Scotland, September 2009.
3 | J. S. Bolen, *Goddesses in Older Women: Archetypes in Women over Fifty* (New York: Harper Perennial, 2002).

國家圖書館出版品預行編目(CIP)資料

女人,你該好好愛自己: 透過勇敢的自我關懷,活出有力量的豐盛人生/克莉絲汀・聶夫(Kristin Neff)著 ; 陳依萍, 馬良平譯. -- 初版.
-- 臺北市: 遠流出版事業股份有限公司, 2022.03
面； 公分
譯自 : Fierce self-compassion : how women can harness kindness to speak up, claim their power, and thrive

ISBN 978-957-32-9418-4(平裝)

1.女性心理學 2.自我肯定

173.31 110022392

女人，你該好好愛自己
透過勇敢的自我關懷，活出有力量的豐盛人生

作　　者／克莉絲汀・聶夫（Kristin Neff）
翻　　譯／陳依萍、馬良平
主　　編／周明怡
書籍設計／謝佳穎
排　　版／陳佩君

發行人／王榮文
出版發行／遠流出版事業股份有限公司
104005 台北市中山北路一段11號13樓
郵撥／0189456-1
電話／(02)2571-0297　傳真／(02)2571-0197
著作權顧問／蕭雄淋律師

2022年3月1日　初版一刷
售價新台幣520 元（缺頁或破損的書，請寄回更換）
ISBN 978-957-32-9418-4

YLib 遠流博識網
http://www.ylib.com
e-mail:ylib@ylib.com

FIERCE SELF-COMPASSION: How Women Can Harness Kindness to Speak Up, Claim Their Power, and Thrive by Kristin Neff